（智媒体版）

桥梁与隧道

检测技术

主　编 / 林小雄　唐秋霞　江　鸿
副主编 / 黄文珑　韦艳柳　朱海鹏

西南交通大学出版社
·成　都·

图书在版编目（C I P）数据

桥梁与隧道检测技术：智媒体版 / 林小雄，唐秋霞，江鸿主编. —成都：西南交通大学出版社，2023.2
（2025.7 重印）
ISBN 978-7-5643-9173-7

Ⅰ. ①桥… Ⅱ. ①林… ②唐… ③江… Ⅲ. ①桥梁工程－检测②隧道工程－检测 Ⅳ. ①U446②U456

中国国家版本馆 CIP 数据核字（2023）第 017528 号

Qiaoliang yu Suidao Jiance Jishu（Zhimeiti Ban）
桥梁与隧道检测技术（智媒体版）
主　编　林小雄　唐秋霞　江　鸿

责任编辑　韩洪黎
封面设计　墨创文化

出版发行　西南交通大学出版社
（四川省成都市金牛区二环路北一段 111 号
西南交通大学创新大厦 21 楼）
邮政编码　610031
发行部电话　028-87600564　028-87600533
网址　http://www.xnjdcbs.com
印刷　四川玖艺呈现印刷有限公司

成品尺寸　185 mm × 260 mm
印张　17
字数　423 千
版次　2023 年 2 月第 1 版
印次　2025 年 7 月第 2 次
定价　50.00 元
书号　ISBN 978-7-5643-9173-7

课件咨询电话：028-81435775

前言

PREFACE

桥梁与隧道作为交通运输的枢纽，直接影响着交通的流量和荷载。当它投入使用一定时间后，往往由于设计的局限、施工的欠缺、自然环境的影响及桥梁与隧道本身的退化，使其难以适应日益繁重的交通量，而且随着运输设备的高速发展和车辆载重的不断增长，桥梁与隧道常常处于超负荷运行的状态，逐步成为交通运输线上的“瓶颈”。此时，如果不及时采取有效的维修与加固措施，轻则减速限载，影响通行能力，重则造成运输中断。

桥梁与隧道检测是结构性能研究、施工质量与承载能力评定的重要手段。通过对桥梁与隧道进行必要的检测与评价，掌握桥梁与隧道结构的质量状况，确保工程的可靠性，是保证桥梁与隧道的安全运营和高效管理，使其在适当的养护下，达到规定的安全标准，完成服役期预定功能的有效手段。

本书内容共分八章，主要包括绪论、桥梁检查与材质检测、桥梁交工验收检测、桥梁技术状况评定、桥梁承载能力评定、桥梁维修技术、桥梁加固技术、隧道检查与评定等内容。本书内容翔实，既有理论深度，又有实践案例，对桥梁与隧道检测技术进行了系统论述。本书配套了数字资源，可通过扫描封底二维码进行学习。

本书的编写人员及分工如下：广西建设职业技术学院唐秋霞（编写第一章）、广西建设职业技术学院江鸿（编写第二章）、广西建设职业技术学院潘芳禄（编写第三章）、广西建设职业技术学院林小雄及广西桂兴达交通工程咨询有限公司潘树青（编写第四章）、广西建设职业技术学院卢树华（编写第五章）、广西建设职业技术学院朱海鹏（编写第六章）、广西建设职业技术学院黄文珑（编写第七章），广西桂兴达交通工程咨询有限公司马春燕、韦艳柳（编写第八章），林小雄、唐秋霞、江鸿担任主编，黄文珑、韦艳柳、朱海鹏担任副主编，杨国浪担任主审，江鸿校核，全书由林小雄统稿。

本书在编写过程中参考了国内桥梁与隧道检测相关书籍及现行相关规范和工程实例，在此向作者表示衷心感谢。由于编写团队水平有限，书中不妥之处，敬请读者批评指正。

作 者

2023 年 2 月

目录
CONTENTS

第一章
绪　论

为了跨越各种障碍（如河流、沟谷或其他线路等），人们修建了各种类型的桥梁与隧道，桥梁与隧道是交通线路中的重要组成部分。在国防上，桥梁与隧道是交通运输的咽喉，在需要快速机动的现代战争中具有非常重要的地位。桥梁与隧道工程作为一门独立的科学技术被确认，不再是仅凭桥梁与隧道设计者们智慧和经验的创造过程，它已发展成融理论分析、设计、施工控制与检测于一体的系统性学科。由于科技的进步，一些相关的学科也渗入桥梁与隧道工程领域中，发展了新的分支学科，如桥梁抗风与抗震技术、桥梁施工控制技术、桥梁检测技术、隧道施工控制技术、隧道检测技术等。

第一节　桥梁与隧道的建设发展

一、国内外桥梁的建设发展

1. 国内桥梁的建设发展

进入 21 世纪，我国交通基础设施建设事业迅猛发展，桥梁的数量快速增长，形式变化多样。2015—2020 年期间，中国公路桥梁数量呈直线上升趋势，2020 年末中国公路桥梁数量（图 1-1-1）达到 91.28 万座，较 2019 年增加 3.45 万座；中国特大桥梁及大桥数量（图 1-1-2）均呈逐年增长趋势，2020 年中国有特大桥梁 6 444 座，较 2019 年增加 728 座，有大桥 119 935 座，较 2019 年增加 11 591 座。

（1）近 5 年来，全球超过一半的大跨度桥梁由中国建造，“最长、最高、最大、最快”的纪录不断被刷新，“中国桥”成为展示中国形象的新品牌。

目前，世界上已建成的跨度超 400 m 的斜拉桥、悬索桥分别有 114 座、109 座，我国分别拥有 59 座、34 座；全球在建及拟建的主跨 400 m 以上的斜拉桥、悬索桥分别为 49 座、37 座，我国分别占据了 39 座、29 座。

2017 年 7 月 7 日，世界上最长的跨海大桥——港珠澳大桥（图 1-1-3）主体工程全线贯通，它是中国建设史上里程最长、投资最多、施工难度最大的跨海桥梁，集桥、岛、隧道于一体，全长 55 km。作为连接香港、珠海、澳门的超大型跨海通道，港珠澳大桥被誉为交通工程的“珠穆朗玛峰”，被外媒称为“新世界七大奇迹”之一。

北盘江大桥（图 1-1-4），桥面距谷底达到了 565 m，相当于 200 层楼高，是世界第一高桥；四川干海子特大桥（图　1-1-5），世界第一座全钢管混凝土桁架梁桥，最高钢管格构桥墩达 117 m；湘西矮寨特大悬索桥则创造了当时 4 项世界纪录（图 1-1-6）。

（2）我国正从桥梁建设大国走向桥梁建设强国，不断突破世界性技术难题，未来 5 到 10 年，我国桥梁技术和桥梁建造水平还将有更新更大的突破。

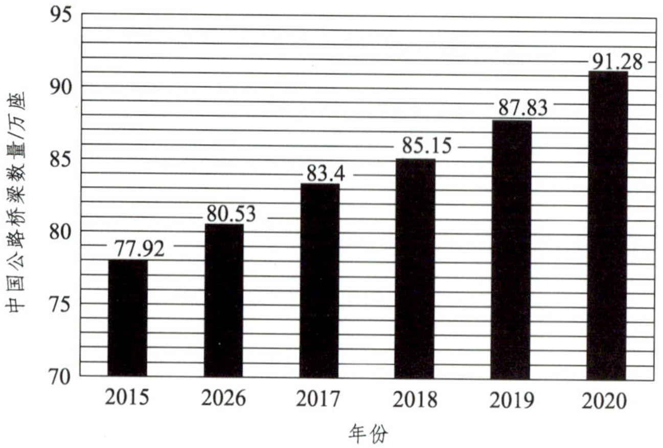

图 1-1-1　我国桥梁数量的变化

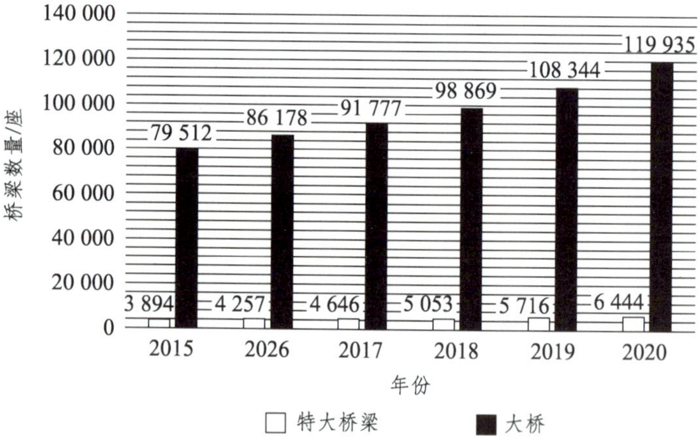

图 1-1-2　我国特大桥梁及大桥数量的变化

图 1-1-3　港珠澳大桥

图 1-1-4　北盘江大桥

图 1-1-5　四川干海子特大桥

图 1-1-6　湘西矮寨特大悬索桥

纵观世界桥梁建设史，20 世纪 70 年代以前要看欧美，90 年代看日本，而到了 21 世纪，则要看中国。在世界桥梁建筑领域，这已是大家公认的观点。

长期以来，我国广大桥梁建设者与科研人员在工程实践的基础上，积累了丰富的经验，不断在桥梁结构体系设计、核心材料研发、关键施工工艺、施工装备创新上刻苦攻关，使我国桥梁建设水平显著提升。

2013 年 7 月，嘉绍大桥（图 1-1-7）正式建成通车。这座大桥一举攻克了多塔斜拉桥结构体系、刚性铰新型装置、钢箱梁检查设备关键技术难题，项目成果获得了 2016 年国际桥梁大会古斯塔夫·林德撒尔奖、2016 年国际道路联合会全球道路设计成就奖，在世界范围内得到了广泛认可。

2013 年建成的泰州长江公路大桥，在世界上首次实现了多塔连跨悬索桥的千米级突破，为建设跨越宽阔江海水域的桥梁提供了新的方案。

2016 年，马鞍山长江大桥（图 1-1-8）获得第三十三届国际桥梁大会最高奖——乔治·理查德森奖。此外，武汉天兴洲长江大桥、南京大胜关长江大桥等多座桥梁也先后斩获大奖。

图 1-1-7　嘉绍大桥

图 1-1-8　马鞍山长江大桥

（3）目前，我国公路桥梁共有 91.28 万座，为区域发展打通了瓶颈。

2016 年 12 月 29 日，北盘江大桥正式通车，杭瑞高速贵州段实现了全面贯通，至此，云南宣威到贵州六盘水的车程由过去 4 小时缩短至 1 小时，黔川滇三省交界区域得以快速融入全国高速公路网，同时将遵义、六盘水、曲靖、昆明、大理、瑞丽等旅游景区串联起来，形成一条黄金旅游线路。据不完全统计，通车后，仅是前来参观普立特大桥的市内外游客就达15万人次。

泰州大桥三塔两跨悬索桥建成后，不仅缓解了省内过江公路交通的巨大压力，平衡了全省过江流量格局，还在缩小苏南、苏北区域经济社会发展差距，推动长三角主功能区的形成与发展等方面发挥了重要作用。

杭州湾跨海大桥自2010年建成通车以来，日均车流量超过5万辆，它缩短了宁波至上海间的陆路距离100多千米，对长江三角洲经济一体化和产业结构的调整、升级起到极大促进作用。

近年来，随着自身实力的增强，中国桥梁建设企业更加积极地走出去，到世界舞台一展身手。2014年年底，由中国交通建设集团有限公司承建的泽蒙—博尔察大桥建成通车，结束了近70年来贝尔格莱德市多瑙河上仅有一座大桥的历史。这座中国在欧洲修建的第一座大桥，被当地官员形容为“塞尔维亚近几十年来最好的基础设施项目”，更被当地百姓亲切地称作“中国桥”。马来西亚槟城二桥、巴拿马运河三桥、新奥克兰海湾桥……放眼五洲四海，近年来中国建设者主持或参加建设了一个个国际知名桥梁工程，赢得了全球同行的广泛赞誉。

一座座技术先进、姿态各异的桥梁建成通车，跨越江河湖海，连通深沟峡谷，使一个个交通节点的连接更加紧密，极大地方便了周边居民的出行生活，也为区域的经济社会发展打通了瓶颈、铺平了坦途，更彰显了我国综合国力和科技实力。

（4）广西桥梁发展现状。

在广西所有有江的城市中，南宁和柳州的桥最多。南宁是一座桥梁“连”起来的城市，主城区之间的跨江大桥就有19座之多。其中，南宁最有历史感的大桥是邕江大桥，邕江一桥是南宁第一座跨江大桥，1964年7月建成通车，是连接南宁江北区与江南区最为方便的过江大桥，车流量很大，是南宁一个时代的标志性成就。白沙大桥，又称为邕江三桥，连接白沙大道和双拥路，直达南湖一带，是邕江上的第一座斜拉索桥，它的桥形美观、结构坚固，犹如一条巨龙卧在邕江之上。南宁大桥连接青秀区和良庆区，拉近了埌东与五象新区的距离，是世界首座大跨径曲线梁非对称外倾拱桥，从外形看吊杆似两把对接的竖琴，是邕江上一道亮丽的风景线。此外，还有五象大桥、永和大桥、英华大桥、中兴大桥、罗文大桥、良庆大桥、南湖大桥……这些大桥，虽建成的年代不一，但是形态各异，各具特色，将邕江两岸紧紧地拥抱在一起，书写一幅“大南宁”的美丽画卷。

柳州是中国跨江大桥最多的地级城市，有中国桥梁第一城、中国桥梁博物馆的美誉。至今已建成22座跨江大桥，还有4座正在规划之中。柳江上最老的桥要数铁桥，铁桥于1940年建成通车，曾为抗日战争物资运送做出重要贡献，新中国成立后铁桥沿用至今。2018年9月底，最“昂贵”的桥——白沙大桥通车，它的造型非常的奇特，就像是一个巨大的钻戒，夜幕降临时，银色钻戒闪闪发亮，梦幻浪漫，太具有网红素质了，很多人都跑到桥上来进行拍照打卡。此外，还有柳江大桥、文惠桥、官塘大桥、凤凰岭大桥……这些大桥的建成，将柳州几个城区快速地连接在一起，促进了当地的经济发展，也成为柳江上的亮丽一景。

（5）我国桥梁行业发展趋势及现状。

桥梁建筑不仅是交通线上重要的工程实体，而且是一个国家综合国力的体现，加快桥梁建设势在必行。随着科技发展、新材料的开发和应用，我国有了建设大跨径桥梁的实力，未来桥梁将实现新型、大跨、轻质、灵敏和美观的发展新目标。

然而，不容忽视的是，我国桥梁使用寿命的问题也日渐突出，有的桥梁建成不久就出现大修，有的通车几年就重新进行桥面铺装，桥梁的质量没有与工程造价的增长成正比。与此同时，桥梁使用需求改变、车辆超限超载、混凝土劣化与老化、钢筋锈蚀、各种灾害（地震、水灾、风灾和火灾等）、结构设计或施工不当以及规范修正等原因，造成大量在役桥梁因承载能力不足出现严重的安全性和耐久性等问题。

因此，要实现桥梁建设可持续发展，不仅要加强桥梁建设，还要加强对已有旧桥的维护与加固工作，同时建立健全提升公路桥梁安全耐久水平的长效机制。立足公路发展实际，聚焦短板弱项，突出重点问题，大力推进公路交通安全设施精细化提升行动、公路危旧桥梁改造行动，提高桥梁承载能力，延长它们的使用寿命，进一步提升公路安全保障水平。

2. 国外桥梁的建设发展

第二次世界大战期间大量钢桥被破坏，预应力混凝土桥开始崭露头角。20 世纪 60 年代是斜拉桥发展的第一个高峰期，在斜拉桥的发展历史中，以下几座斜拉桥具有里程碑意义：1955 年瑞典建成的第一座现代钢斜拉桥——斯特罗姆海峡桥（主跨 182.6 m）；1962 年委内瑞拉建成的第一座混凝土斜拉桥——马拉开波桥（主跨 5×235 m）；1978 年美国建成的第一座密索体系混凝土斜拉桥——帕斯卡-肯尼斯克桥（主跨 299 m）；1992 年挪威建成的斯卡恩圣特桥（主跨 530 m 的混凝土斜拉桥，梁高仅 2.15 m）至今仍保持混凝土斜拉桥最大跨径的纪录，之后斜拉桥得到了广泛的应用。

20 世纪 70 年代，预应力混凝土梁桥得到了广泛应用，极大增加了桥梁的跨径，悬索桥在此期间也得到了广泛推广。悬索桥的四个发展阶段：第一代悬索桥，采用天然材料修建，后期也采用了铁索等，一般没有吊杆或吊索，承重结构与使用构造合二为一；第二代悬索桥，开始采用吊杆将桥面与主索分开；第三代悬索桥，形成了美式悬索桥体系，主缆采用纺丝法，加劲梁采用桁架梁，桥塔以钢塔为主；第四代悬索桥，以流线型扁平钢箱为主要特征的英式悬索桥。

21 世纪世界桥梁修建速度越来越快，跨径纪录不断被刷新。在建设大型桥梁的过程中，一些新材料、新工艺不断涌现。新技术的发展为 21 世纪桥梁的继续发展奠定了坚实的基础。

典型悬索桥及斜拉桥如图 1-1-9 ~ 图 1-1-12 所示。

图 1-1-9　法国 Brottone 桥

图 1-1-10　日本明石海峡大桥

图 1-1-11 法国诺曼底大桥

图 1-1-12 法国米约大桥

二、国内外隧道的建设发展

对世界各国隧道总长度进行统计，统计长度在 12 km 以上的铁路隧道和长度在 5 km 以上的公路隧道，1871—2022 年排名依次为瑞士、美国及法国，2022 年中国隧道总长度排名世界第一。

近年来，随着中国的交通行业的快速发展，公路隧道工程建设越来越多，2015—2020 年中国公路隧道数量呈逐年增长趋势，2020 年中国公路隧道（图 1-1-13）21 316 处，同比增长 11.80%；2015—2020 年中国特长隧道及长隧道数量（图 1-1-14）均呈逐年增长态势，2020 年中国特长隧道 1 394 处，较 2019 年增长 219 处，长隧道 5 541 处，较 2019 年增长 757 处。

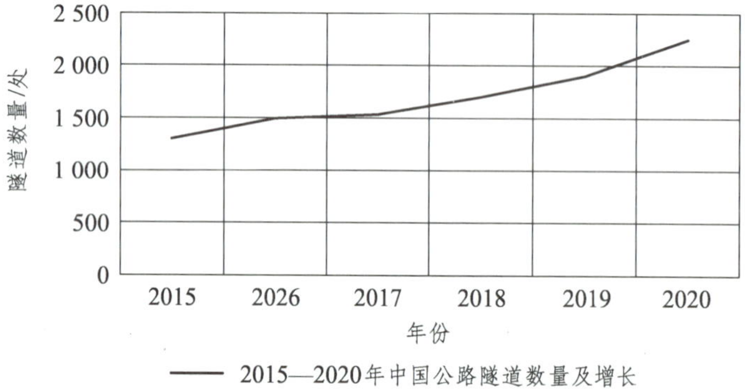

图 1-1-13 我国公路隧道数量的变化

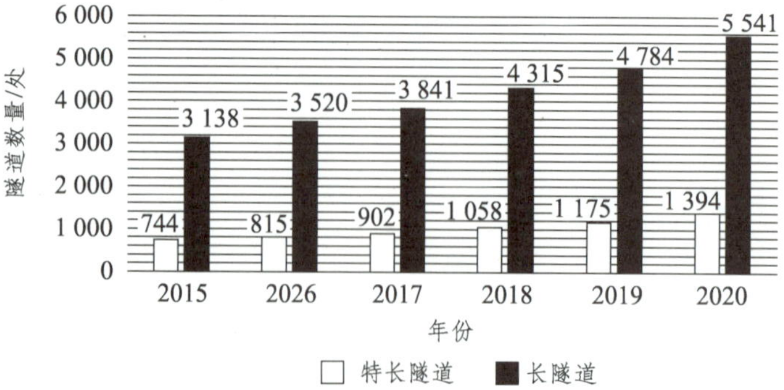

图 1-1-14 我国特长隧道及长隧道数量的变化

勃朗峰隧道（图 1-1-15）是连接法国和意大利的公路隧道，位于阿尔卑斯山最高峰——勃朗峰底下，长 11.6 km。意大利和法国先后于 1958、1959 年开凿隧道，整个工程完成于 1962 年 8 月。英法海底隧道横跨英吉利海峡，使欧洲大陆往返英国的时间大大缩短，隧道长度 50 km，1994 年正式通车，历时 8 年多，耗资约 100 亿英镑。洛达尔隧道是位于挪威西部地区的世界最长的公路隧道，全长 24.51 km，于 1995 年 3 月开始动工兴建，2000 年 11 月正式通车，整个工程项目共耗资约 1 亿美元。

大瑶山隧道（图 1-1-16）是中国第一条通车的超长双线电气化铁路隧道，位于广东省韶关市西北坪石至乐昌间的京广铁路衡广（衡阳—广州）复线上，自北向南穿越大瑶山，全长 14 295 m，它曾经是中国最长的铁路隧道，动用了 4 000 多名工人历时 5 年，于 1987 年 5 月贯通，是当时中国最长的铁路隧道。

秦岭终南山公路隧道（图 1-1-17）是位于陕西省秦岭终南山的一条隧道，是世界最长的双洞高速公路隧道，隧道单洞长 18.02 km，双洞共长 36.04 km，15 min 即可穿越。厦门翔安海底隧道（图 1-1-18），全长 8.695 km，它的建成通车使厦门本岛到大陆端的时间比原来节省了 80 分钟以上。

图 1-1-15　勃朗峰隧道

图 1-1-16　大瑶山隧道

图 1-1-17　秦岭终南山公路隧道

图 1-1-18　厦门翔安海底隧道

目前，我国在隧道工程技术上有了较大的进步，克服了许多不良地质难题，甚至在地质禁区也能成功地建成隧道，形成了门类齐全的工法技术。更可贵的是有了相当数量的隧道及地下工程建设的管理技术骨干和专业设计、施工队伍。但是，我们也应该看到发展中所存在的问题和不足，尤其是在隧道及地下工程技术的运用程度和建设管理水平上与先进国家相比，还有较大的差距。例如，工程决策缺乏长远和全面的考虑，缺少环境保护意识和工程经济的合理比较；产业化程度低，施工机具、设备和建筑材料品种稀少、品质不高；大型施工专用设备如盾构机、TBM 掘进机、液压凿岩台车及其关键配件等仍依赖于从国外进口；建设管理较为落后，表现为工程质量水平不高，质量稳定性差，施工安全没有保证，人身事故率高；施工队伍专业化水平低，尤其施工现场具有较高素质的管理技术人才缺乏，施工机械化水平、信息化水平普遍较低。这些与国家快速发展的经济形势对隧道及地下工程建设的需求是不相适应的。

21 世纪我国隧道的建设和隧道施工技术必将有一个新的更大的发展。

（1）我国隧道的建设有三个非常明显的趋势：一是需修建的长隧道越来越多，长度越来越长；二是以隧道方式跨越江、河、湖、海水域的工程越来越多；三是城市隧道和地下铁道的建设进入高潮。

（2）在隧道施工技术方面，从二十世纪六七十年代钢钎大锤作业的施工方法，到八十年代推广应用"新奥法"，二十世纪末又引进了大型隧道掘进机（TBM），从液压凿岩台车的应用到隧道掘进机的引进，以及在地铁隧道和城市隧道中广泛采用盾构法，隧道施工技术有了很大进步，有些方面达到甚至超过了国际先进水平。

（3）在隧道施工中，较为广泛地采用"新奥法"原则的矿山法技术改进和发展方向是：提高开挖成洞速度；提高应变能力，降低工程成本；改善施工作业环境条件和安全技术。隧道掘进机和盾构施工方法具有施工速度快、隧道成型好、机械化程度高以及周边环境影响小等显著优点。沉管隧道适用于水底地形平坦、水深及跨度不太大的情况，在我国也逐渐得到应用。

（4）建立健全管理体系，它有利于增强对公路桥梁隧道工程的监督和管理，为公路隧道等工程的顺利竣工提供可靠的保障，也有利于减少施工成本浪费，确保工程建设质量。

第二节 桥梁与隧道安全事故

随着经济的快速发展，近年来我国桥梁与隧道事业也蓬勃发展。但是，随着交通量的增大，以及各种自然因素和人为因素的影响，桥梁与隧道的安全性越来越受到人们的重视。桥梁与隧道作为交通枢纽和经济建设的大动脉，承担着重大的责任，一旦发生事故必将给人民的生命财产造成巨大损害，且不易在短期内恢复，甚至对社会经济发展造成不可估量的损失。

中国湖南某大桥垮塌事故（图 1-2-1）：湖南某大桥全长 328.45 m，桥面宽度 13 m，设 3% 纵坡，桥型为 4 孔 65 m 跨径等截面悬链线空腹式无铰连拱石拱桥，桥墩高 33 m。2007 年，正在建设中的大桥发生坍塌事故。

中国黑龙江某大桥坍塌事故（图 1-2-2）：2012 年，哈尔滨某大桥引桥发生坍塌，造成多辆汽车坠桥。

图 1-2-1　湖南某大桥垮塌

图 1-2-2　哈尔滨某大桥引桥坍塌

中国广东某大桥坍塌事故(图 1-2-3):广东某桥跨越西江，全长 1 682 m，主桥为 2×160 m 独塔混凝土斜拉桥与 21 孔 50 m 连续箱梁组成，引桥由 20 孔 16 m 先张法预应力混凝土空心板组成。2007 年，船艏右侧与该桥桥墩发生严重触碰，造成该桥三个桥墩倒塌，其所承桥面约 200 m 坍塌。

印度在建桥梁垮塌事故（图 1-2-4）：2009 年，印度昌巴尔河一座在建桥梁突然倒塌，造成多人伤亡。

图 1-2-3　广东某大桥坍塌

图 1-2-4　印度在建桥梁垮塌

巴基斯坦卡拉奇某大桥垮塌事故：2019 年，卡拉奇的一座公路大桥发生坍塌，导致多辆汽车被压在桥底下。

印度某大桥垮塌事故：2019 年，印度某正在建设中的高架桥，在暴雨中突然垮塌，造成多辆汽车和行人坠桥。

中国广西安石某隧道突泥涌水事故（图 1-2-5）：2019 年，安石某隧道出口掌子面发生突泥涌水，导致现场作业人员被困。

图 1-2-5　安石某隧道突泥涌水事故

图 1-2-6　野三关某隧道突泥涌水事故

中国湖北野三关某隧道突泥涌水事故（图 1-2-6）：2007 年，野三关某隧道掌子面后右侧向上涌水，峰值涌水量 30 万 m^3/h，总突水量 15.1 万 m^3，突泥石 5.35 万 m^3，事故造成多人被困。

中国上海轨道交通线路管涌坍塌事故：2003 年，上海某轨道交通线路管涌坍塌，引起隧道受损及周边地区地面沉降，造成三幢建筑物严重倾斜，附近地面出现不同程度的裂缝、沉降，造成重大经济损失。

中国广西东科岭某隧道坍方事故：东科岭某隧道坍方段埋深 21 m，地质为向斜构造全风化花岗岩，呈砂状，开挖扰动后呈流塑状，地表为水田和常年流水水沟。2010 年，进口开挖到 398 m 处，掌子面施作超前小导管时，突然发生涌砂坍方，涌砂量约 800 m^3。

桥梁与隧道关系到人民群众出行安全，对其“体检”应该成为一项常态化的制度。一方面，要及早发现安全隐患，通过加固和改造，改善和提高旧桥和隧道的承载能力；另一方面，有关部门要建立质量追溯制度，加强对车辆的管控，建立更加规范的养护制度，提高管理和养护水平。

第三节 桥梁养护现状

一、桥梁养护工作的重要性

近 30 年，我国桥梁建设发展迅速，但设计、施工管理水平发展相对滞后，还处在不断提高的过程中，随着旧桥数量的不断增加，桥梁养护工作面临异常严峻的形势。

面对数量庞大、增长迅速的桥梁，我们没有建立有效的管养体系，许多桥梁缺少管理和保养，让“小病”逐渐发展成“大病”，尤其是一些桥梁长期带“病”工作，最终发展成为危桥。桥梁坍塌是桥梁损伤破坏的一种极端现象，是桥梁损伤不断积累的结果，要避免此类事件的发生，必须防患于未然，及早对桥梁进行定期检查、评估和加固处理。沉痛的教训使人们认识到，桥梁的安全性不仅是建设期间的质量控制问题，使用期间的养护管理问题更是全社会关注的重大问题。在交通建设中，既要实现公路桥梁的建设目标——安全畅通、高效益和低成本，又要对建成的桥梁加强日常管理和养护，预防发生病害，使用期间及时根治缺陷、加固维修保养，保证其持续安全运营，确保桥梁结构在建设、投入使用、最终完成其使命的整个寿命期间能够保证结构、运行荷载和人员的安全，以合理的经济成本维持自身较高的服务水平和通行能力，并满足交通量持续增长的需要。

二、桥梁养护存在的典型问题

“重建设、轻养护”这个问题在我国公路桥梁管理中一直表现得比较突出，桥梁养护工作存在的问题也就比较多，主要表现在以下几个方面：

（1）桥况不明。由于技术资料归档不及时往往造成建造多年的桥梁资料不全、新建的桥梁技术状况不清等情况。

（2）桥面严重超载，不堪重负。目前我国公路上的许多桥梁修建于二十世纪六七十年代，当时设计荷载等级偏低，承载能力不足，已不适应目前超重车、大吨位车增多的新情况，这些桥梁承受不起日益增长的负荷而成为危桥。

（3）桥面不清洁、泄水孔堵塞、堆放杂物、杂草丛生。

（4）桥面不平整，桥栏残缺不齐。桥面铺装不同程度损坏，造成桥面不平整产生坑槽，致使车辆颠簸，影响车速，跳车现象严重，给行车带来不适；而且还会增加桥梁构件的疲劳，大大缩短桥梁的使用寿命。同时，桥栏残缺不齐现象随处可见，虽不影响车辆运行，但使人缺乏安全感，降低了交通安全舒适水平。

（5）桥梁构件损坏不及时维修。桥梁出现变位、沉陷、空洞等病害后，若不及时维修会造成桥梁安全状况进一步恶化。

三、公路桥梁养护管理现状

为加强和规范公路桥梁养护管理工作，保证公路畅通和桥梁安全运行，交通运输部印发了《关于进一步加强公路桥梁养护管理的若干意见》（交公路发〔2013〕321 号）、《公路桥梁养护管理工作制度》（交公路发〔2007〕336）号等文件，颁布实施了《公路桥梁加固设计规范》（JTG/T J22—2008）、《公路桥梁加固施工技术规范》（JTG/T J23—2008）、《公路桥涵养护规范》（JTG 5120—2021）等行业规范。

目前，我国尽管多次强调建设与养护并重，但公路桥梁养护管理仍面临许多问题，主要表现为：

（1）桥梁疏于养护。

（2）桥梁技术档案资料缺失，不利于后续桥梁养护管理。

（3）养护技术力量薄弱。桥梁结构复杂，对技术人员的要求较高。

（4）对桥梁的耐久性重视不够。

公路基层养护部是公路桥架的养护单位和监管单位，其桥梁工程师直接承担着桥梁养护管理的重任，是确保在役桥梁安全运营的直接负责人，因而桥梁养护工程师的业务能力决定着桥梁养护管理水平。如前所述，目前部分公路养护单位桥梁工程师的知识水平不高，对病害产生原因分析不明，导致采取的养护维修措施不当，因此提高基层公路养护工程师的业务水平，是加强桥梁养护管理、确保在役桥梁安全运营的首要手段。

此外，公路桥梁养护管理应贯彻“预防为主，安全至上”的工作方针，努力提高桥梁结构的耐久性和安全性。各级交通主管部门、公路管理机构和养护承包单位应重视和加强桥梁养护管理工作，严格执行桥梁养护管理的各项规章制度，采取科学有效的管理手段和技术措施，对所管辖的公路桥梁及时组织实施检查、检测和养护维修，确保公路畅通和桥梁安全。

据统计，截至 2020 年 12 月底，我国完成乡道及以上公路安全生命防护工程 18.5 万 km，危桥改造 6 692 座；基本完成“十三五”规划中乡道及以上行政等级公路安全隐患治理；公路交通安全基础设施明显改善，桥梁运行安全水平不断提升。此外，2020 年 12 月 28 日，交通运输部发布《关于进一步提升公路桥梁安全耐久水平的意见》的通知，制定了以下工作目标：

到 2025 年，通过开展危旧桥梁改造行动，提升桥梁安全耐久水平，基本完成 2020 年底存量四、五类桥梁改造，对部分老旧桥梁实施改造，国省干线公路新发现四、五类桥梁处治率 100%，实现全国高速公路一、二类桥梁比例达 95%以上，普通国省干线公路一、二类桥梁比例达 90%以上，跨江跨海跨峡谷等特殊桥梁结构健康监测系统全面建立，公路桥梁运行安全水平和服务品质明显提升。

到2035年，公路桥梁建设养护管理水平进入世界前列，公路桥梁结构健康监测系统全面建立，安全风险防控体系基本完善，创新发展水平明显提高，标准化、智能化水平全面提升，平均服役寿命明显延长，基本实现并不断完善管理体系和管理能力现代化。

第四节 隧道养护现状

一、隧道养护管理的基本原则

为加强和规范公路隧道养护管理工作，提高公路隧道养护管理水平，保证隧道运行安全，交通运输部颁布实施了《公路养护安全作业规程》(JTG H30—2015)、《公路隧道养护技术规范》(JTG H12—2015)等行业规范。

公路隧道养护工作应坚持“预防为主，防治结合，安全至上”的原则，根据隧道的实际情况，以及当地水文资料、围岩地质条件、气候、交通量，采取预防性、经常性的保养和维修措施，加强土建结构、机电设施以及其他工程设施的养护，努力提高隧道结构及附属设施的安全性，使公路隧道始终处于良好的技术状况。针对长大隧道还应设置专门的管理单位负责管理养护工作，以确保隧道安全运行。

公路隧道交付使用后，养护管理部门首先要熟悉其设计、施工资料，掌握隧道的全面技术状况，制订小修保养、大中修、改善工程计划。在使用过程中要做好检查工作，以便及时发现和处理问题，确保安全畅通。

二、隧道养护的基本要求

(1)针对性：高速公路、一(二)级公路山岭隧道；

(2)范围：土建结构、机电设施、其他设施、安全管理；

(3)养护的特殊性：根据隧道的地质条件、结构和设施状况、营运条件、病害等制订计划；

(4)连续性：工后观察和监测；

(5)施工安全：一般不中断交通；

(6)技术资料及管理的连续性：设计、施工、维修、加固、改造等有关技术档案的完整性；

(7)适应性：技术、经济性要求。

三、隧道土建结构保养与维修的工作内容

土建结构主要是指隧道的各类土木建筑工程结构物，如洞门、衬砌、路面、防排水设施、斜(竖)井、检修道及风道等结构物。土建结构的养护工作分为清洁维护、结构检查、保养维修和病害处置4个部分。隧道土建结构的保养与维修的工作内容包括：

(1)土建结构的保养维修应包括经常性或预防性的保养和轻微缺损部分的维修等内容，恢复和保持结构的正常使用状况。

(2)应对土建结构经常检查和定期检查发现的一般性异常和技术状况值为2以下的状况，

进行保养维修。

（3）应及时清除洞口边仰坡上的危石、浮土，保持洞口边沟和边仰坡上截（排）水沟的完好、畅通，修复存在轻微损坏的洞口挡土墙、洞门墙、护坡、排水设施和减光设施等结构物的开裂、变形，维护洞口花草树木。冬季应清除边仰坡上的积雪和挂冰。

（4）当明洞上边坡出现危石或有崩塌可能时，应及时清除，也可采取保护性开挖等措施。明洞顶的填土厚度和地表线，应保持原设计状态。当遇边坡塌方形成局部堆积，或遇暴雨、洪水原填土大量流失时，应及时采取措施调整到原有状态，避免产生严重偏压导致明洞结构变形、损坏。明洞的防水层失效或损坏时，应及时修复。

（5）应及时清除半山洞内的雨雪、杂物以及洞顶坠落的石块，并保持边沟畅通。应及时修复、添补缺损的护栏、护墙。

（6）对无衬砌隧道出现的碎裂、松动岩石和危石，应按照“少清除，多稳固”的原则进行处理；对围岩的渗漏水，应开设泄水孔接引水管，将水导入边沟排出；冬季应及时清除洞顶挂冰。

（7）对有衬砌隧道出现的衬砌起层、剥离，应及时清除；应及时修补衬砌裂缝，并设立观测标记进行跟踪观测；对衬砌的渗漏水应接引水管，将水导入边沟；冬季应及时清除洞顶挂冰等。

（8）应及时清除隧道内外路面上的塌（散）落物和堆积物，修复、更换损坏的窨井盖或其他设施盖板。当路面出现渗漏水时，应及时处理，将水引入边沟排出，防止路面积水或结冰。

（9）横通道内严禁存放任何非救援用物品，应及时清除散落杂物，修复轻微破损结构；应定期保养横通道门，保证横通道清洁、畅通。

（10）应及时清除斜（竖）井内可能损伤通风设施或影响通风效果的异物；应保持井内排水设施完好、水沟（管）畅通；应对井内的检查通道或设施进行保养，防止其锈蚀或损坏。

（11）应清理送（排）风口的网罩，清除堵塞网眼的杂物；应定期保养风道板吊杆，防止其锈蚀或损坏；应及时修复风口或风道的破损，更换损坏的风道板。

（12）应保持隧道内外排水设施完好，发现破损或缺失应及时修复；排水管堵塞时，可用高压水或压缩空气疏通；应及时清理排水边沟、中心排水沟、沉沙池等排水设施中的堆积物，不定期检查排水沟盖板和沟墙，及时修复破损、翘曲的盖板；寒冷地区应及时清除排水沟内结冰堵塞；排水的金属管道应定期做好防腐处理。

（13）吊顶和内装饰应保持完好和整洁美观，当有破损、缺失时，应及时修补恢复，不能修复的应及时更换。各种预埋件和桥架应保持完好、坚固、无锈蚀，当有缺损时，应及时更换或加固。

（14）应保持人行道或检修道平整、完好和畅通，人行道或检修道不得积水，当道板有破损、翘曲或缺失时，应及时进行修复和补充；应定期保养人行道或检修道护栏，护栏应保持完好、清洁、坚固、无锈蚀，立柱正直无摇动现象，横杆连接牢固，当有缺损时，应及时恢复。

（15）寒冷地区隧道尚应进行下列保养维护：

① 寒冷地区隧道的防冻保温设施应做好保养维护，当有损坏时，应及时维修，保证其正常使用功能。

② 洞口设有防雪设施的隧道，应做好防雪设施的保养维护，并在大雪降临前完成设施的维修加固；冬季应及时清除洞口处积雪。

（16）隧道的交通标志应保持外观完整、信息清晰准确，保持位置、高度和角度适当，保证交通信息传递无误，并应符合下列规定：

① 应及时修补变形、破损的标牌，修复弯曲、倾斜的支柱，紧固松动的连接构件。

② 对锈蚀损坏、老化失效的标志，应及时更换，缺失的应及时补充。

③ 对损坏的限高及限速设施应及时维修。

（17）隧道的交通标线应保持完整、清洁和醒目，并应符合下列规定：

① 对破损严重和脱落的标线应及时补划。

② 应及时紧固松动的路标，发现损坏或丢失的，应及时修复或补换。

③ 隧道轮廓标应保持完整、清洁和醒目，当有损坏时，应及时修复或更换。

（18）对评定划定的各类隧道土建结构，应分别采取不同的养护措施：

一类隧道应进行正常养护。

二类隧道或存在评定状况值为 1 的分项时，应按需进行保养维修。

三类隧道或存在评定状况值为 2 的分项时，应对局部实施病害处治。

四类隧道应进行交通管制，尽快实施病害处治。

五类隧道应及时关闭，然后实施病害处治。

重要分项以外的其他分项评定状况值为 3 或 4 时，应尽快实施病害处治。

四、隧道养护与维修加固的技术途径

公路隧道养护应以机械化养护为主，积极推广应用新技术、新材料、新工艺、新设备，使隧道养护、维修达到安全可靠、质量优良、经济合理、技术先进的要求。在公路隧道内进行养护作业时，如不中断交通，必须符合国家现行标准《道路交通标志和标线》（GB 5768）、《公路养护安全作业规程》（JTG H30）的规定，保证施工安全。

对各种病害在检查观测的基础上，做出正确判断后，就应采取有效措施加以修理、中修、加固。其原则应按照《公路隧道养护技术规范》（JTG H12）的有关条文执行：对轻微病害进行修补；对中修应做出设计，按图施工；对重大损坏影响通车时，用临时支护的方式，确保行车安全，同时进行大修工程设计抓紧抢修，恢复其功能。

第二章

桥梁检查与材质检测

桥梁检查是对桥梁缺陷和损伤的检查，根据其性质、部位、严重程度及发展趋势，找出产生缺陷和损伤的主要原因，分析和评价其对桥梁质量和承载能力的影响，从而了解桥梁投入使用至今桥梁技术状况的工作。按检查的范围、深度、方式和检查目的，分为初始检查、日常巡查、经常检查、定期检查和特殊检查。

公路桥梁养护检查等级应分为Ⅰ、Ⅱ、Ⅲ级，分级标准应符合下列规定：

（1）单孔跨径大于 150 m 的特大桥、特别重要桥梁的养护检查等级为Ⅰ级。

（2）单孔跨径小于或等于 150 m 的特大桥、大桥，以及高速公路或一、二级公路上的中桥、小桥的养护检查等级为Ⅱ级。

（3）三、四级公路上的中桥、小桥的养护检查等级为Ⅲ级。

（4）技术状况评定为 3 类的大、中、小桥应提高一级进行检查。

（5）技术状况评定为 4 类的桥梁在加固维修前应按Ⅰ级进行检查。

桥梁的初始检查是指新建或改建桥梁交付使用后，对桥梁结构及其附属构件的技术状况进行的首次全面检测，其成果是后期桥梁检查和评定工作的基准。

桥梁的日常巡查是指对桥面及其以上部分的桥梁构件、结构异常变位和桥梁安全保护区的日常巡视和目测检查。

桥梁的经常检查是指采用目测结合辅助工具对桥面系、上部结构、下部结构和附属设施表观状况进行的周期性检查，及时发现缺损并进行小修保养工作。

桥梁的定期检查是指对桥涵总体技术状况进行的周期性检查及技术状况评定。定期检查为评定桥梁的使用功能、制订管理养护计划提供基础数据，主要检查各部件的功能是否完善有效，构造是否合理耐用，发现需要大中修、改善或限制交通的桥梁缺损状况，同时检查小修保养状况。定期检查还为桥梁养护管理系统提供动态数据。

桥梁的特殊检查是指对桥梁承载能力、抗灾能力、耐久性能、水中基础技术状况进行的一项或多项检查与评定，以及对定期检查中难以判明病害成因及程度的桥梁进行的检查。

第一节 桥梁初始检查与日常巡查

一、桥梁初始检查的目的及检查时间

初始检查的目的是采集桥梁的基础状态数据，建立桥梁技术档案，作为后期经常检查、定期检查、特殊检查及桥梁评定的基准。通过初始检查，可以确定桥梁各构件的基础技术状

况，便于对后期发现的桥梁缺陷和病害作对比分析，确定病害或缺陷成因及发展程度，为进一步开展桥梁养护工作提供依据。

初始检查需要尽早进行，以确保如实反映桥梁的初始技术状况。交工验收检测不能替代初始检查，初始检查可以沿用交工验收检测报告里已经包含的参数数据，避免重复检测，节约养护费用。新建或改建桥梁应进行初始检查。初始检查宜与交工验收同时进行，最迟不得超过交付使用后 1 年。

二、桥梁初始检查的内容

初始检查应包括下列内容：

（1）定期检查需测定的所有项目，并按规范的要求设置永久观测点。

（2）测量桥梁长度、桥宽、净空、跨径等；测量主要承重构件尺寸，包括构件的长度与截面尺寸等；测定桥面铺装层厚度及拱上填料厚度等。

（3）测定桥梁材质强度、混凝土结构的钢筋保护层厚度。

（4）养护检查等级为Ⅰ级的桥梁，通过静载试验测试桥梁结构控制截面的应力、应变、挠度等静力参数，计算结构校验系数；通过动载试验测定桥梁结构的自振频率、冲击系数、振型、阻尼比等动力参数。

（5）有水中基础，养护检查等级为Ⅰ、Ⅱ级的桥梁，应进行水下检测。

（6）量测缆索结构的拉索索力及吊杆索力，测试索夹螺栓紧固力等。

（7）检测钢管混凝土拱桥钢管内混凝土密实度。

（8）当交、竣工验收资料中已经包含上述检查项目或参数的实测数据时，可直接引用。

三、桥梁初始检查报告

初始检查后应提交技术状况评定报告。技术状况评定报告应包括下列内容：

（1）桥梁基本状况卡片（附录 A）、桥梁初始检查记录表（附录 B）、桥梁定期检查记录表（附录 C）、桥梁技术状况评定表。

（2）典型缺损和病害的照片、文字说明及缺损分布图，缺损状况的描述应采用专业标准术语，说明缺损的部位、类型、性质、范围、数量和程度等。

（3）3 张总体照片，包括桥面正面照片 1 张，桥梁两侧立面照片各 1 张。

（4）检查内容的成果。

（5）养护建议。

四、桥梁日常巡查的手段及检查频率

日常巡查可以乘车目测为主，并应做巡检记录，发现明显缺损和异常情况应及时上报。

养护检查等级为Ⅰ、Ⅱ级的桥梁，日常巡查每天不应少于 1 次；对有特殊照明需求（功能性及装饰性照明、航空航道指示灯等）的桥梁，应适当开展夜间巡查。养护检查等级为Ⅲ级的桥梁，日常巡查每周不应少于1次。遇地震、地质灾害或极端气象时应增加检查频率。

五、桥梁日常巡查的内容

日常巡查应包括下列内容：

（1）桥路连接处是否异常。

（2）桥面铺装、伸缩缝是否有明显破损；伸缩缝位置的桥面系是否存在异常。

（3）栏杆或护栏等有无明显缺损。

（4）标志标牌是否完好。

（5）桥梁线形是否存在明显异常。

（6）桥梁是否存在异常的振动、摆动和声响。

（7）桥梁安全保护区是否存在侵害桥梁安全的情况。

第二节 桥梁经常检查

一、桥梁经常检查手段及检查频率

桥梁经常检查宜抵近桥梁结构，以直接目测为主，配合简单工具量测，并现场填写桥梁经常检查记录表（附录 D）。经常检查是检查桥梁外表可见到的病害和缺陷等，按照桥梁“预防为主、安全至上”的工作方针，对桥梁各部分及附属工程进行预防性保养，修补其轻微损坏部分，预防结构病害的发生，使桥梁经常保持完好状态，保证结构能得到及时的养护或紧急处理，对需要检修的一些重大问题做出报告，旨在确保结构功能正常。

经常检查的频率应符合下列规定：

（1）养护检查等级为Ⅰ级的桥梁，经常检查每月不应少于 1 次。

（2）养护检查等级为Ⅱ级的桥梁，经常检查每两个月不应少于1次。

（3）养护检查等级为Ⅲ级的桥梁，经常检查每季度不应少于 1 次。

（4）在汛期、台风、冰冻等自然灾害频发期，应提高经常检查频率。

（5）养护检查等级为Ⅱ、Ⅲ级的桥梁，在定期检查中发现存在 4 类构件时，加固处治前应提高经常检查频率。

（6）对支座的经常检查每季度不应少于 1 次。

经常检查中发现桥梁重要部件存在明显缺损时，应及时向上级提交专项报告。

二、桥梁经常检查的内容

桥梁经常检查主要包括以下内容：

（1）桥梁结构有无异常的变形和振动及其他异常状况。如图 2-2-1 所示。

（2）外观是否整洁，构件表面是否完好，有无损坏、开裂、剥落、起皮、锈迹等。如图 2-2-2 所示。

（3）混凝土主梁裂缝是否有发展，箱梁内是否有积水。钢结构主梁抽查焊缝有无开裂，螺栓有无松动或缺失。

（4）斜拉索、吊杆（索）、系杆等索结构锚固区的密封设施是否完好，有无积水或渗水痕迹，密封材料等有无老化和开裂；主缆最低点是否渗水；索鞍是否有异常的位移、卡死、辊轴歪斜以及构件锈蚀、破损；鞍座混凝土是否开裂；鞍室是否渗水、积水。

（5）支座是否有明显缺陷，使用功能是否正常。如图 2-2-3 所示。

（6）桥面铺装是否存在病害。如图 2-2-4 所示。

图 2-2-1　防撞墙裂缝

图 2-2-2　桥梁外观总体状况

图 2-2-3　支座脱空

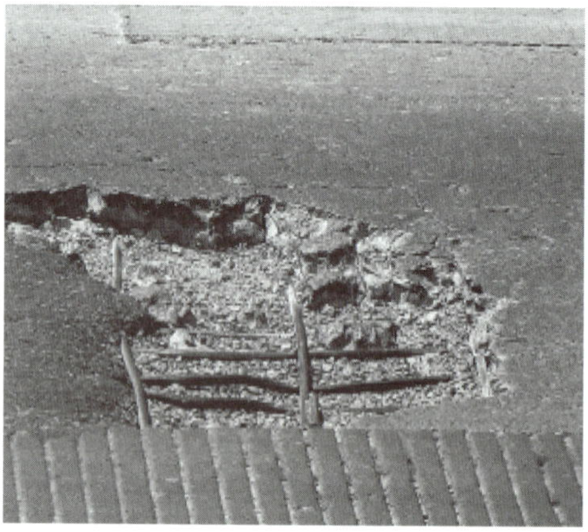

图 2-2-4　桥面坑槽

（7）伸缩缝是否堵塞、卡死，连接部件有无松动、脱落、局部破损。如图 2-2-5 所示。

（8）人行道、缘石有无破损、剥落、裂缝、缺损和松动。

（9）栏杆、护栏有无破损、缺失、锈蚀、移动或错位。如图 2-2-6 所示。

（10）排水设施有无堵塞和破损。如图 2-2-7 所示。

（11）墩台有无明显的倾斜、损伤、开裂，是否受到车、船或漂流物撞击而受损，如图 2-2-8 所示。基础有无冲刷、损坏、悬空，墩台与基础是否受到生物腐蚀，如图 2-2-9 所示。

（12）翼墙（侧墙、耳墙）、锥坡、护坡、调治构造物有无缺损、开裂、沉降和塌陷。如图 2-2-10 所示。

（13）悬索桥锚碇是否存在渗水、积水。

图 2-2-5　伸缩缝破损

图 2-2-6　人行栏杆破损

图 2-2-7　泄水管破损

图 2-2-8　墩台受到船舶撞击

图 2-2-9　基础冲刷

图 2-2-10　翼墙开裂

（14）交通信号、标志、标线、照明设施以及桥梁其他附属设施是否完好、正常工作。

（15）永久观测点及标志点是否完好。

（16）经常检查尤其需要注意的问题还包括：

① 桥梁主要部件结构损坏或失稳；

② 车船的意外碰撞损坏；

③ 桥梁墩台基础冲刷损坏；

④ 桥面交通安全设施的损坏；

⑤ 立交桥梁是否有危险掉落物。

第三节 桥梁定期检查

一、定期检查的目的

定期检查的目的是按照规定的时期，对桥梁主体结构及其附属构造物技术状况进行定期跟踪的全面检查。评定桥梁的技术状况等级，通过定期检查可以对结构的损坏做出评估，评定结构构件和整体结构的技术状况，从而确定特别检查的需求与结构维修加固或更换的优先排序。

二、定期检查的依据

桥梁定期检查主要依据现行行业标准《公路桥梁技术状况评定标准》(JTG/T H21—2011)、《公路桥涵养护规范》(JTG 5120—2021)和《交通运输部关于进一步加强公路桥梁养护管理的若干意见》(交公路发〔2013〕321 号)等进行。定期检查参考的资料还包括竣工图纸和以往的检测资料等。

三、定期检查的频率

定期检查的频率应符合下列规定：

(1) 养护检查等级为Ⅰ级的桥梁，定期检查周期不得超过 1 年；

(2) 养护检查等级为Ⅱ、Ⅲ级的桥梁，定期检查周期不得超过 3 年。

四、定期检查的任务

定期检查的主要任务和工作有：

(1) 现场校核桥梁基本数据，填写、补充完善桥梁基本状况卡片（附录 A)。

(2) 现场填写桥梁定期检查记录表（附录 C)，记录各部件缺损状况并绘制主要病害分布图。

(3) 对桥梁永久观测点进行复核，对桥面高程及线形、变位等检测指标进行量测。

(4) 判断病害原因及影响范围。

(5) 进行技术状况评定，提出养护建议。对难以判断损坏原因和程度的，进一步提出特殊检查的要求，不盲目下结论。对损坏严重、危及安全运行的桥梁，提出限制交通、维修加固或改造重建的建议。

五、定期检查工作流程

桥梁定期检查的工作流程如图 2-3-1 所示。

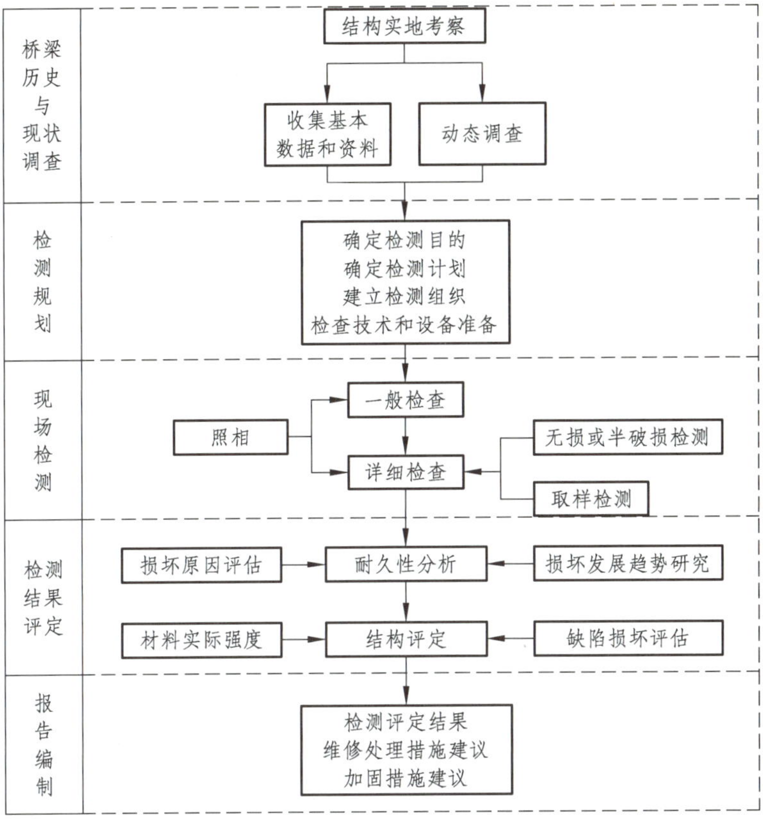

图 2-3-1　公路桥梁定期检查工作流程图

六、定期检查顺序与缺损位置描述规则

1. 定期检查顺序

从下往上的顺序检查：首先检查下部结构和基础，同时检查上部结构的底面和侧面，然后顺序检查支座箱梁内部，最后检查桥面系统。桥梁主体结构检查完成后，检查调治构造物的状况。在检查结构缺损状况过程中同时校对桥梁结构的基本数据是否与实际相符。

按路线里程增加方向和从右至左的顺序检查（注意防止漏检）如图 2-3-2 所示。

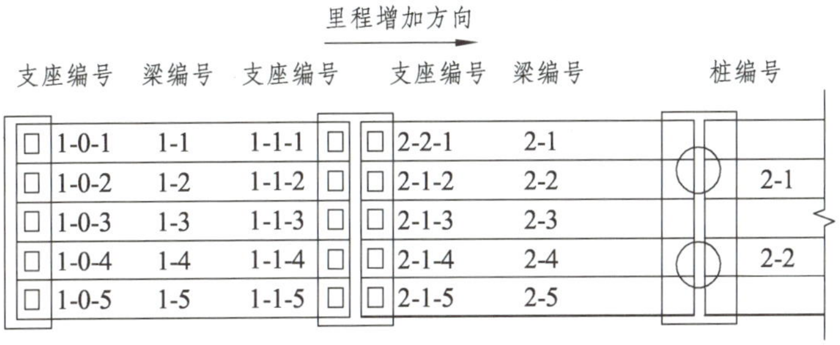

图 2-3-2　桥梁定期检查构件编号示意图

2. 缺损位置描述规则

首先描述发生缺损构件所在的桥跨号和墩台号（图 2-3-2），然后再在同墩台或桥跨中按

里程增加方向从右至左对相同类型构件顺序编号，起始号一般定为 1。

给定构件的缺损位置，可以用右侧面（R）、左侧面（L）、高桩号侧面（HX）、低桩号侧面（S）、上面（UP）、底面（UD）等来描述损坏构件出现在哪一个面上。对于构件任一面上的损坏位置，可以用“跨中”“支点处”“中部”“端部”“顶部”“底部”等来详细描述。

定期检查中发现的各种缺损应在现场将其范围、分布特征、程度及检测日期标记清楚。对 3、4、5 类桥梁及有严重缺损的构件，应作影像记录，并附病害状况说明。

七、定期检查手段与方法

定期检查以目测视察结合仪器检测进行，必须接近各部件仔细检查其缺损病害情况并且要检查到位。既有桥梁的检测宜在桥梁交通量小及周围环境影响较小的时段进行，检查时应辅以必要的测量仪器（包括照相机、望远镜、探测工具和设备等），为了达到接近检查的要求，在桥梁较高时、跨度较大或者跨越河流时，应通过桥检车、高空作业车、临时支架、吊架、梯子等方式实地检查。

桥梁检查所记录的典型病害均应配有照片，照片拍摄要求如下：

（1）根据光线强度选择最佳模式。

（2）根据近景、远景选择最合适的焦距。保证照片质量。

（3）照片必须保证清晰，不能出现重影，出现重影的应重新拍摄。

（4）照片必须准确反映病害的位置、形状及走向，必要时分别拍摄位置分布图及细部详图。

对于主要裂缝及缺损，宜在其旁边沿其方向用油漆或铅（粉）笔示出。

八、定期检查的内容

1. 桥面系检查

（1）检查内容概述。

① 桥面铺装层纵、横坡是否顺适，有无严重的裂缝（龟裂、纵横裂缝），有无坑槽、波浪拥抱、拱起、剥落、错台、磨光、泛油、变形（车辙、推移）、松散露骨、接缝料损坏、桥头跳车、防水层漏水等现象。

② 伸缩缝是否有异常变形、破损、脱落、漏水，是否造成明显的跳车。

③ 人行道构件有无缺失、破损、蜂窝、麻面、剥落、裂缝等。

④ 栏杆、护栏有无撞坏、缺损、错位、变形过大、腐蚀等。

⑤ 桥面排水是否顺畅，泄水管是否完好、畅通，引水槽有无明显缺陷，桥头排水沟功能是否完好，铺装层是否存在层间积水。

⑥ 照明设施、交通标志是否松动、损坏、缺失，是否需要更换。标志、标线是否清楚，有无污损、脱落、缺失。

⑦ 桥上避雷装置是否完善，避雷系统性能是否良好。

⑧ 桥上航空灯、航道灯是否完好，能否保证正常照明。结构物内供养护检修的照明系统是否完好。

⑨ 桥上的路用通信、供电线路及设备是否完好。

（2）桥面铺装检查内容和方法。

桥面铺装检查内容和方法如表 2-3-1、表 2-3-2 所示。

表 2-3-1 水泥混凝土桥面铺装检查内容和方法

构件	序号	检查内容	检查频率	检查项目与要点	方法与设备
水泥混凝土桥面铺装	1	磨光、脱皮、露骨	100%	检查有无磨光、脱皮、露骨；检测其面积并记录	方法：目视、简单测量；设备：卷尺
	2	错台	100%	检查接缝两侧有无高差；检测高差并记录	方法：目视、简单测量；设备：卷尺
	3	坑洞	100%	检查有无坑洞；检测坑洞深度、直径及面积并记录	方法：目视、简单测量；设备：卷尺
	4	剥落	100%	检查有无浅层边角剥落或层状剥落；检测剥落面积并记录	方法：目视、简单测量；设备：卷尺
	5	拱起	100%	检查接缝处有无抬高；记录拱起的接缝条数	方法：目视
	6	接缝料损坏	100%	检查接缝填料有无老化、漏水、脱空现象；或接缝是否被杂物填塞；检测脱空、填塞长度并记录	方法：目视
	7	裂缝（板角断裂、破碎板）	100%	检查有无横向、纵向、斜裂缝，边缘有无碎裂；或检查板角处裂缝与纵横裂缝是否相交，边缘有无碎裂，或检查有无破碎板，板块有无松动、沉陷、唧泥现象；检测裂缝宽、裂缝交点至角点距离并记录	方法：目视、裂缝测量；设备：裂缝观测仪、卷尺

表 2-3-2 沥青混凝土桥面铺装检查内容和方法

构件	序号	检查内容	检查频率	检查项目与要点	方法与设备
沥青混凝土桥面铺装	1	变形	100%	检查有无波浪拥包或高低不平或车辙；检测波浪拥包面积及高差、高低不平处高差，车辙面积及深度并记录	方法：目视、简单测量；设备：卷尺、直尺
	2	泛油	100%	检查有无泛油、磨光；检测泛油、磨光面积并记录	方法：目视、简单测量；设备：卷尺
	3	破损	100%	检查有无松散、露骨或坑槽；检测松散、露骨面积、坑槽深度及面积并记录	方法：目视、简单测量；设备：直尺
	4	裂缝	100%	检查有无龟裂、裂缝区有无变形散落；或检查有无块裂；或检查有无纵向裂缝，有无散落和支缝；检测裂缝长度及宽度并记录	方法：目视、裂缝测量；设备：卷尺、裂缝观测仪

桥面铺装典型病害如图 2-3-3 所示。

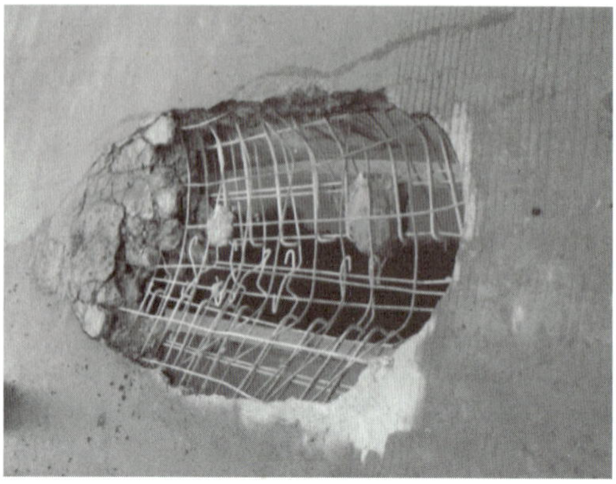

（a）

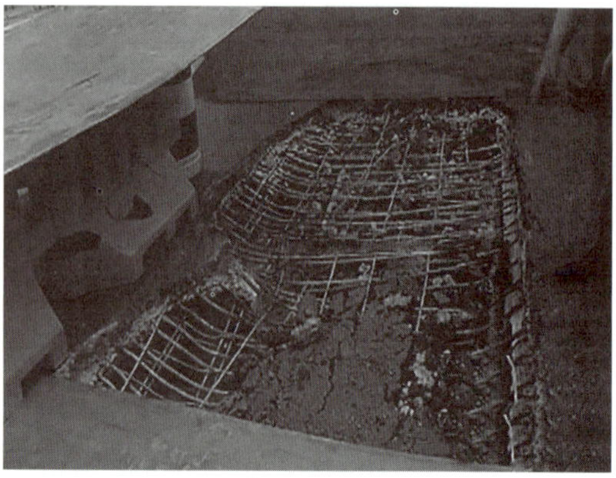

（b）

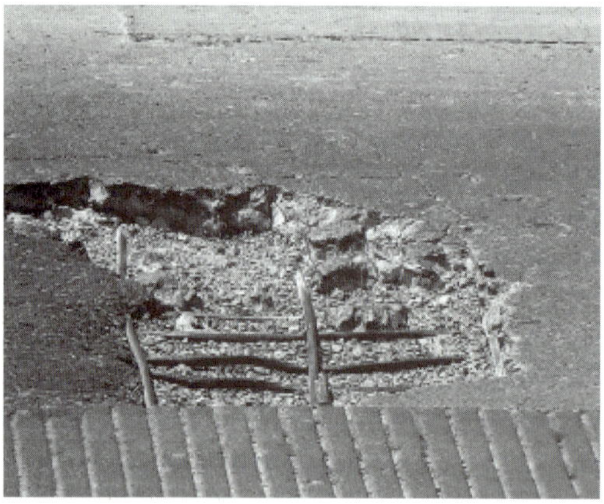

（c）

（d）

（e）

（f）

图 2-3-3 桥面铺装典型病害

（3）伸缩缝检查内容和方法。

伸缩缝检查内容和方法如表 2-3-3 所示。

表 2-3-3　伸缩缝检查内容和方法

构件	序号	检查内容	检查频率	检查项目与要点	方法与设备
伸缩缝	1	凹凸不平	100%	检查有无凹凸不平现象；检测凹凸处差值并记录	方法：目视、简单测量； 设备：直尺
	2	锚固区缺陷	100%	检查锚固件有无松动、锚固螺栓有无松脱或混凝土有无损坏；记录构件损坏数量及混凝土破损面积	方法：目视、简单测量； 设备：卷尺
	3	伸缩缝破损	100%	检查锚固件有无松动、缺失、开焊；焊接处有无裂缝，胶条有无老化剥离；防水材料有无老化脱落，排水管有无堵塞	方法：目视、简单测量； 设备：卷尺
	4	伸缩缝失效	100%	伸缩缝有无异常、明显损坏或失效	方法：目视

注：常见的伸缩缝堵塞现象也要记录。

伸缩缝典型病害如图 2-3-4 ~ 图 2-3-6 所示。

(a)　(b)

图 2-3-4　病害内容：间隙过大

(a)　(b)

图 2-3-5　病害内容：构件丢失

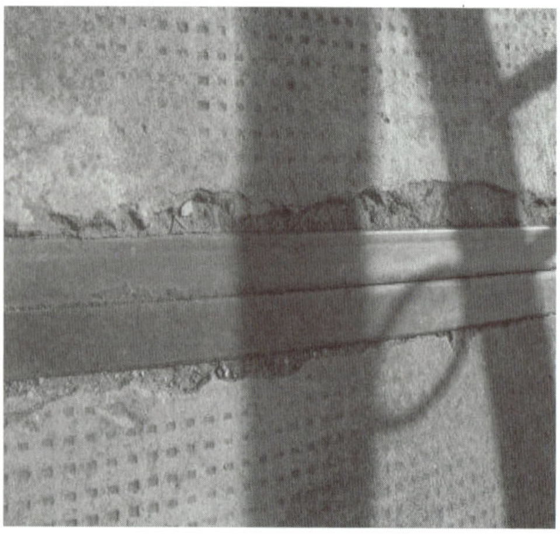

图 2-3-6　病害内容：间隙过小

（4）栏杆、护栏检查内容和方法。

栏杆、护栏检查内容和方法如表 2-3-4 所示。

表 2-3-4　栏杆、护栏检查内容和方法

构件	序号	检查内容	检查频率	检查项目与要点	方法与设备
栏杆和护栏	1	撞坏、缺失	100%	检查是否遭受车撞破坏，有无构件脱落缺失；检测损坏长度并记录	方法：目视、简单测量；设备：卷尺
	2	破损	100%	检查有无构件出现蜂窝麻面、剥落、锈蚀、裂缝变形错位等现象；检测损害面积并记录	方法：目视、简单测量；设备：卷尺

注：栏杆的设置应符合相关规范，栏杆应稳定，有足够的防护功能。

护栏典型病害如图 2-3-7 ~ 图 2-3-10 所示。

图 2-3-7　防撞墙破损

图 2-3-8　防撞墙裂缝

图 2-3-9　防撞墙剥落、露筋

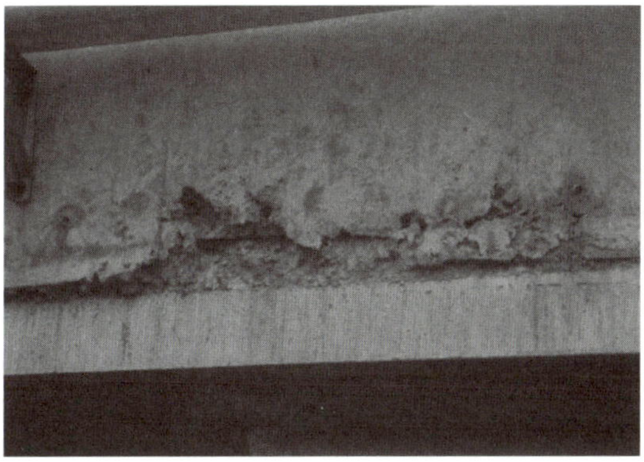

图 2-3-10　防撞墙剥落

（5）人行道检查内容和方法。

人行道检查内容和方法如表 2-3-5 所示。

表 2-3-5　人行道检查内容和方法

构件	序号	检查内容	检查频率	检查项目与要点	方法与设备
栏杆和护栏	1	缺失	100%	检查人行道是否出现较大面积缺损现象	方法：目视、简单测量； 设备：卷尺
	2	破损	100%	检查是否有大量坑槽、孔洞、裂缝、剥落、松动现象	方法：目视、简单测量； 设备：卷尺

（6）排水防水系统检查内容和方法。

排水防水系统检查内容和方法如表 2-3-6 所示。

表 2-3-6　排水防水系统检查内容和方法

构件	序号	检查内容	检查频率	检查项目与要点	方法与设备
排水防水系统	1	排水不畅	100%	检查桥下有无漏水，桥台支承面、翼墙面、前墙面有无污水污染；支座有无锈蚀，桥台后填料有无排水不畅；桥面铺装层内是否有水渗入，是否有层间排水措施	方法：目视
	2	泄水管、引水槽缺陷	100%	泄水管、引水槽、排水孔有无堵塞；排水沟设施有无构件破损、缺件、管体脱落、泄水管缺失	方法：目视

排水防水系统典型病害如图 2-3-11、图 2-3-12 所示。

图 2-3-11　排水管破损

图 2-3-12　泄水孔堵塞

（7）照明、标志检查内容和方法。

照明、标志检查内容和方法如表 2-3-7 所示。

表 2-3-7　照明、标志检查内容和方法

构件	序号	检查内容	检查频率	检查项目与要点	方法与设备
照明和标志	1	污损或损坏	100%	设施有无松动、锈蚀、损坏、污损、标志不清；是否影响行车安全	方法：目视
	2	标志脱落、缺失	100%	标志有无脱落缺失	方法：目视

2. 混凝土梁式桥上部结构检查

（1）检查内容概述。

① 混凝土有无蜂窝、麻面、剥落、掉角、空洞、孔洞。

② 钢筋混凝土保护层厚度是否满足要求，混凝土表面有无碳化、钢筋是否锈蚀，混凝土强度是否满足要求。

③ 混凝土裂缝情况。

④ 结构挠度、变位情况。横向联结构件是否开裂，连接钢板有无锈蚀、断裂，边梁有无横向位移或向外倾斜。

⑤ 预应力锚头、齿板有无开裂，钢绞线有无裸露、断丝现象。

⑥ 箱形梁内、组合梁的桥面板与梁的结合部位、预制桥面板之间的接头处混凝土有无渗水，箱形梁内有无积水，通风是否良好。

⑦ 预应力混凝土结构中有效应力是否满足设计要求。

混凝土梁式桥上部结构典型病害如图 2-3-13 ~ 图 2-3-26 所示。

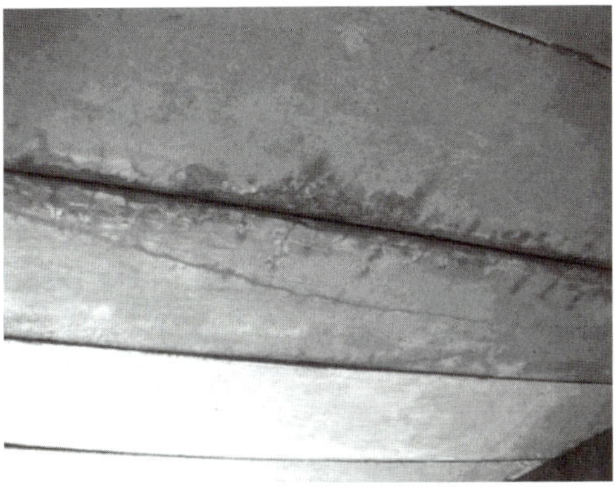

图 2-3-13　病害内容：铰缝破损

图 2-3-14　病害内容：铰缝渗水

图 2-3-15　病害内容：蜂窝

图 2-3-16　病害内容：麻面

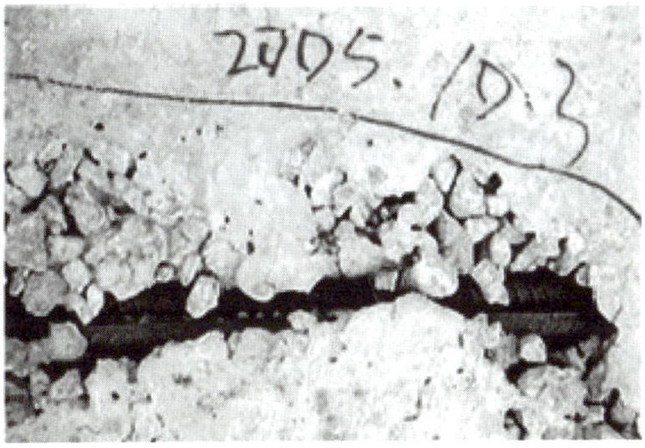

图 2-3-17　病害内容：孔洞露筋

图 2-3-18　病害内容：裂缝

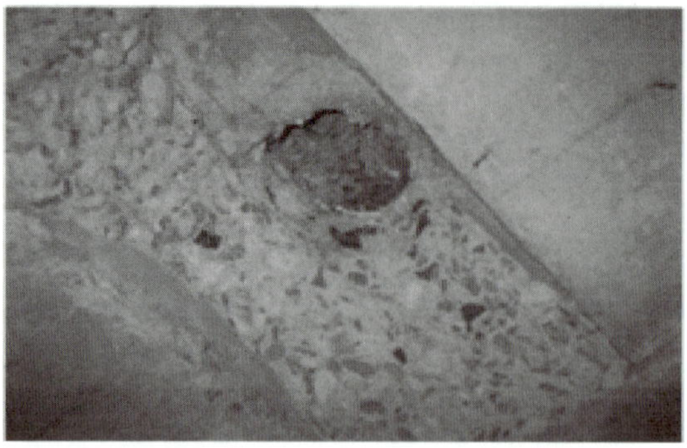

图 2-3-19　病害内容：剥落

图 2-3-20　病害内容：露筋

图 2-3-21　病害内容：流膏

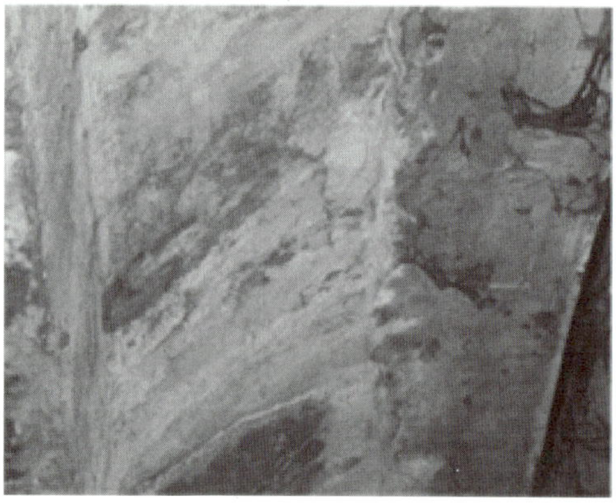

图 2-3-22　病害内容：风化

图 2-3-23　病害内容：开裂

图 2-3-24　病害内容：开裂

图 2-3-25　病害内容：横向开裂

图 2-3-26　病害内容：开裂露筋

（2）重点检查部位。

混凝土梁桥定期检查既要全面详细，又要重点突出，重点检查部位见表 2-3-8。

表 2-3-8　混凝土梁桥上部结构定期检查重点检查部位

部件	结构形式	示意简图	重点检查部位
上部结构	简支梁	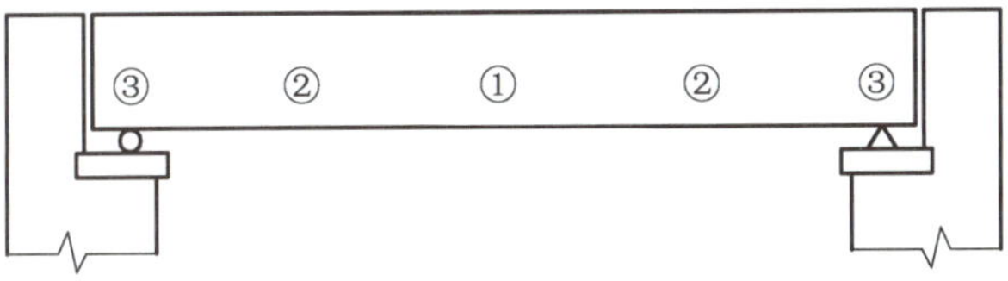	① 跨中处； ② 1/4 跨径处； ③ 支座处
	连续梁	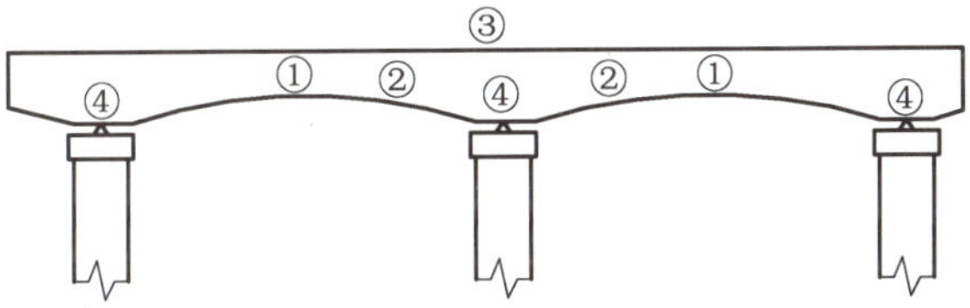	① 跨中处； ② 反弯点处； ③ 桥墩处梁顶； ④ 支座处
	悬臂梁	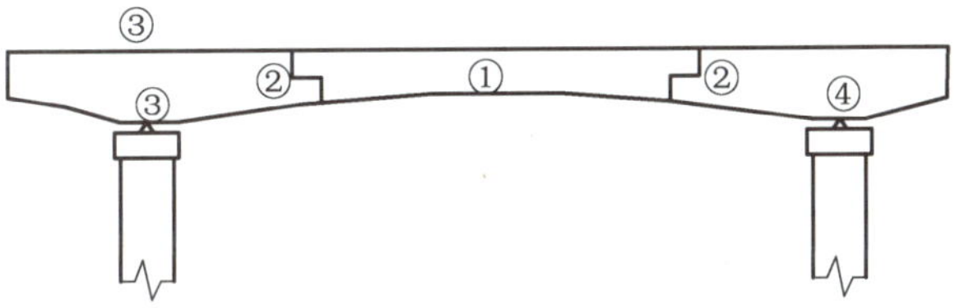	① 跨中处； ② 牛腿处； ③ 桥墩处梁顶； ④ 支座处
	刚构	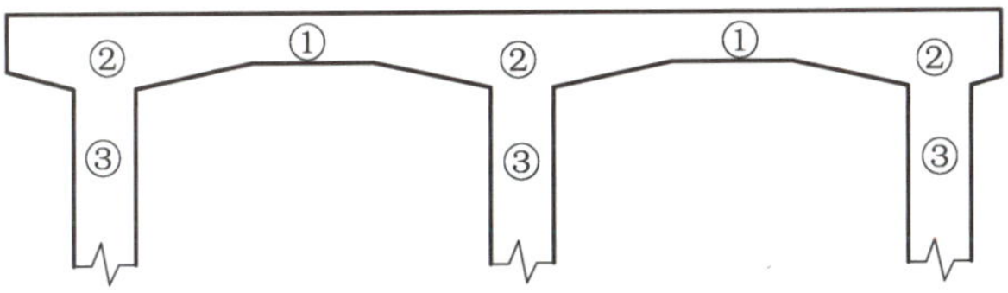	① 跨中处； ② 角隅处； ③ 立柱处
	斜腿刚构	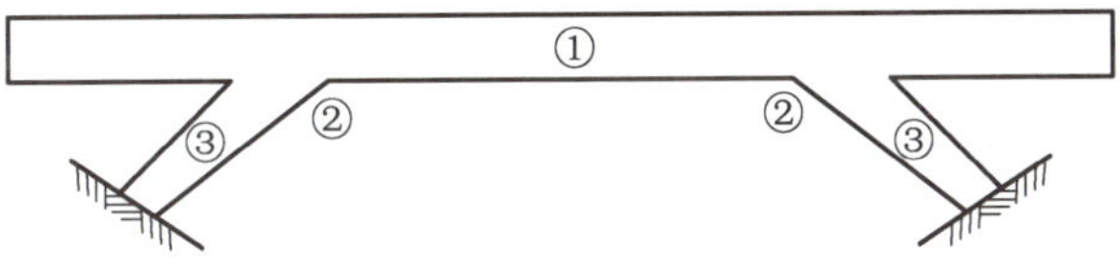	① 跨中处； ② 角隅处； ③ 斜腿处

（3）上部承重构件和一般构件检查内容和方法。

上部承重构件和一般构件检查内容和方法如表 2-3-9 所示。

表 2-3-9　上部承重构件和一般构件检查内容和方法

构件	序号	检查内容	检查频率	检查项目与要点	方法与设备
上部承重构件和一般构件	1	蜂窝、麻面	100%	检查有无蜂窝、麻面；记录每处蜂窝、麻面的面积及分布	方法：目视、简单测量； 设备：卷尺
	2	剥落、掉角	100%	检查有无剥落、掉角；记录每处剥落掉角的面积及分布	方法：目视、简单测量； 设备：卷尺
	3	空洞、孔洞	100%	检查有无空洞、孔洞；记录每处剥落掉角的面积及分布	方法：目视、简单测量； 设备：卷尺
	4	混凝土保护层厚度	100%	承重构件混凝土保护层厚度是否符合要求，对钢筋耐久性是否影响	方法：目视、简单测量； 设备：卷尺
	5	钢筋锈蚀	100%	承重构件钢筋是否发生锈蚀，混凝土表面有无沿钢筋的裂缝或表面有锈迹	方法：目视，如果有量化指标，就要涉及仪器
	6	混凝土碳化	100%	承重构件有无碳化现象，且碳化深度有无小于混凝土保护层厚度的现象	方法：目视，如果有量化指标，就要涉及仪器
	7	混凝土强度	100%	承重构件混凝土强度是否处于良好状态	方法：目视，如果有量化指标，就要涉及仪器
	8	跨中挠度	100%	检查梁体有无明显变形、下挠；检测跨中和悬臂端的最大挠度并记录	方法：目视、测量； 设备：卷尺、精密水准仪或全站仪测量
	9	结构变位	100%	结构有无明显位移，有无横向位移或外倾；纵向接缝是否开裂较大；有无振动或摇晃	方法：目视，如果有量化指标，就要涉及仪器
	10	预应力构件损伤	100%	钢绞线有无断丝、断裂；锚头有无开裂、损坏；齿板处裂缝是否严重	方法：目视
	11	裂缝	100%	检查有无网状裂缝；主梁控制界面有无横向裂缝，顺主筋方向有无纵向裂缝；检查有无斜裂缝、水平裂缝、竖向裂缝；检测网状裂缝面积、主梁裂缝的缝长及缝宽并记录	方法：目视、裂缝测量； 设备：卷尺、裂缝观测仪

（4）支座的检查内容和方法。

支座是桥梁的可换部件，尤其是橡胶支座，因材料老化等原因导致其使用寿命比混凝土、钢材等材料的使用寿命短，可根据实际情况对支座进行定期检查，其检查频率应比其他部位高，以保证支座的功效。

支座检查内容：

① 支座组件是否完好、清洁，有无断裂、错位、脱空。

② 活动支座是否灵活，实际位移量、转角量是否正常，固定支座的锚销是否完好。

③ 橡胶支座是否老化、开裂，有无位置串动、脱空，有无过大的剪切变形或压缩变形，各夹层钢板之间的橡胶层外凸是否均匀。

④ 四氟滑板支座是否脏污、老化，四氟乙烯板是否完好，橡胶块是否滑出钢板。

⑤ 盆式橡胶支座的固定螺栓是否剪断，螺母是否松动，钢盆外露部分是否锈蚀，防尘罩是否完好，抗震设置是否完好。

⑥ 组合式钢支座是否干涩、锈蚀，固定支座的锚栓是否紧固，销板或销钉是否完好，钢支座部件是否出现磨损、开裂。

⑦ 摆柱支座各组件相对位置是否准确，受力是否均匀；混凝土摆柱支座的柱体有无混凝土脱皮、开裂、露筋，钢筋及钢板有无锈蚀；活动支座滑动面是否平整。

⑧ 辊轴支座的辊轴是否出现不允许的爬动、歪斜。

⑨ 摇轴支座是否倾斜，轴承是否有裂纹、切口或偏移。

⑩ 支承垫石是否有裂缝。

⑪ 简易支座的油毡是否老化、破裂或失效。

支座检查要求如表 2-3-10 ~ 表 2-3-12 所示。

表 2-3-10 橡胶支座检查要求

构件	序号	检查内容	检查频率	检查项目与要点	方法与设备
橡胶支座	1	板式支座老化变质、开裂	100%	检查橡胶支座老化程度，裂缝严重程度，相关构件是否受损；检测裂缝的长度、宽度并记录	方法：目视、裂缝测量； 设备：卷尺、裂缝观测仪
	2	板式支座缺陷	100%	检查有无外鼓现象或钢板外露；检测外鼓长度或钢板外露长度并记录	方法：目视、简单测量； 设备：卷尺
	3	板式支座位置串动、脱空或剪切超限	100%	检查支座有无剪切变形、位置偏移，或出现脱空现象、严重变形，造成相关构件受损；检测串动长度及剪切角并记录	方法：目视、简单测量； 设备：桥梁支座位移检测仪
	4	盆式支座组件损坏	100%	检查钢盆有无锈蚀、剥落，底板有无变形，锚栓有无剪断，相关部件有无损坏	方法：目视

续表

构件	序号	检查内容	检查频率	检查项目与要点	方法与设备
	5	聚四氟乙烯滑板磨损	100%	检查有无磨损或造成其他构件出现病害；检测聚四氟乙烯滑板外露高度	方法：目视
	6	盆式支座位移、转角	100%	检查支座有无位移现象或较大转角	方法：目视

表 2-3-11　钢支座检查要求

构件	序号	检查内容	检查频率	检查项目与要点	方法与设备
钢支座	1	钢支座组件或功能缺陷	100%	有无锈蚀、剥落，有无脱焊、有无牙板咬死、折断，有无锚钉锚栓剪断，垫石有无损坏	方法：目视、简单测量； 设备：直尺
	2	钢支座位移、转角超限	100%	检测支座位移或倾斜度	方法：目视、位移测量； 设备：桥梁支座位移检测仪
	3	钢支座部件磨损、裂缝	100%	钢部件有无磨损凹陷或裂缝	方法：目测； 设备：直尺

表 2-3-12　混凝土摆式支座检查要求

构件	检查内容	检查频率	检查项目与要点	方法与设备
混凝土摆式支座	混凝土缺陷	100%	检查混凝土有无脱皮、露筋、裂纹、剥离、掉角、酥裂、压碎；检测缺损面积并记录	方法：目视、简单测量； 设备：卷尺

支座典型病害如图 2-3-27 ~ 图 2-3-34 所示。

图 2-3-27　支座横向裂纹

图 2-3-28　支座剪切变形

图 2-3-29 病害内容：混凝土残留物堆积

图 2-3-30 病害内容：支座上钢板锚固件断裂

图 2-3-31 病害内容：支座剪断

图 2-3-32 病害内容：支座脱空

图 2-3-33 病害内容：支座偏位落梁

图 2-3-34 支座偏位

3. 钢桥上部结构检查

钢桥上部结构的检查内容：

（1）构件涂层劣化情况。

（2）构件锈蚀、裂缝、变形、局部损伤。

（3）焊缝开裂或脱开。

（4）铆钉和螺栓松动、脱落或断裂。

（5）结构的跨中挠度、结构变位情况。

（6）钢箱梁内部湿度是否符合要求，除湿设施是否工作正常。

（7）钢-混凝土组合梁桥和混合梁桥的检测，应包括下列内容：

① 桥面板与梁的结合部位有无纵向滑移、开裂。

② 预制桥面板之间的接头处混凝土有无开裂、压溃、渗水、错位。

③ 混凝土梁段与钢梁段结合处构造功能是否正常，接合面有无脱开、渗漏、错位、承压钢板变形等。

4. 圬工拱桥上部结构检查

（1）检查内容概述。

① 主拱圈是否变形、开裂、渗水，拱脚是否发生位移、转角。主拱圈的灰缝有无松散、剥离或脱落，砌块有无风化、断裂、压碎、局部掉块、脱落。

② 拱上立柱或立墙上下端、盖梁和横系梁的混凝土有无开裂、剥落、露筋和锈蚀。空腹拱的腹拱圈有无较大的变形、开裂、错位，立墙或立柱有无倾斜、开裂。

③ 侧墙与主拱圈间有无脱落，侧墙有无鼓凸变形、开裂，实腹拱拱上填料有无沉陷，排水是否正常。肋拱桥的肋间横向联结是否变位、开裂、钢筋外露、锈蚀等。

（2）重点检查部位。

圬工拱桥上部结构的定期检查既要全面详细，又要重点突出，圬工拱桥上部结构的重点检查部位如图 2-3-35 所示。

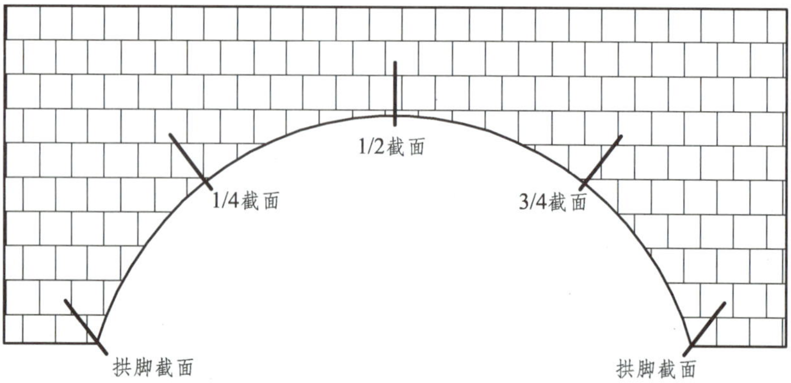

图 2-3-35 圬工拱桥重点检查部位示意图

（3）圬工拱桥主拱圈检查内容和方法。

圬工拱桥主拱圈检查内容和方法如表 2-3-13 所示。

表 2-3-13 圬工拱桥主拱圈检查内容和方法

构件	序号	检查内容	检查频率	检查项目与要点	方法与设备
主拱圈	1	主拱圈变形	100%	测绘主拱圈的线形；与原始设计、竣工资料以及上一次的测量结果对比分析，变形的位置及大小，对结构安全的影响	设备：全站仪、水准仪等测量仪器

续表

构件	序号	检查内容	检查频率	检查项目与要点	方法与设备
	2	主拱圈裂缝	100%	检查裂缝走向、位置；测量裂缝长度、典型裂缝宽度和超限裂缝深度	设备：裂缝观测仪、裂缝深度仪、卷尺
	3	灰缝松散脱落	100%	检查灰缝有无松散脱落；记录松散脱落的长度、位置、分布	设备：卷尺、相机； 方法：目视、简单测量
	4	渗水	100%	检查有无渗水；渗水的位置、分布、面积；渗水处是否处伴有晶体析出现象，流膏处混凝土是否松散	设备：卷尺、相机； 方法：目视、简单测量
	5	砌块断裂、脱落	100%	检查是否存在砌块断裂、脱落；砌块断裂、脱落的位置、面积和分布	设备：卷尺、相机； 方法：目视、简单测量
	6	风化	100%	检查是否存在风化；风化的位置、面积和分布	设备：卷尺、相机； 方法：目视、简单测量
	7	拱脚位移	100%	拱脚是否出现位移；拱脚的水平、竖向位移和转角，是否造成结构和桥面的变形	设备：卷尺、相机； 方法：目视、简单测量

（4）圬工拱桥拱上结构检查内容和方法。

圬工拱桥拱上结构检查内容和方法如表 2-3-14 所示。

表 2-3-14　圬工拱桥拱上结构检查内容和方法

构件	序号	检查内容	检查频率	检查项目与要点	方法与设备
拱上结构	1	实腹拱的侧墙与主拱圈脱裂	100%	检查是否存在脱裂现象；脱裂的具体位置、缝宽以及分布；大范围脱裂时是否影响桥面变形及结构安全	设备：卷尺、相机； 方法：目视、简单测量
	2	实腹拱的侧墙变形、位移	100%	检查侧墙是否有鼓肚、倾斜、外移等变形现象；变形严重时是否造成桥面沉陷	设备：卷尺、相机； 方法：目视、简单测量
	3	实腹拱的拱上填料沉陷或开裂	100%	拱上填料是否沉陷或开裂；沉陷、开裂的位置、分布，是否导致桥面沉陷或开裂	设备：卷尺、相机； 方法：目视、简单测量
	4	空腹拱的腹拱或横向联结系变形、错位	100%	腹拱或横向联系是否出现变形；出现变形的数量及具体位置，变形是否造成桥面塌陷，影响正常行车	设备：卷尺、相机； 方法：目视、简单测量

续表

构件	序号	检查内容	检查频率	检查项目与要点	方法与设备
	5	立墙或立柱倾斜、开裂或脱落	100%	立墙或立柱是否倾斜、开裂或脱落；出现倾斜、开裂或脱落的数量、位置及分布，是否造成桥面塌陷而不能正常行车	设备：卷尺、相机； 方法：目视、简单测量
	6	拱上结构裂缝	100%	检查裂缝走向、位置和分布；测量裂缝长度、典型裂缝宽度和超限裂缝深度	设备：裂缝观测仪、裂缝深度仪、卷尺
	7	拱上填料排水	100%	检查是否存在拱上填料排水不畅；排水不畅的位置、分布，是否造成侧墙渗水、鼓肚和变形	设备：卷尺、相机； 方法：目视、简单测量

5. 钢筋混凝土拱桥上部结构检查

（1）检查内容概述。

① 混凝土有无蜂窝、麻面、剥落、掉角、孔洞、空洞。

② 钢筋保护层厚度是否满足要求，混凝土表面有无碳化、钢筋是否锈蚀，混凝土强度是否满足要求。

③ 钢筋混凝土拱桥的主拱圈是否变形、开裂、渗水，拱脚是否发生位移、转角；钢筋混凝土拱铰的功能是否完好。

④ 拱上立柱或立墙上下端、盖梁和横系梁有无开裂、剥落。

⑤ 侧墙与主拱圈间有无脱落，侧墙有无鼓凸变形、开裂，实腹拱拱上填料有无沉陷，排水是否正常。

（2）重点检查部位。

钢筋混凝土拱桥上部结构的定期检查既要全面详细，又要重点突出，钢筋混凝土拱桥上部结构的重点检查部位如图 2-3-36 所示。

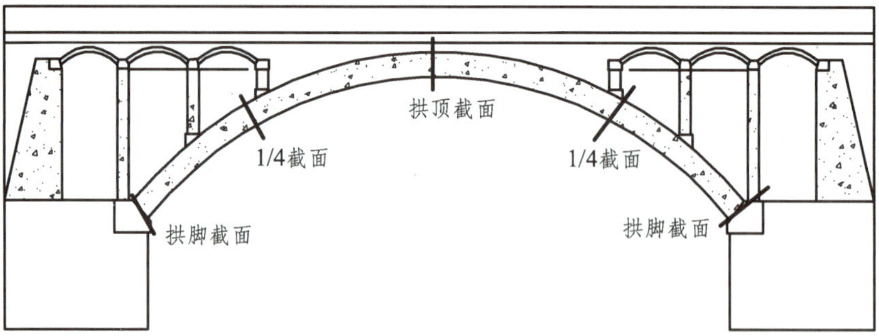

图 2-3-36　钢筋混凝土拱桥上部结构定期检查重点检查部位

（3）钢筋混凝土拱桥主拱圈检查内容和方法。

钢筋混凝土拱桥主拱圈检查内容和方法如表 2-3-15 所示。

表 2-3-15　钢筋混凝土拱桥主拱圈检查内容和方法

构件	序号	检查内容	检查频率	检查项目与要点	方法与设备
主拱圈	1	主拱圈变形	100%	测绘主拱圈的线形；与原始设计、竣工资料以及上一次的测量结果对比分析，变形的位置及大小，对结构安全的影响	设备：全站仪、水准仪等测量仪器
	2	主拱圈裂缝	100%	检查裂缝走向、位置和分布；测量裂缝长度、典型裂缝宽度和超限裂缝深度	设备：裂缝观测仪、裂缝深度仪、卷尺
	3	渗水	100%	检查有无渗水；渗水的位置、分布、面积，渗水处是否处伴有晶体析出现象，流膏处混凝土是否松散	设备：卷尺、相机； 方法：目视、简单测量
	4	拱铰功能受损	100%	检查拱铰功能有无受损；拱铰的受损程度及功能的丧失情况，是否造成主拱圈变形	设备：卷尺、相机； 方法：目视、简单测量
	5	拱脚位移	100%	拱脚是否出现位移；拱脚的水平、竖向位移和转角，是否造成结构和桥面的变形	设备：卷尺、相机； 方法：目视、简单测量
	6	蜂窝、麻面	100%	检查有无蜂窝、麻面；蜂窝、麻面的位置、面积和分布	设备：卷尺、相机； 方法：目视、简单测量
	7	剥落、掉角	100%	检查有无剥落、掉角；剥落、掉角的位置、面积和分布	设备：卷尺、相机； 方法：目视、简单测量
	8	空洞、孔洞	100%	检查有无空洞、孔洞；空洞、孔洞的位置、面积和分布	设备：混凝土超声波检测仪

（4）钢筋混凝土拱桥拱上结构检查内容和方法。

钢筋混凝土拱桥拱上结构检查内容和方法如表 2-3-16 所示。

表 2-3-16　钢筋混凝土拱桥拱上结构检查内容和方法

构件	序号	检查内容	检查频率	检查项目与要点	方法与设备
拱上结构	1	实腹拱的侧墙与主拱圈脱裂	100%	检查是否存在脱裂现象；脱裂的具体位置、缝宽以及分布，大范围脱裂时是否影响桥面变形及结构安全	设备：卷尺、相机； 方法：目视、简单测量
	2	侧墙变形	100%	检查侧墙是否有鼓肚、倾斜、外移等变形现象；变形严重时是否造成桥面沉陷	设备：卷尺、相机； 方法：目视、简单测量
	3	拱上填料沉陷或开裂	100%	拱上填料是否沉陷或开裂；沉陷、开裂的位置、分布，是否导致桥面沉陷或开裂	设备：卷尺、相机； 方法：目视、简单测量

续表

构件	序号	检查内容	检查频率	检查项目与要点	方法与设备
	4	空腹拱的腹拱或横向联结系变形、错位	100%	腹拱或横向联系是否出现变形；出现变形的数量及具体位置，变形是否造成桥面塌陷，影响正常行车	设备：卷尺、相机； 方法：目视、简单测量
	5	立墙或立柱倾斜	100%	立墙或立柱是否倾斜、开裂或脱落；出现倾斜、开裂或脱落的数量、位置及分布，是否造成桥面塌陷而不能正常行车	设备：卷尺、相机； 方法：目视、简单测量
	6	表面缺陷	100%	检查是否存在蜂窝麻面、剥落、掉角、空洞、孔洞、碳化；相应病害的位置、面积和分布	设备：相应项目检测同主拱圈
	7	拱上结构裂缝	100%	检查裂缝走向、位置和分布；测量裂缝长度、典型裂缝宽度和超限裂缝深度	设备：裂缝观 测仪、裂缝深度仪、卷尺
	8	拱上填料排水不畅	100%	检查是否存在拱上填料排水不畅；排水不畅的位置、分布，是否造成侧墙渗水、鼓肚和变形	设备：卷尺、相机； 方法：目视、简单测量

6. 斜拉桥上部结构及索塔检查

斜拉桥上部结构及索塔的检查内容有：

（1）桥塔有无异常变位，锚固区是否有开裂、水渍，有无渗水现象。混凝土结构有无缺损、裂缝、剥落、露筋、钢筋锈蚀。钢结构涂装是否粉化、脱落、起泡、开裂，钢结构是否锈蚀、变形、裂缝；螺栓是否缺失、损坏、松动；钢与混凝土结合是否完好。

（2）拉索索力有无异常变化，观测斜拉索线形有无异常。

（3）斜拉索防护套有无开裂、鼓包、破损、老化变质，必要时可以打开防护套，检查斜拉索的钢丝涂层劣化、破损、锈蚀及断丝情况。

（4）逐个检查锚具及周围锚固区的情况，锚具是否渗水、锈蚀，是否有锈水流出的痕迹，锚固区是否开裂。必要时可打开锚具后盖抽查锚杯内是否积水、潮湿，防锈油是否结块、乳化失效，锚杯是否锈蚀。锚头是否锈蚀、开裂，镦头或夹片是否异常，锚头螺母位置有无异常。

（5）主梁的检测，除应按混凝土梁桥上部结构、钢桥上部结构执行外，还应检查梁体拉索锚固区域的混凝土结构是否开裂、渗水，钢结构是否有裂纹、锈蚀、渗水。

（6）钢护筒是否脱漆、锈蚀，钢护筒内有无积水，钢护筒与斜拉索密封是否可靠，橡胶圈是否老化或严重磨损，橡胶圈固定装置有无损坏，阻尼器有无异常变形、松动、漏油、螺栓缺失、结构脱漆、锈蚀、裂缝。

（7）桥梁构件气动外形是否发生改变；气动措施和风障是否完好；钢主梁检修车轨道、桥面风障、护栏、栏杆的形状及位置是否发生改变。

7. 悬索桥上部主要构件检查

悬索桥上部主要构件的检查内容有：

（1）桥塔有无异常变位，混凝土结构有无缺损、裂缝、剥落、露筋、钢筋锈蚀。钢结构涂装是否粉化、脱落、起泡、开裂，钢结构是否锈蚀、变形、裂缝；螺栓是否缺失、损坏、松动；钢与混凝土结合是否完好。

（2）主缆线形是否有变化。主缆防护有无老化、开裂、脱落、刮伤、磨损，主缆是否渗水，缠丝有无损伤、锈蚀，必要时可以打开涂层和缠丝，检查索股钢丝涂膜有无劣化，钢丝有无锈蚀、断丝。锚头防锈漆是否粉化、脱落、开裂，抽查锚头防锈油是否干硬、失效，锚头是否锈蚀、开裂，墩头或夹片是否异常，锚头螺母位置有无异常。

（3）吊索索力有无异常变化；吊索防护套有无裂缝、鼓包、破损，必要时可以打开防护套，检查吊索钢丝涂膜有无劣化，钢丝有无锈蚀、断丝。钢套管有无锈蚀、损坏，内部有无积水；吊索导管端密封减振设施和其他减振装置有无病害及异常等。

（4）逐个检查吊索锚头及周围锚固区的情况，锚具是否渗水、锈蚀，是否有锈水流出的痕迹，锚固区是否开裂。必要时可打开锚具后盖抽查锚杯内是否积水、潮湿，防锈油是否结块、乳化失效，锚杯是否锈蚀。锚头是否锈蚀、开裂，镦头或夹片是否异常，锚头螺母位置有无异常。

（5）索夹螺栓有无缺失、损伤、松动；索夹有无错位、滑移；索夹面漆有无起皮脱落，密封填料有无老化、开裂；索夹外观有无裂缝及锈蚀；测试索夹螺栓紧固力。

（6）加劲梁的检测，应按混凝土梁桥上部结构、钢桥上部结构执行。

（7）主索鞍、散索鞍上座板与下座板有无相对位移、卡死、辊轴歪斜，鞍座螺杆、锚栓有无松动现象。鞍座内密封状况是否良好。索鞍有无锈蚀、裂缝，索鞍涂装有无粉化、裂缝、起泡、脱落，主缆和索鞍有无相对滑移。

（8）锚碇外观有无明显病害，如裂缝、空洞等；锚碇有无沉降、扭转及水平位移。锚室顶板、侧墙表面状况是否完好。锚室内有无渗漏水，是否积水，温湿度是否符合要求，除湿设备运行是否正常。

（9）索股锚杆涂层是否完好，有无锈蚀、裂纹病害。

（10）桥梁构件气动外形是否发生改变；气动措施和风障是否完好；钢主梁检修车轨道、桥面风障、护栏、栏杆的形状及位置是否发生改变。

8. 下部结构检查

（1）检查内容概述。

① 墩台身有无位移、倾斜。

② 混凝土墩台身、台帽、盖梁及系梁有无蜂窝、麻面、剥落、掉角、空洞、孔洞、风化、开裂、露筋等。

③ 圬工砌体墩台身有无砌块断裂、通缝脱开、变形，砌体泄水孔是否堵塞，防水层是否损坏，是否存在缺陷。

④ 桥台翼墙、耳墙有无破损、裂缝、位移、鼓肚、砌体松动。台背填土有无沉降或挤压隆起，排水是否通畅。锥坡、护坡有无缺陷、冲刷。

⑤ 墩台顶面是否清洁，伸缩缝处是否漏水。

⑥ 墩台防撞设施是否完好。

⑦ 桥头有无跳车现象。

⑧ 基础是否出现沉降、滑移或倾斜。基础下是否发生冲刷或掏空现象，扩大基础的地基有无侵蚀。桩基顶段在水位涨落、干湿交替变化处有无冲刷磨损、颈缩、露筋，有无环状冻裂，是否受到污水、咸水或生物的腐蚀。

⑨ 桥位段河床有无明显冲淤或漂流物堵塞现象，有无冲刷及变迁状况。河床铺砌是否完好。

⑩ 调治构造物是否完好，功能是否适用。

（2）重点检查部位。

下部结构重点检查部位如表 2-3-17 所示。

表 2-3-17　下部结构重点检查部位

构件	构造形式	示意简图	重点检查部位
下部结构	重力式桥墩	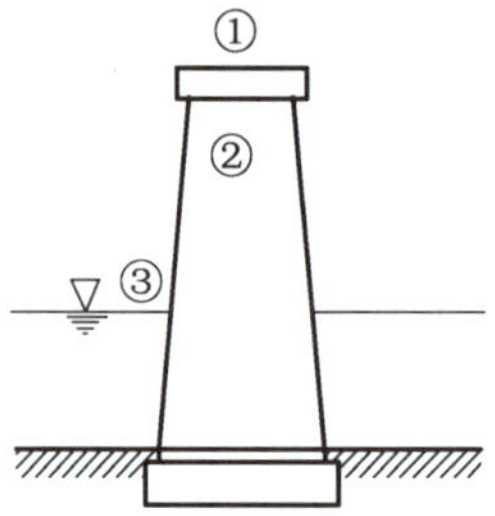	① 台帽； ② 墩身； ③ 水面处
	单柱式桥墩	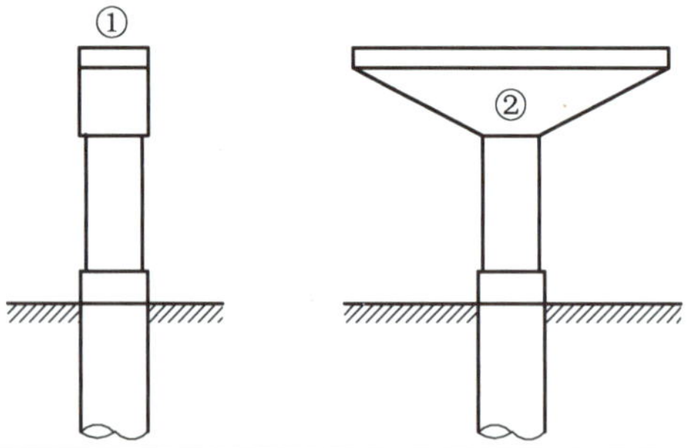	① 台帽； ② 盖梁顶面
	钻孔桩 桩式桥墩	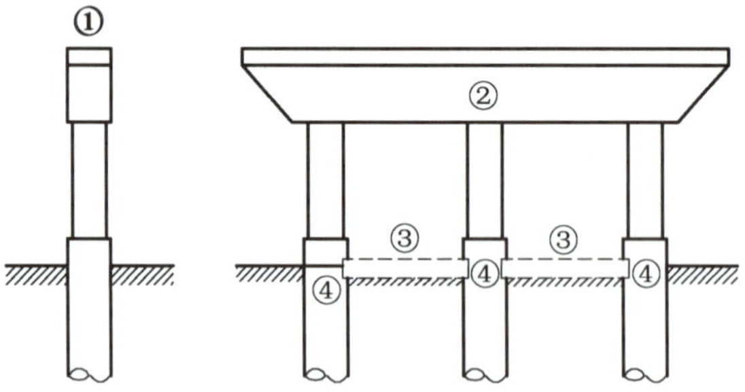	① 台帽； ② 盖梁； ③ 横系梁； ④ 横系梁与桩连接处； ⑤ 与水面处交接处
	T 形桥墩 ∏形桥墩	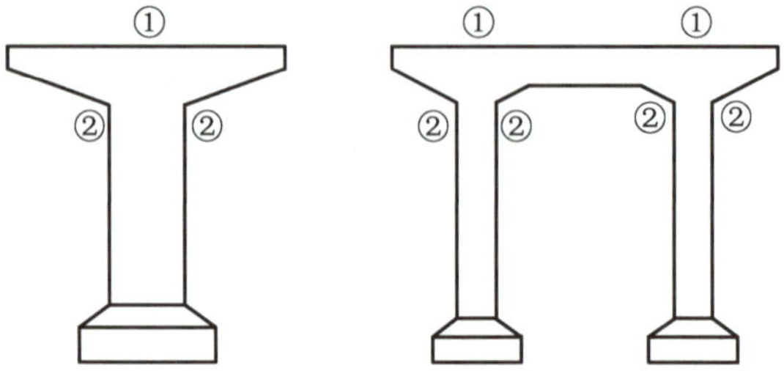	① 台帽； ② 悬臂根部； ③ 盖梁跨中

续表

构件	构造形式	示意简图	重点检查部位
	Y 形桥墩	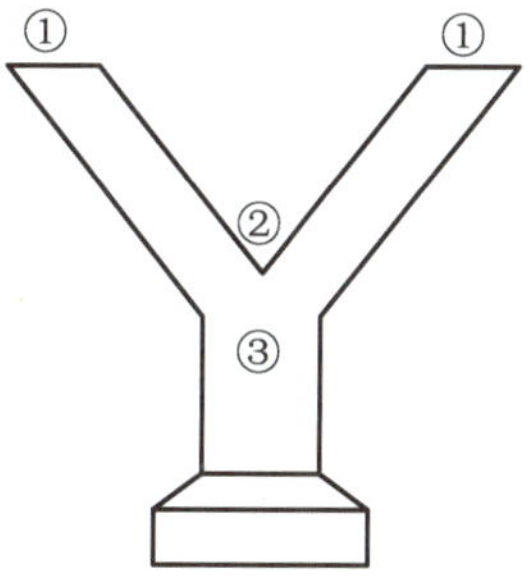	① 支座底面； ② Y 形交接处； ③ 混凝土接缝处
下部结构	轻型桥台	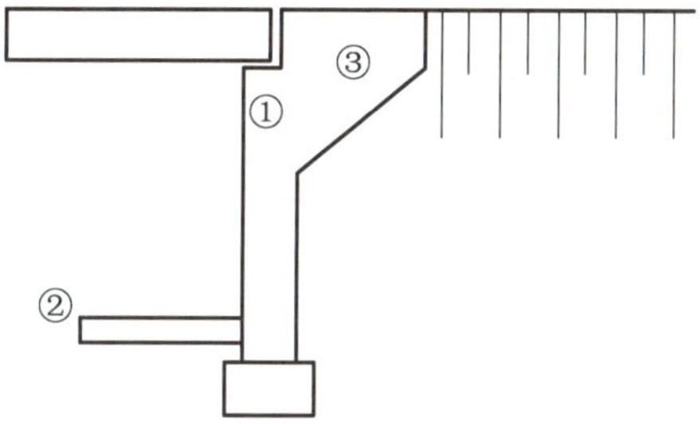	① 台帽； ② 支撑梁； ③ 耳墙
	扶壁式桥台	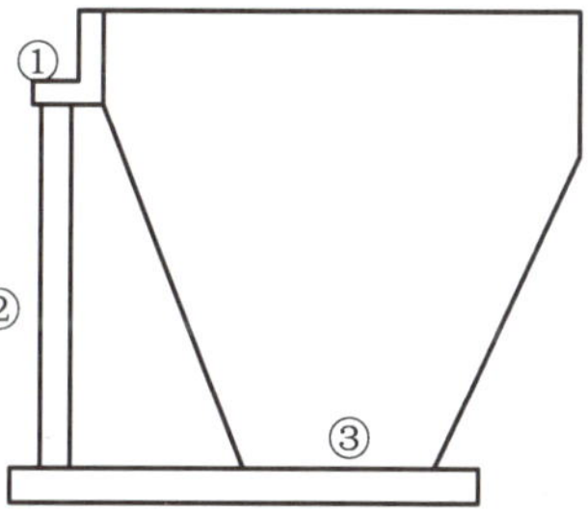	① 台帽； ② 台身； ③ 翼墙
	重力式桥台	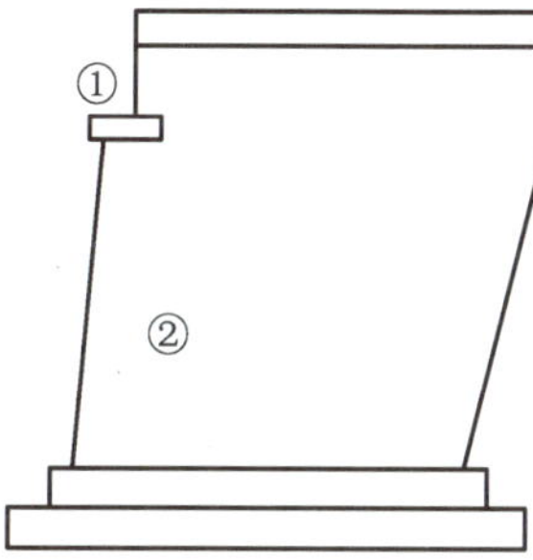	① 台帽； ② 台身； ③ 侧墙
	框架式桥台	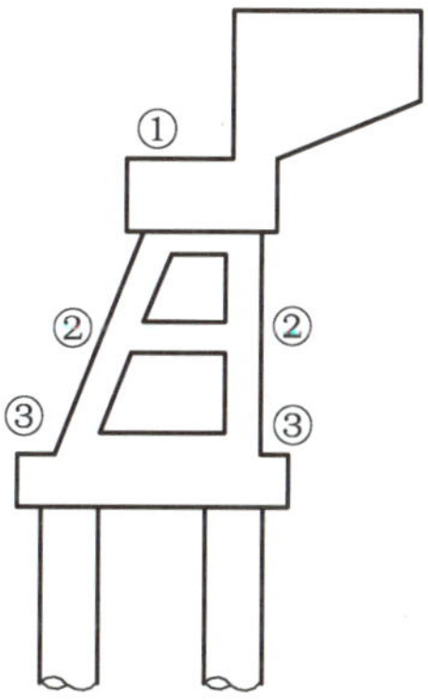	① 台帽； ② 混凝土浇筑界面； ③ 角隅处

（3）桥墩检查内容和方法。

桥墩检查内容和方法如表 2-3-18、表 2-3-19 所示。

表 2-3-18　墩身检查内容和方法

构件	序号	检查内容	检查频率	检查项目与要点	方法与设备
墩身	1	蜂窝、麻面	100%	检查是否存在蜂窝、麻面；蜂窝、麻面的位置、面积和分布	设备：卷尺、相机； 方法：目视、简单测量
	2	剥落、露筋	100%	检查是否存在剥落、露筋；剥落、露筋的位置、面积和分布	设备：卷尺、相机； 方法：目视、简单测量
	3	空洞、孔洞	100%	检查是否存在空洞、孔洞；空洞、孔洞的位置、面积和分布	设备：混凝土超声波检测仪
	4	钢筋锈蚀	100%	钢筋是否发生锈蚀，混凝土表面有无沿钢筋的裂缝或表面有锈迹	设备：卷尺、相机； 方法：目视、简单测量
	5	混凝土碳化、腐蚀	100%	检查是否存在磨损；磨损的位置、面积、分布，是否造成混凝土剥蚀，出现露筋现象	设备：卷尺、相机； 方法：目视、简单测量
	6	圬工砌体缺陷	100%	检查是否存在圬工砌体缺陷；灰缝脱落的位置、长度、面积和分布，或砌体破损、剥落、变形的位置和面积	设备：卷尺、相机； 方法：目视、简单测量
	7	位移	100%	检查桥墩是否下沉、滑动、倾斜；产生位移的幅度，是否造成结构或桥面变形过大而不能正常行车	设备：卷尺、相机； 方法：目视、简单测量
	8	裂缝	100%	检查裂缝走向、位置和分布；测量裂缝长度、典型裂缝宽度和超限裂缝深度	设备：裂缝观测仪、裂缝深度仪、卷尺

表 2-3-19　盖梁和系梁检查内容和方法

构件	序号	检查内容	检查频率	检查项目与要点	方法与设备
盖梁和系梁	1	蜂窝、麻面	100%	检查是否存在蜂窝、麻面；蜂窝、麻面的位置、面积和分布	设备：卷尺、相机； 方法：目视、简单测量
	2	剥落、露筋	100%	是否存在剥落、露筋；剥落、露筋的位置、面积和分布	设备：卷尺、相机； 方法：目视、简单测量
	3	空洞、孔洞	100%	检查是否存在空洞、孔洞；空洞、孔洞的位置、面积和分布	设备：混凝土超声波检测仪
	4	裂缝	100%	检查裂缝走向、位置和分布；测量裂缝长度、典型裂缝宽度和超限裂缝深度	设备：裂缝观测仪、裂缝深度仪、卷尺

续表

构件	序号	检查内容	检查频率	检查项目与要点	方法与设备
	5	钢筋锈蚀	100%	钢筋是否发生锈蚀，混凝土表面有无沿钢筋的裂缝或表面有锈迹	设备：卷尺、相机
	6	混凝土碳化、腐蚀	100%	检查是否存在磨损；磨损的位置、面积、分布，是否造成混凝土剥蚀，出现露筋现象	设备：卷尺、相机；方法：目视、简单测量

桥墩典型病害如图 2-3-37 ~ 2-3-40 所示。

图 2-3-37 病害内容：墩柱开裂

图 2-3-38 病害内容：墩柱开裂

图 2-3-39 病害内容：混凝土剥落露筋

图 2-3-40 病害内容：混凝土剥落露筋

（4）桥台检查内容和方法。

桥台检查内容和方法如表 2-3-20、表 2-3-21 所示。

表 2-3-20　台身检查内容和方法

构件	序号	检查内容	检查频率	检查项目与要点	方法与设备
台身	1	剥落	100%	检查是否存在剥落；剥落的位置、面积和分布	设备：卷尺、相机； 方法：目视、简单测量
	2	空洞、孔洞	100%	检查是否存在空洞、孔洞；空洞、孔洞的位置、面积和分布	设备：混凝土超声波检测仪
	3	磨损	100%	检查是否存在磨损；磨损的位置、面积、分布，是否有粗集料显露	设备：卷尺、相机； 方法：目视、简单测量
	4	混凝土碳化、腐蚀	100%	检查是否存在磨损；磨损的位置、面积、分布，是否造成混凝土剥蚀，出现露筋现象	设备：卷尺、相机； 方法：目视、简单测量
	5	圬工砌体缺陷	100%	检查是否存在圬工砌体缺陷；灰缝脱落的位置、长度、面积和分布，或砌体破损、剥落、变形的位置、面积	设备：卷尺、相机； 方法：目视、简单测量
	6	桥头跳车	100%	检查是否存在桥头跳车现象；台背路面沉降位置和大小，桥头跳车程度	设备：卷尺、相机； 方法：目视、简单测量
	7	台背排水状况	100%	台背是否排水不良；台背排水不良的位置和分布，桥台被渗水污染的程度；是否出现填土膨胀或冻胀现象，造成台身、翼墙等构件出现大面积鼓肚或砌体松动，甚至出现严重变形	设备：卷尺、相机； 方法：目视、简单测量
	8	位移	100%	检查桥台是否出现滑动、下沉、位移、倾斜、冻拔等；桥台位移的幅度，是否造成结构和桥面变形过大	设备：卷尺、相机； 方法：目视、简单测量
	9	裂缝	100%	检查裂缝走向、位置和分布；测量裂缝长度、典型裂缝宽度和超限裂缝深度	设备：裂缝观测仪、裂缝深度仪、卷尺

表 2-3-21　台帽检查内容和方法

构件	序号	检查内容	检查频率	检查项目与要点	方法与设备
台帽	1	破损	100%	检查是否存在破损；破损的位置、面积和分布	设备：卷尺、相机； 方法：目视、简单测量
	2	裂缝	100%	检查裂缝走向、位置和分布；测量裂缝长度、典型裂缝宽度和超限裂缝深度	设备：裂缝观测仪、裂缝深度仪、卷尺
	3	混凝土碳化、腐蚀	100%	检查是否存在磨损；磨损的位置、面积和分布，是否造成混凝土剥蚀，出现露筋现象	设备：混凝土超声波检测仪

（5）基础检查内容和方法。

基础检查内容和方法如表 2-3-22 所示。

表 2-3-22 基础检查内容和方法

构件	序号	检查内容	检查频率	检查项目与要点	方法与设备
基础	1	冲刷、掏空	100%	检查基础有无冲刷、掏空现象；冲刷的位置、深度、冲空面积和分布，是否造成承载力降低，地基失效	设备：卷尺、水下摄像机； 方法：目视或利用水下摄像机观测位于水下的部分
	2	剥落、露筋	100%	检查是否存在剥落、露筋；剥落、露筋的位置、面积和分布，是否存在主筋锈断而造成基础失稳	设备：卷尺、水下摄像机； 方法：目视或利用水下摄像机观测位于水下的部分
	3	冲蚀	100%	基础有无冲蚀现象；基础或承台被侵蚀的面积、分布和严重程度，是否存在露筋或钢筋锈断或混凝土大面积胀裂	设备：卷尺、水下摄像机； 方法：目视或利用水下摄像机观测位于水下的部分
	4	河底铺砌损坏	100%	河底铺砌有无损坏；河底铺砌损坏的位置、分布及严重程度	设备：卷尺、水下摄像机； 方法：目视或利用水下摄像机观测位于水下的部分
	5	沉降	100%	基础有无沉降；沉降的位置、幅度，是否造成基础不稳定，引起上部结构和桥面系变形过大	设备：全站仪、卷尺、水下摄像机； 方法：位于水下的部分用水下摄影机观测；未在水中的基础可用全站仪检测
	6	滑移和倾斜	100%	基础有无滑移、倾斜；滑移、倾斜的位置和幅度，是否造成支座和支承面破坏，或导致伸缩装置破坏、接缝减小、伸缩机能完全丧失，或滑移量过大，梁端与胸墙紧贴，或导致梁体从支承面上滑落	设备：卷尺、水下摄像机； 方法：目视或利用水下摄像机观测位于水下的部分
	7	裂缝	100%	检查裂缝走向、位置和分布；测量裂缝长度、典型裂缝宽度和超限裂缝深度	设备：裂缝观测仪、裂缝深度仪、卷尺、水下摄像机

基础典型病害如图 2-3-41 所示。

(a)

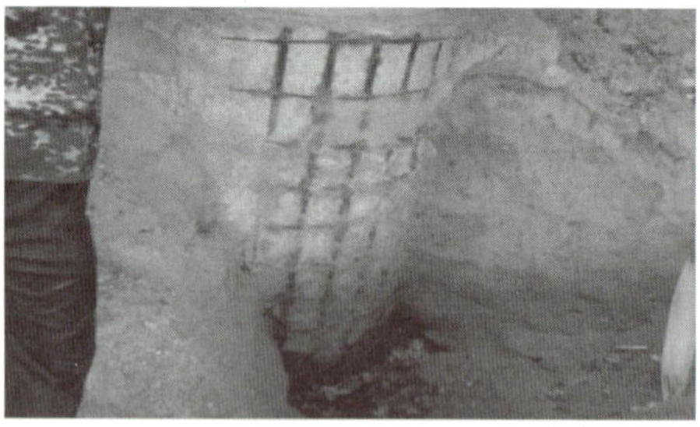

(b)

(c)

图 2-3-41　基础典型病害：混凝土剥落、露筋

（6）翼墙与耳墙检查。

翼墙与耳墙检查内容和方法如表 2-3-23 所示。

表 2-3-23　翼墙与耳墙检查内容和方法

构件	序号	检查内容	检查频率	检查项目与要点	方法与设备
翼墙与耳墙	1	破损	100%	检查翼墙、耳墙是否破损；破损的位置、面积和分布	设备：卷尺、相机；方法：目视、简单测量
	2	位移	100%	检查翼墙、耳墙是否出现位移、变形；变形的位置、幅度，是否存在下沉、滑动现象，造成翼墙断裂，外倾失稳，砌体变形，部分倒塌，或填料严重流失，失去挡土作用	设备：卷尺、相机；方法：目视、简单测量
	3	鼓肚、砌体松动	100%	检查翼墙、耳墙是否出现鼓肚、砌体松动；鼓肚、砌体松动的位置和分布，是否出现严重渗漏现象	设备：卷尺、相机；方法：目视、简单测量
	4	裂缝	100%	检查裂缝走向、位置和分布；测量裂缝长度、典型裂缝宽度和超限裂缝深度	设备：裂缝观测仪、裂缝深度仪、卷尺

（7）锥坡与护坡检查。

锥坡与护坡检查内容与方法如表 2-3-24 所示。

表 2-3-24　锥坡与护坡检查内容与方法

构件	序号	检查内容	检查频率	检查项目与要点	方法与设备
锥坡和护坡	1	缺陷	100%	锥坡和护坡是否存在缺陷；铺砌面缺陷的位置、面积和分布，是否存在孔洞、破损等，使锥坡、护坡丧失功能，或锥坡体和坡脚损坏严重，大面积滑坡、坍塌，坡顶下降较大，锥坡、护坡作用明显降低	设备：卷尺、相机；方法：目视、简单测量
	2	冲刷	100%	检查锥坡、护坡有无冲刷；锥坡、护坡遭受冲刷的部位、面积和程度，是否造成基础淘空	设备：卷尺、相机；方法：目视、简单测量

锥坡与护坡典型病害如图 2-3-42、图 2-3-43 所示。

图 2-3-42　病害内容：锥坡破损、淘空

图 2-3-43　病害内容：护坡下沉、破损

（8）河床及调治构造物检查。

河床及调治构造物检查内容与方法如表 2-3-25、表 2-3-26 所示。

表 2-3-25　河床检查内容与方法

构件	序号	检查内容	检查频率	检查项目与要点	方法与设备
河床	1	堵塞	100%	检查河床是否堵塞；堵塞的位置、程度和分布	设备：卷尺、相机；方法：目视、简单测量
	2	冲刷	100%	河床是否稳定，有无冲刷；河床受冲刷的位置、程度和分布，河床是否压缩，出现严重冲刷掏空现象	设备：卷尺、相机；方法：目视、简单测量
	3	河床变迁	100%	河床是否出现淤积、变迁；河床淤积的位置、分布和程度，是否有变迁、扩宽现象，并有发展趋势	设备：卷尺、相机；方法：目视、简单测量

表 2-3-26 调治构造物检查内容与方法

构件	序号	检查内容	检查频率	检查项目与要点	方法与设备
调治构造物	1	损坏	100%	检查调治构造物是否损坏；构造物损坏的位置、面积和分布，是否按要求设置构筑物	设备：卷尺、相机；方法：目视、简单测量
	2	冲刷、变形	100%	调治构造物是否出现冲刷、变形；边坡下滑的位置、幅度和面积，构筑物是否出现变形、坍塌	设备：卷尺、相机；方法：目视、简单测量

9. 水下结构检查

水下目视检测法是一种最基本且非常重要的桥梁水下基础检测技术。水下人工作业法，是由潜水员携带水下摄像机潜入水底对检测区域进行全方位拍摄，并逐个摸索检测区，判断是否出现裂痕或破损等表观病害。由于能见度的影响，与陆地上目视检测法对比，水下目视检测法需要通过水下照明系统取得立体和本色图像，如图 2-3-44、图 2-3-45 所示。

图 2-3-44 水下墩柱现状

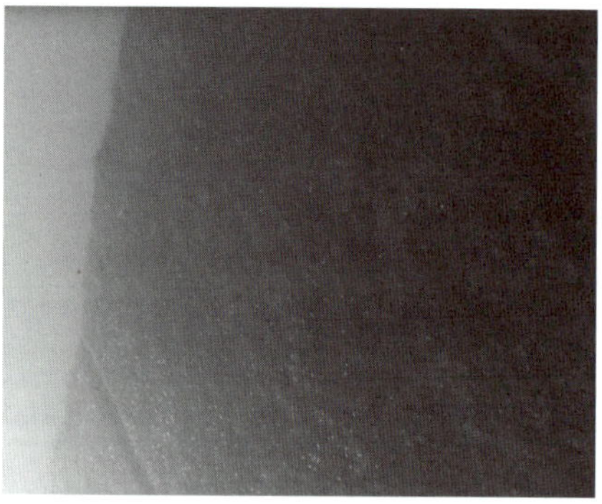

图 2-3-45 水下桥台现状

（1）检测内容。

桥梁基础是桥梁主要的承重结构，其工作状态直接影响桥梁的耐久性和安全性。桥梁水下基础检测内容见表 2-3-27。

表 2-3-27 桥梁水下基础检测内容

序号	部位	检查内容
1	墩、台（或系梁）	有无孔洞、露筋等
2	桩顶部及其与承台连接部	有无开裂或膨胀
3	墩台基础、桩体外观	有无裂缝、孔洞和露筋，墩台基础有无掏空、剥落、开裂等
4	河床冲刷	检查基础有无冲刷、掏空现象

（2）检测方法。

桥梁基础水下外观检查是采取水上、水下联合检查，潜水员在水下通过探摸及目视检测，视检测时水质情况采用水下摄像机把检测的内容显示到水上监视器。工程师通过监视器和潜水员电话述说的内容对检查内容进行判断，对于检测时发现的混凝土脱落、蜂窝、水下结构裂纹、露筋、孔洞、墩基淘空、砌缝剥落、开裂等缺陷要进行水下拍照和定位、定量测量，垂直位置是潜水员在水下利用量具对病害与墩台（系梁、桩顶）的相对距离进行测量，水平位置是潜水员与水面工作人员联合利用定位杆在水上判断钟点位（圆桩的水平位置模拟钟点位），定量是潜水员在水下利用量具测量病害的面积、深度等相关数据。

10. 困难桥梁的检测

在检测过程中，会出现许多难以检测的桥梁，对于公路桥梁来说，桥梁下部结构是指桥台桥墩及桥梁基础，用以支撑桥梁上部结构并将荷载传给地基。桥台桥墩合称墩台。当墩台、基础出现病害时，会使得桥梁上部结构因附加力的作用，出现严重病害，还有可能会发生桥梁垮塌等灾难性事故，墩台出现严重裂缝，也表明桥梁的承载力不足，同样会导致桥梁垮塌。但在实际检查中，由于地形的限制，大多数桥下空间是水面、沟壑、沼泽、荒地等空间受限、人员设备不易达到的地带。因此，由于缺乏方便有效的检查手段而造成很多病害没有及时发现，可能会形成所谓的管理中的盲区。

（1）桥下空间受限桥梁。

图 2-3-46、图 2-3-47 所示立交桥下跨铁路，检测人员进入轨道内极其危险。

图 2-3-46　某立交桥平面照

图 2-3-47　某立交桥侧面照

（2）大跨径拱桥。

图 2-3-48、图 2-3-49 所示大桥拱上结构复杂，桥检车很难进入梁底进行检测。

图 2-3-48　某大桥平面照

图 2-3-49　某大桥侧面照

（3）桥上空间受限桥梁。

图 2-3-50、图 2-3-51 所示大桥桥上空间受限，桥检车无法正常进入。

图 2-3-50　某大桥平面照

图 2-3-51　某大桥侧面照

当传统的检测技术难以解决的时候，我们尝试用新思路、新科技、新视野来解决这些问题，利用无人机桥梁检测系统，不仅可以方便检测人员的检测工作，还可以避免与其他部门相互协调的麻烦，从而加快作业进度。

无人机桥梁检测系统拥有自主避障及导航功能，巡检过程中遇到复杂环境（如桥底无导航信号）依靠机载全向避障系统保证飞行安全。依靠强大的高性能机载计算机和高效的识别算法，利用多目摄像头或激光雷达，无人机可即时生成当前场景下的实时点云，并自主规划最优路径，避开障碍物。系统通过病害图像的定位及姿态校准，将不同拍摄角度的图像校准到同一视角，并进行病害严重程度在时间上的比较，为病害的预测和预防提供依据，如图 2-3-52、图 2-3-53 所示。

图 2-3-52　不同时间病害图

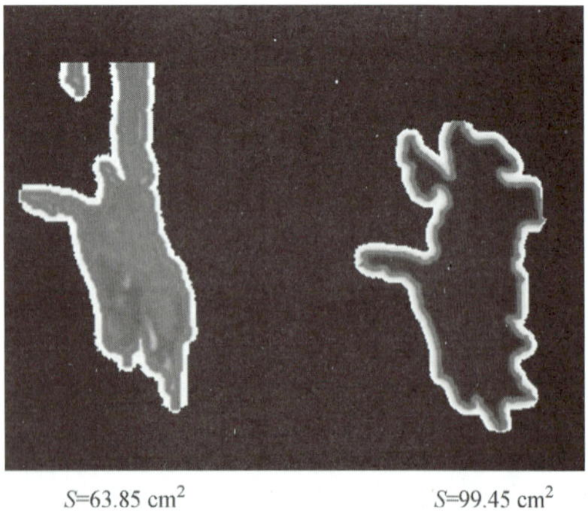

图 2-3-53　病害面积自动化计算

九、特大桥、特殊结构桥梁和单孔跨径 60 m 及以上大桥检查

特大桥、特殊结构桥梁和单孔跨径 60 m 及以上大桥的检查评定工作，应主要依照《公路桥梁技术状况评定标准》（JTG/T H21—2011）进行。此外，还应符合以下规定：

（1）在桥梁上、下部结构的必要部位埋设永久性位移观测点，并定期进行观测，二类桥每 3 年至少 1 次，三类桥每年至少 1 次，四、五类桥每季度至少 1 次，特殊情况时应加大观测密度。历次测量宜选择相近的温度条件和时段。

（2）应安排专项经费委托有资质的单位进行定期的特殊检查。一、二类桥每 5 年至少 1 次，三类桥每 3 年至少 1 次，四、五类桥应立即安排进行特殊检测。

（3）对特别重要的特大桥，应建立符合自身特点的养护管理系统和健康监测系统。

十、桥梁定期检查后应提交的材料

（1）桥梁定期检查数据表（附录 C）。当天检查的桥梁现场记录应在次日内整理成每座桥梁定期检查数据表。

（2）典型缺损和病害的照片、文字说明及缺损分布图，缺损状况的描述应采用专业标准术语，说明缺损的部位、类型、性质、范围、数量和程度等。

（3）3 张总体照片。包括桥面正面照片 1 张，桥梁两侧立面照片各 1 张。桥梁改建后应重新拍照，如果桥梁拓宽改造后，上下游桥梁结构不一致，还要有下游侧立面照片，并标注清楚。

（4）桥梁基本状况卡片（附录 A）。定期检查完成后，应将本次检查的桥梁各部件技术状况评定结果登记在桥梁基本状况卡片内。

（5）桥梁技术状况评定表。

（6）桥梁的技术状况评定等级。

（7）判断病害原因及影响范围，并与历次检查报告进行对比分析，说明病害发展情况。

（8）提出养护建议及下次检查时间。

第四节 桥梁特殊检查

桥梁特殊检查是查清桥梁的病害原因、破坏程度、承载能力、抗灾能力，确定桥梁技术状况的工作，并针对病害进行专门的现场试验检测、验算和分析等鉴定工作，提出结构部件和总体的维修、加固或改建的建议方案。特殊检查的目的在于找出缺损的明确原因、程度和范围，分析缺损所造成的后果以及潜在缺陷可能给结构带来的危险，为进一步评定桥梁的耐久性和承载能力以及确定加固维修工作的实施提供依据。

桥梁特殊检验通常由省级公路管理机构的总工程师或授权的桥梁检查工程师主持，委托公路桥梁检测中心或具有这种能力的科研设计单位、工程咨询单位，签订专门检查合同后实施。承担专门检验的单位及负责检查的工程师应按合同规定的内容及时间，完成检查任务，并做出检查报告。

一、特殊检查的对象

（1）定期检查中难以判明构件损坏原因及程度的桥梁。

（2）拟通过加固手段提高荷载等级的桥梁。

（3）需要判明水中基础技术状况的桥梁。

（4）遭受洪水、流冰、滑坡、地震、风灾、火灾、撞击，因超重车辆通过或其他异常情况影响造成损伤的桥梁。

二、特殊检查的依据

桥梁特殊检查主要依据现行行业标准《公路桥涵养护规范》（JTG 5120—2021）、《公路桥梁技术状况评定标准》（JTG/T H21—2011）、《公路桥梁承载能力检测评定规程》（JTG/T J21—2011）及公路桥梁等各种专项检测评定规程进行。

三、特殊检查的内容

特殊检查应包括下列一项或多项内容：

（1）材料的物理、化学性能及其退化程度的测试鉴定；结构或构件开裂状态的检测及评定。

（2）结构的强度、刚度和稳定性的检算、试验和鉴定。桥梁承载能力评定宜按现行《公路桥梁承载能力检测评定规程》（JTG/T J21）执行。

（3）桥梁抵抗洪水、流冰、风、地震及其他灾害能力的检测鉴定。

（4）桥梁遭受洪水、流冰、滑坡、地震、风灾、火灾、撞击，因超重车辆通过或其他因素造成损伤的检测鉴定。

（5）水中墩台身、基础的缺损情况的检测评定。

（6）定期检查中发现的较严重的开裂、变形等病害，应进行跟踪观测，预测其发展趋势。

四、特殊检查的方法手段

特殊检查是由专家依据一定的物理、化学或无破损检测手段对桥梁一个或多个组成部分进行的全面察看、测强、测伤或测缺，针对桥梁现状进行检算分析，形成鉴定结论。实施特殊检查前，承担单位负责检查的工程师应充分收集资料，包括设计资料（设计文件、计算所用的程序、方法及计算结果）、竣工图、材料试验报告、施工记录、历次桥梁定期检查和特殊检查报告，以及历次维修资料等。原资料如有不全或存在疑问时可现场测绘构造尺寸，测试构件材料组成及性能，勘察水文地质情况。

桥梁特殊检查可分为现场检查与试验室测试分析两部分。现场检查可分一般检查和详细检查两个阶段。一般检查如定期检查那样对结构及其附属设施的所有构件或部位进行彻底、视觉和系统的检查，记录所有缺损的类型、部位、范围和程度。一般检查的结果作为是否进行详细检查的依据。详细检查主要是对一些重点部位或典型桥孔采用一些专门技术和检测设备进行深入而细致的检测。

采用没有标准依据的检测技术，应事先通过模拟试验，制定适用的检测细则，保证检测结果具有一定的可靠性。

五、应提交的检查结果

（1）概述检查的一般情况。包括桥梁的基本情况、检查的组织、时间、背景和工作过程等。

（2）描述目前的桥梁技术状况。包括现场调查、检测与试验的项目及方法。

（3）详细叙述检查部位的损坏程度及原因。

（4）桥梁结构及材料缺损状况评定、承载能力评定或抗灾害能力评定结果和桥梁技术状况。

（5）填写桥梁特殊检查记录表（附录 E）。

（6）提出结构部件和总体的维修、加固或改建的建议方案。

六、特殊检查的工作流程

桥梁特殊检查的一般流程如图 2-4-1 所示。

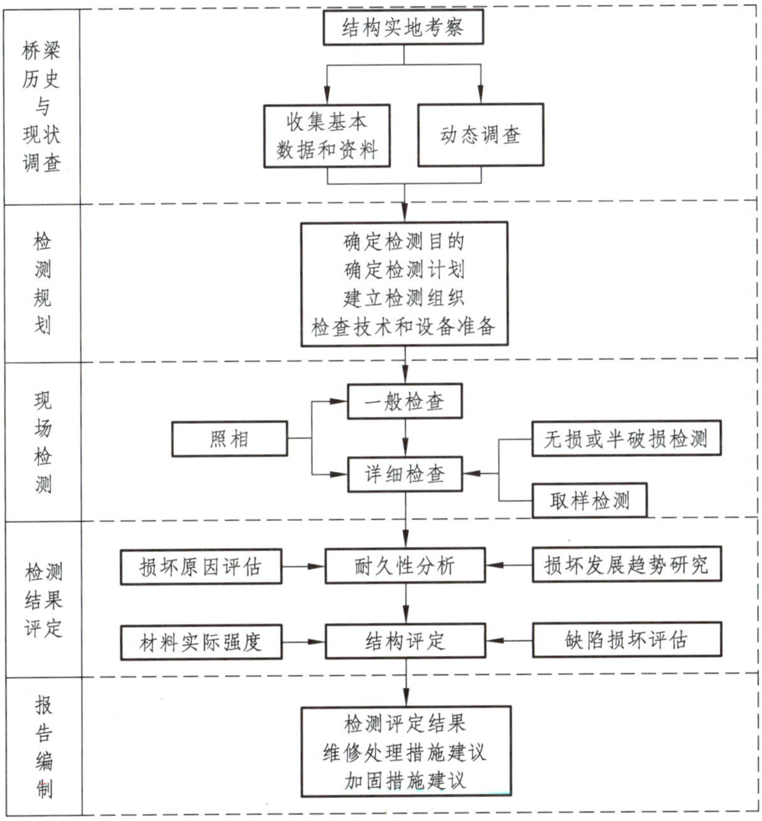

图 2-4-1　桥梁特殊检查的一般流程

第五节　桥梁检测安全措施

一、安全保证体系

安全保证体系如图 2-5-1 所示。

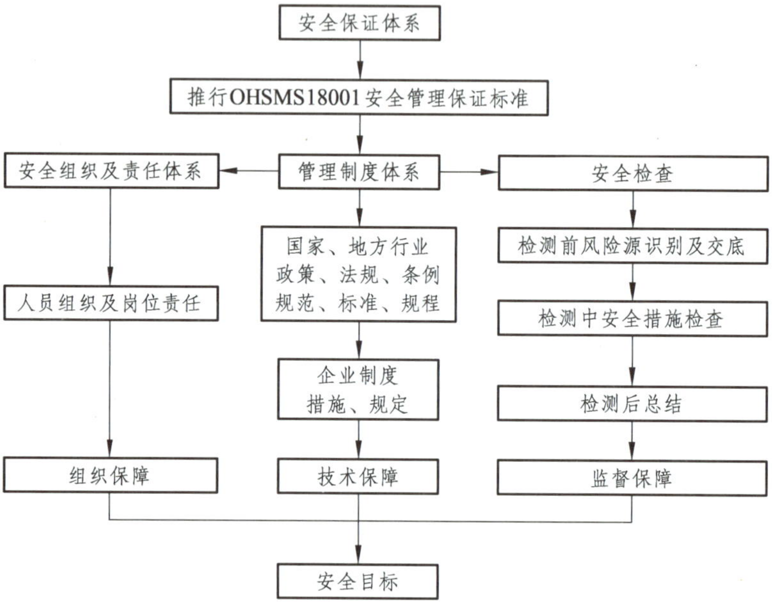

图 2-5-1　安全保证体系

二、安全方针及目标

（1）安全方针：安全第一，预防为主，责任到人，落实到位。

（2）安全目标：无交通死亡事故，无重大机械事故。杜绝重伤事故，减少轻伤事故。

三、安全组织机构

建立健全安全组织机构。一般而言，安全组织机构由安全领导小组组长、安全领导小组副组长、安全员等组成。

四、桥梁检测安全措施

（1）项目参与人员进场前均进行安全知识学习。

（2）作业人员均戴好安全帽，外穿有反光标识的识别服，高空作业时应系好安全带。

（3）严禁任何人员在车道内拦截、搭乘过往车辆，交通车辆应保持车况良好并装设声光报警装置，进入隧道应打开车辆顶部的声光报警装置，车辆行驶时应打开尾部示宽报警灯。

（4）车辆停靠应设置停车标志，工作车辆停靠后，应至少保证一条车道畅通。如需在弯道末端封道，应在弯道起始端加设报警装置和封道指示牌，并事先报告监控人员要求广播宣传和交通信号灯配合。

（5）凡在行车道路上作业，应在来车方向停放高架车、牵引车等装有警示灯牌的车辆作为防撞保护。特殊情况下，可停放其他车辆保护检测人员，但需制订特殊安全防范措施，并报安全主管核准。保护车辆与施工点之间须保持 10 ~ 20 m 的间距。

（6）车道内流动作业时，一般情况下，禁止跟车作业人员下车；特殊情况下，作业人员应不超越行进中的检测车辆，并不得在车身外侧走动，不得跨越其他车道作业。

（7）作业现场应有专职安全人员进行安全监督和交通疏导，作业人员不得随意走出安全保护区。

（8）安全作业措施应严格按《公路养护安全作业规程》（JTG H30—2015）和《道路交通标志和标线》（GB 5768—2009）中道路施工安全设施设置的有关规定放置齐全有效的安全标志，并安排专人负责指挥车辆缓慢通过检测现场。

（9）安全作业措施应以合理安全防范和合理交通疏导相结合为原则，既要考虑作业人员的安全作业，又要考虑社会车辆的行车安全。

（10）作业安全保护区共分六个区域，分别为警告区、上游过渡区、纵向缓冲区、检测作业区、下游过渡区、终止区。具体要求如下：

① 警告区：警告区段应有显示前方正在进行作业的规范化的标志牌，利用隧道进口处情报板、施工告示牌并结合广播预先告知，警告车辆驾驶员按交通标志调整行车状态。警告区的长度不得小于 120 m，并逐渐限速至 60 km/h。

② 上游过渡区：保证车辆平稳地从封闭车道的上游横向过渡到缓冲区旁边非封闭车道的路段，长度按规定取用，见表 2-5-1。

③ 纵向缓冲区：位于上游过渡区及作业区之间的区段，为防止闯入作业区而设置的缓冲路段，其长度见表 2-5-2。缓冲区与上游过渡区应设路障。

④ 检测作业区：应留有人员和机具材料等的出入口，出入口应设置在作业区下游的末端，作业区两侧应有防护栏等防护和隔离措施。

⑤ 下游过渡区和终止区：车辆驶离作业的狭窄路段后，在标志牌的诱导下变换车道，恢复至原行驶车道行驶，其长度视具体情况而定。

⑥ 封道作业时，车辆先停放在施工主道作业面的后方 50 m 以上，装卸设施必须在车辆内侧，斜放交通路锥，每只间距 1 m，并安放有效警示牌。

⑦ 交通路锥沿分道线（线内）每只间隔 2 ~ 3 m 设置，一直安放到施工作业面顶端边线，并安放有效警示灯。

⑧ 封道设施必须派专人看管，看管人员必须在护栏以内，并密切注意作业区外的车辆行驶情况。

⑨ 封道完毕后，方可进行检测作业，做完一个封闭车道内的检测后，封闭另一个车道，然后进行另一个车道内的检测。一个单洞做完后，按相同方法检测另一个单洞。

⑩ 作业人员撤退后，收回封道设施，顺序为后放的先收，直至收回恢复原状。

表 2-5-1　封闭车道上游过渡区最小长度

上游过渡区长度/m		关闭车道宽度/m			
		3.0	3.25	3. 5	3.75
限制车速/（km/h）	80	150	160	170	190
	70	120	130	140	160
	60	80	90	100	120
	50	70	80	90	100
	40	30	35	40	50
	30	20	25	30	
	20	20			

表 2-5-2　纵向缓冲区最小长度

最终限制值/（km/h）	不同下坡坡度的纵向缓冲区最小长度	
	≤3%	>3%
80	120	150
70	100	120
60	80	100
50	60	80
40	50	
30、20	30	

五、保畅方案措施

检查工作应在保证道路畅通、车辆安全通行的状况下进行。为了不影响车辆正常通行，可采用下列措施：

（1）待检测桥梁跨越的路线不涉及正常的车船通行，不考虑待检测桥梁下部因检测车的施工而引起的净空减小，这种情况下可只对桥面部分实行部分车道的暂时封闭，车辆可分时间段减速绕行，封道方案严格按照《公路养护安全作业规程》等的要求制定，经交警、路政部门审批后方能实施作业。

（2）高速公路桥因所检测桥梁的检测车已引起桥下净空的减小，考虑到下面铁路线/高速公路正常的通行要求，这种情况下除对桥面部分实行部分车道的暂时封闭外，同时还应保证通过火车及检测人员的安全。桥面部分可实行部分交通封闭和必要的疏导，车辆可减速绕行，封道方案严格按照《公路养护安全作业规程》等的要求制定，经交警、路政部门审批后方能实施作业。在待检测桥梁进行检测工作之前，及时与铁路、高速管理部门进行沟通，如不能临时封闭交通，采用高倍望远镜进行病害检查。

（3）检测工作中使用的相关车辆占用一个车道；设置的隔离路障应标志明显，颜色突出，贯穿整个检测区域（从后续车辆至预警车辆），隔离路障间距 10 m。

（4）作业过程中作业人员必须服从路政、交警人员现场指挥，做好协助、配合工作，并派专人负责维持交通。

（5）现场作业时如果出现交通堵塞，现场安全员应尽快排除导致交通堵塞的各种情况，必要时停止作业，恢复交通，同时负责指挥疏导车辆。

（6）每天作业时间根据天气情况确定，在下雨等光线不好时停止作业，恢复交通，保证交通安全。

（7）工作区长度应符合下列规定：

除借用对向车道通行的高速公路及一级公路现场检测外，工作区的最大长度不宜超过 4 km。

借用对向车道通行的高速公路及一级公路现场检测时，工作区的长度应根据中央分隔带开口间距和实际检测工作而定，工作区的最大长度不宜超过 6 km。当中央分隔带开口间距大于 3 km 时，工作区的最大长度应为一个中央分隔带开口间距。

（8）下游过渡区的长度不宜小于 30 m。

（9）终止区的长度不宜小于 30 m。

封闭车道现场检测作业控制区布置如图 2-5-2 所示，封闭路肩现场检测作控制区布置如图 2-5-3 所示。

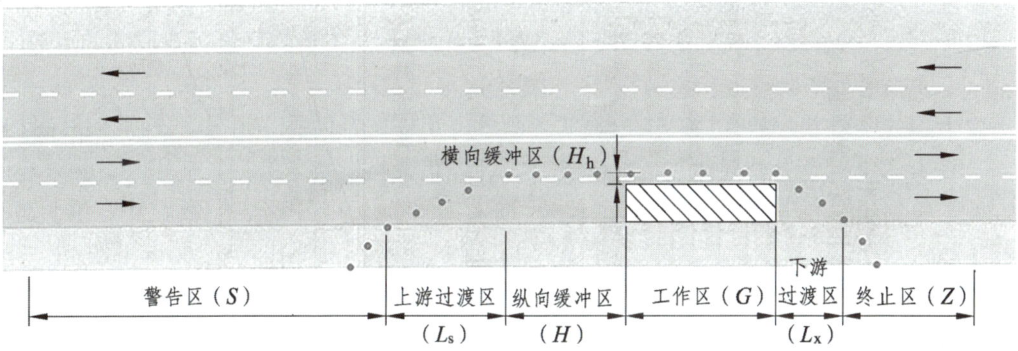

图 2-5-2　封闭车道现场检测作业控制区布置

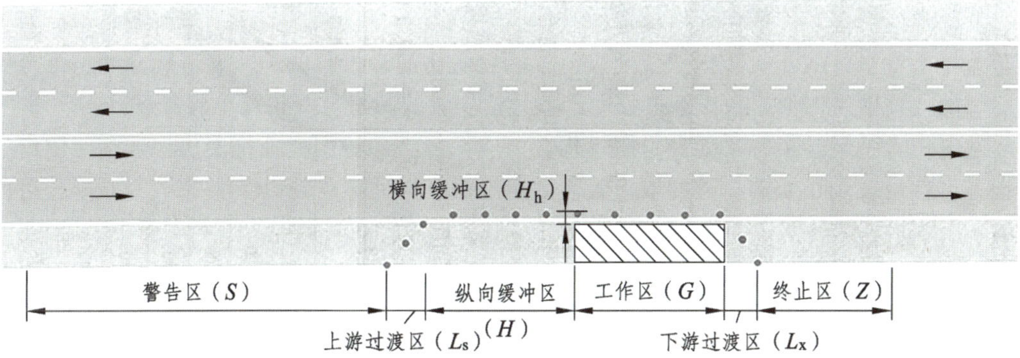

图 2-5-3　封闭路肩现场检测作业控制区布置

六、安全保畅预案

（1）成立安全保畅工作组，负责人由项目负责人担任，各检测组组长担任本组安全保畅负责人，并印发安全保畅联系方式，所有人员在检测期间保持通信畅通；

（2）检测过程中发生检测人员受伤事故时，立即拨打 120 急救电话，并通知安全保畅负责人，事故处理后调查事故原因，形成调查报告；

（3）检测过程中出现交通堵塞时，立即停止检测工作，将检测车辆移动至安全位置，并及时通知交警、路政部门进行交通疏导，检测人员听从交通管理、路政部门人员调配，协调完成交通疏导工作，并重新制定交通管制方案；

（4）检测过程中在检测路段出现交通事故时，检测人员立即停止检测，保护好现场，同时通知交通管理部门，等待处理；

（5）检测过程中在检测路段发生火灾时，立即拨打 119 说明火灾原因、状况、大小等相关信息，组织人员撤离火灾现场。

七、应急预案

在进行外业检测时难免会遇到一些危及安全的意外事件发生，虽然对意外事件以预防为主，但对一些常见的意外状况依然需要做好恰当的应急措施，使意外情况造成的危害最小化。

（1）发生高处坠落事故应急救援。

发生高处坠落事故后，应马上抢救伤者，首先观察伤者的受伤情况、部位、伤害性质，如伤员发生休克，应先处理休克。遇呼吸、心跳停止者，应立即进行人工呼吸，胸外心脏按压。处于休克状态的伤员要让其安静、保暖、平卧、少动，并将下肢抬高约 20°，尽快送医院进行抢救治疗。

如出现颅脑损伤，必须维持呼吸道通畅。昏迷者应平卧，面部转向一侧，以防舌根下坠或分泌物、呕吐物吸入，发生喉阻塞。有骨折者，应初步固定后再搬运。遇有凹陷骨折、严重的颅底骨折及严重的脑损伤症状出现，创伤处用消毒的纱布或清洁布等覆盖伤口，用绷带或布条包扎后，及时送就近有条件的医院治疗。

发现脊椎受伤者，创伤处用消毒的纱布或清洁布等覆盖伤口，用绷带或布条包扎好。搬运时，将伤者平卧放在帆布担架或硬板上，以免受伤的脊椎移位、断裂造成截瘫，甚至导致死亡。抢救脊椎受伤者，在搬运过程中严禁只抬伤者的两肩与两腿或单肩背运。

发现伤者手足骨折，不要盲目搬运伤者，应在骨折部位用夹板把受伤位置临时固定，使断端不再移位或刺伤肌肉、神经或血管。固定方法：以固定骨折处上下关节为原则，可就地取材，用木板、竹片等，在无材料的情况下，上肢可固定在身侧，下肢与腱侧下肢缚在一起。

遇有创伤性出血的伤员，应迅速包扎止血，使伤员保持在头低脚高的卧位，并注意保暖。正确的现场止血处理措施：

一般小伤口的止血法：先用生理盐水（0.9%NaCl 溶液）冲洗伤口，涂上红汞水，然后盖上消毒纱布，用绷带较紧地包扎。

加压包扎止血方法：用纱布、棉花等做成软垫，放在伤口上再包扎，通过增加压力达到止血。

止血带止血方法：选择弹性好的橡皮管、橡皮带或三角巾、毛巾、带状布条等，上肢出血结扎在上臂上 1/2 处（靠近心脏位置），下肢出血结扎在大腿 1/3 处。结扎时，在止血带与皮肤之间垫上消毒纱布棉垫。每隔 25 ~ 40 min 放松一次，每次放松 0.5 ~ 1 min。

动用最快的交通工具或其他措施，及时把伤者送往邻近的医院抢救，运送途中应尽量减少颠簸。同时，密切注意伤者的呼吸、脉搏、血压及伤口的情况。

（2）触电事故应急救援预案。

① 当事故发生后现场有关人员首先要尽快使触电者脱离电源。

② 脱离电源的基本方法：

• 将出事附近的电源开关刀拉掉或将电源插头拔掉，以切断电源。

• 用干燥的绝缘木棒、竹竿、布带等物将电源先从触电者身上拔离或者将触电者拔离电源。

• 必要时可用绝缘工具（如带有绝缘柄的电工钳、木柄斧以及锄头）切断电源线。

• 如果触电者由于痉挛手指紧握导线或导线缠绕在身上，救护人可先用干燥的木板塞进触电者身下使其与地绝缘来隔断入地电流，然后尽快采取其他办法把电源切断。

• 如果触电者触及断落在地上的带电高压导线，且尚未确认线路无电之前，救护人员不可进入断线落地点 8 ~ 10 m 范围内，以防止跨步电压触电。触电者脱离带电导线后应迅速将其带至 8 ~ 10 m 以外立即开展急救。只有在确认线路已经无电，才可在触电者离开触电导线后就地急救。

③ 使触电者脱离电源时应注意的事项：

• 未采取绝缘措施前，救护人不得直接触及触电者的皮肤和潮湿的衣服。

• 严禁救护人直接用手以推、拉、摸等方式接触触电者；救护人不得采用金属或其他绝缘性能差的物体（如潮湿木棒、布带等）作为救护工具。

• 在拉拽触电者脱离电源过程中，救护人宜单手操作，这样对救护人比较安全。

• 当触电者位于高位时，应采取措施预防触电者在脱离电源后坠地摔伤或摔死（电击二次伤害）。

• 夜间发生触电事故时，应考虑切断电源后的临时照明问题，以利救护。

④ 立即报告现场负责人及事故救援组组长，由救援组长指挥对伤员立即组织抢救，采取有效措施防止事故扩大和保护现场。

⑤ 按有关规定，立即报告企业安全管理部门和本企业安全生产负责人，并请求救援。

⑥ 触电者未失去知觉的救护措施：应让触电者在比较干燥、通风暖和的地方静卧休息，并派人严密观察，同时请医生前来救治或送往医院诊治。

⑦ 触电者已失去知觉但尚有心跳和呼吸的抢救措施：应使其舒适地平卧，解开衣服以利呼吸，四周不要围人，保持空气流通，同时立即请医生前来救治或送往医院诊治。若发现触电者呼吸困难或心跳失常，应立即施行人工呼吸或胸外心脏按压。

⑧ 对“假死”者救急措施：当判定触电者呼吸和心跳停止时，应立即按心肺复苏法就地抢救。方法如下：

通畅气道：第一，清除口中异物。使触电者仰面躺在平硬的地方，迅速解开其领扣、围巾、紧身衣和裤带。如发现触电者口内有食物、假牙、痰血块等异物，立即把病人的头侧向一边，迅速用一只手指或两只手指交叉从口角处插入，从口中取出异物，操作中要注意防止将异物推到咽喉深处。第二，采用仰头抬额法畅通气道。操作时，救护人用一只手放在触电者前额，另一只手的手指将其额颌骨向上抬起，两手协同将头部后仰，可于其颈部下方垫适量厚度的物品，但严禁用枕头或其他物品垫在触电者头下。

口对口（鼻）人工呼吸：使病人仰卧，松解衣扣和腰带，清除伤者口腔内痰液、呕吐物、血块、泥土等，保持呼吸道畅通。救护人员一手将伤者下颌托起，使其头尽量后仰，另一只手捏住伤者鼻孔，深吸一口气，对住伤者的口用力吹气，然后立即离开伤者口，同时松开捏鼻孔的手。吹气力量要适中，次数以每分钟 16 ~ 18 次为宜。

胸外心脏按压：将伤者仰卧在地上或硬板床上，救护人员跪或站于伤者一侧，面对伤者，将右手掌置于伤者胸骨下段，左手置于右手之上，以上身的重量用力把胸骨下段向后压向脊柱，以能使胸骨向下移动 3 ~ 4 cm 即可，随后将手腕放松，每分钟挤压 60 ~ 80 次。在进行胸外心脏按压时，宜将伤者头放低以利静脉血回流。若伤者同时伴有呼吸停止，在进行胸外心脏按压时，还应进行人工呼吸。一般做 4 次胸外心脏按压，做 1 次人工呼吸。

八、危险源识别及防范措施

为了加强外业检测的安全风险防范，本书归纳总结了各种外业检测中存在的危险源及防范措施，以保障作业人员及设备的安全。详细风险点及防范措施见表 2-5-3。

表 2-5-3　危险源识别及防范措施

序号	类别	项目		风险点	防范措施
1	桥梁运营期检测/监测	竣工验收	桥检车的使用	高空坠落	定期保养、焊缝检查
2				伸出支腿时有人员在支腿下方	安全员检查，撤离车辆附近人员
3				回转时，有车辆或人员从一侧经过发生交通事故或人员伤亡	安全员检查，撤离车辆附近人员，待无车辆通过时再进行操作。按《公路养护安全作业规程》（JTG H30—2015）进行道路封闭（9 块牌子，警告区长 2 km，上游过渡区 120 m，缓存区长度 100 m，工作区按施工长度，下游过渡区 30 m，终止区 30 m）
4				收放伸缩臂时人员未撤离受夹挤伤害	安全员检查，撤离车辆附近人员
5				摆动操作平台时未留出安全高度及安全距离磕碰伤害	安全员检查，确认安全高度及安全距离
6				液压系统未及时保养导致泄压坠落	竣工验收、保养
7				随车发电机附近摆放易燃易爆物品烧伤	禁止在发电机附近摆放易燃易爆物品
8				施工过程中遭遇暴雨天气摔伤、坠落	及时停止作业，收起检测臂
9				施工过程中遭遇雷电天气触电伤害	及时停止作业，收起检测臂

续表

序号	类别	项目		风险点	防范措施
10				施工过程中遭遇大风天气坠落	及时停止作业，收起检测臂
11				桁架接触到上跨电网触电伤害	确认是否具有检测环境，如无法避免则更换其他检测方法
12				操作桁架未定期保养引起坠落	定期保养、焊缝检查
13			人员	社会车辆突然驶入封闭车道引起交通事故	安全员指挥，安全设施到位，按《公路养护安全作业规程》（JTG H30—2015）进行道路封闭（9块牌子，警告区长2 km，上游过渡区120 m，缓存区长度100 m，工作区按施工长度计，下游过渡区30 m，终止区30 m）
14			人员	下部结构检测遭遇洪水	关注气象信息，提前停止作业
15			人员	下部结构检测遭遇山体滑坡	关注气象信息，提前停止作业
16			人员	下部结构检测遭遇岩崩	提前查勘岩层是否稳定，保守作业
17			人员	下部结构检测遭遇野兽袭击	提前踏勘现场情况，结伴而行，带上自卫工具
18			人员	下部结构检测时迷路	提前了解现场情况，路况复杂可由当地人员陪同
19			人员	下部结构检测时摔伤、划伤	佩戴照明设施、戴安全帽、穿戴平底防滑鞋
20			人员	下部结构检测时毒蛇咬伤、山蜂蜇伤	驱蛇棍、蛇药，厚衣服，远离蜂巢
21			人员	检测人员乱穿道路和乱翻越隔离设施	加强安全培训
22			人员	检测人员大幅度走动和晃动桥检车作业臂	加强安全培训
23			人员	检测人员未戴安全帽，穿平底鞋	加强安全培训
24			人员	检测人员私自外出和夜不归宿	加强安全培训，外出需请假
25			仪器设备	车辆未停放在安全地方，车窗未关闭，车门未上锁	加强安全培训，离开车辆前认真检查
26			仪器设备	外出和就寝时房门未上锁，乱拉、乱用电线	房间内安全用电，离开房间前务必断电关窗锁门
27			仪器设备	贵重仪器丢失	贵重仪器随身携带，住宿时将仪器带回房间

续表

序号	类别	项目		风险点	防范措施
28				仪器不按要求充电	熟悉仪器充电要求，严格按照充电说明充电
29		变形监测	人员	社会车辆突然驶入封闭车道	安全员指挥，安全设施到位
30				伸出支腿时有人员在支腿下方	安全员检查，撤离车辆附近人员
31				检测人员乱穿道路和乱翻越隔离设施	加强安全培训
32				检测人员大幅度走动和晃动桥检车作业臂	加强安全培训
33				检测人员私自外出和夜不归宿	加强安全培训，外出需请假
34			仪器设备	车辆未停放在安全地方，车窗未关闭，车门未上锁	加强安全培训，离开车辆前认真检查
35				外出和就寝时房门未上锁，乱拉、乱用电线	房间内安全用电，离开房间前务必断电关窗锁门
36				贵重仪器未随身携带，住宿时将仪器放置在车内	贵重仪器随身携带，住宿时将仪器带回房间
37				仪器不按要求充电	熟悉仪器充电要求，严格按照充电说明充电
38			桥检车的使用	高空坠落	定期保养、焊缝检查
39				回转时，有车辆或人员从一侧经过发生交通事故或人员伤亡	安全员检查，撤离车辆附近人员、待无车辆通过时再进行操作。按《公路养护安全作业规程》（JTG H30—2015）进行道路封闭（9块牌子，警告区长2 km，上游过渡区120 m，缓存区长度100 m，工作区按施工长度计，下游过渡区30 m，终止区30 m）
40				收放伸缩臂时人员未撤离受夹挤伤害	安全员检查，撤离车辆附近人员
41				摆动操作平台时未留出安全高度及安全距离磕碰伤害	安全员检查，确认安全高度及安全距离
42				液压系统未及时保养导致泄压坠落	竣工验收、保养
43				随车发电机附近摆放易燃易爆物品烧伤	禁止在发电机附近摆放易燃易爆物品

续表

序号	类别	项目		风险点	防范措施
44				施工过程中遭遇暴雨天气摔伤、坠落	及时停止作业，收起检测臂
45				施工过程中遭遇雷电天气触电伤害	及时停止作业，收起检测臂
46				施工过程中遭遇大风天气坠落	及时停止作业，收起检测臂
47				桁架接触到上跨电网触电伤害	确认是否具有检测环境，如无法避免则更换其他检测方法
48				操作桁架未定期保养引起坠落	定期保养、焊缝检查
49		桥梁检测	检测人员	使用特殊仪器，射线辐射	做好防护措施
50				使用便携式电源，电源短路	提前熟悉用电操作规程，做好电源接地
51				上下施工脚手架、便梯时注意力不集中、打电话等	提高安全意识，集中注意力
52				在未完工的桥梁上行走	提高安全意识，集中注意力
53				在桥下施工未佩戴安全帽	提高安全意识，必须佩戴安全帽
54				施工现场环境污染	提高安全防护意识，佩戴口罩等劳保工具
55				未穿戴专业户外鞋具	提高安全防护意识，穿戴专业户外鞋具等劳保工具
56				桥下试验检测时遭遇洪水	关注气象信息，提前停止作业
57				桥下试验检测时遭遇山体滑坡	关注气象信息，提前停止作业
58				桥下试验检测时遭遇岩崩	提前查勘岩层是否稳定，保守作业
59				桥下试验检测时遭遇野兽袭击	提前踏勘现场情况，结伴而行，带上自卫工具
60				检测人员大幅度走动和晃动桥检车作业臂	加强安全培训
61				检测人员私自外出和夜不归宿	加强安全培训，外出需请假
62			桥检车的使用	高空坠落	定期保养、焊缝检查
63				回转时，有车辆或人员从一侧经过发生交通事故或人员伤亡	安全员检查，撤离车辆附近人员、待无车辆通过时再进行操作。按《公路养护安全作业规程》（JTG H30—2015）进行道路封闭（9块牌子，警告区长2 km，上游过渡区120 m，缓存区长度100 m，工作区按施工长度计，下游过渡区30 m，终止区30 m）

续表

序号	类别	项目		风险点	防范措施
64				收放伸缩臂时人员未撤离受夹挤伤害	安全员检查，撤离车辆附近人员
65				摆动操作平台时未留出安全高度及安全距离受磕碰伤害	安全员检查，确认安全高度及安全距离
66				液压系统未及时保养导致泄压坠落	竣工验收、保养
67				随车发电机附近摆放易燃易爆物品烧伤	禁止在发电机附近摆放易燃易爆物品
68				施工过程中遭遇暴雨天气摔伤、坠落	及时停止作业，收起检测臂
69				施工过程中遭遇雷电天气触电伤害	及时停止作业，收起检测臂
70				施工过程中遭遇大风天气坠落	及时停止作业，收起检测臂
71				桁架接触到上跨电网触电伤害	确认是否具有检测环境，如无法避免则更换其他检测方法
72				操作桁架未定期保养引起坠落	定期保养、焊缝检查
73			仪器设备	车辆未停放在安全地方，车窗未关闭，车门未上锁	加强安全培训，离开车辆前认真检查
74				外出和就寝时房门未上锁，乱拉、乱用电线	注意房间内安全用电，离开房间前务必断电关窗锁门
75				贵重仪器未随身携带，住宿时将仪器放置在车内	贵重仪器随身携带，住宿时将仪器带回房间
76				仪器不按要求充电	熟悉仪器充电要求，严格按照充电说明充电

第六节 桥梁病害分析

一、桥梁病害及缺陷原因分析

桥梁是我国现代化建设的重要基础设施，高效的现代交通网络有利于经济建设的发展。然而，随着现有桥梁服役年限的增加、荷载和环境的共同作用，各种各样的桥梁病害相继产生，对桥梁的安全运营造成了隐患。归纳、总结众多桥梁检查资料，可发现病害产生的原因并不会完全相同，但是仍可得出产生桥梁病害和缺陷的一般原因。通过掌握病害产生的一般原因，可以帮助桥梁养护工程师对每座具体桥梁产生病害成因进行初步判断。

（1）桥梁规范不健全，旧桥安全系数低。

我国桥梁建设发展历史久远，并在 20 世纪 90 年代逐渐步入顶峰时期，在全球范围内展开了最大规模的建设，从而受到世界的瞩目。在我国，具有世界上各种代表性的桥梁。

但是我国桥梁规范的编制修订大约是10年为一个周期，大大落后于工程学科的发展。桥梁寿命首先源于设计规范对耐久性的标准要求，老规范设计标准偏低，不能满足现有的大流量交通、高密度车辆通行的需求。老规范安全系数低，因此造成了超载车辆下病害的发展。

（2）设计考虑不全面，设计体制不健全。

桥梁设计理论和规范不完善，导致设计人员往往只重视结构计算分析，对结构体系的合理性和构造细节考虑不周或不合理，造成局部受力集中，桥梁存在结构受力薄弱环节，随时间发展逐渐加重病害。

结构设计的首要任务是选择经济合理的结构方案，其次是结构分析与构件连接的设计，并取用规范规定的安全系数或可靠性指标以保证结构的安全性。不同的环境和使用条件、不同的设计对象都会对结构体系提出不同的布局和构造等方面的要求，规范再详细也不能包罗本应由设计人员解决的各种问题，规范更新得再快也适应不了新认识、新技术、新材料快速发展对结构提出的各种新的要求。

合理可靠的结构设计除了满足规范的要求外，还要求设计人员具有对结构本性的正确认识、丰富的经验和准确的判断，设计时要从构造、材料等角度采取措施加强结构耐久性。

现今我国的设计体制也不是很健全，个别国家级、省级的设计院，设计工作非常繁重，结果导致重视了大工程，忽略了小工程，小型工程甚至委托给私人设计公司，就更加难以保证设计质量。

（3）施工管理不严，桥梁质量存在缺陷。

在影响桥梁病害的因素中，施工和管理的因素是最主要的，桥梁缺陷和病害多数是由于其施工质量不良和施工工期不合理而引起的。有些工程片面地追求建设的成本，忽略了桥梁使用寿命和耐久性，造成了桥梁结构的某些缺陷和病害。

（4）重建轻养，忽略桥梁运营期管养问题。

桥梁结构在设计寿命周期内各个组成部件具有不同的耐久性极限，需要定期检测、评价、鉴定、养护、修理，甚至更换或加固，才能保证结构在设计寿命期内的服务功能。

近年来，我国交通建设事业突飞猛进，随着交通的快速发展，其养护和管理任务也日趋繁重，部分地区和桥梁存在失养、失修现象。“重建设、轻养护”这个问题在我国道路桥梁管理中一直表现得比较突出。

重建轻养的直接结果是：随着交通量的与日俱增，车辆载重的不断提升，很多桥梁处于带病超负荷运营状态，损坏速度不断加快。

（5）环境影响的问题。

外界环境因素如温度、风、地基、腐蚀等造成的桥梁病害特征不尽相同，总的来说，桥梁病害主要是由于外界因素的物理化学作用而产生。特别是桥梁处于恶劣的环境中，例如海水飞溅区域、干湿交替的地方及既炎热又干燥的气候条件下，非常容易产生病害，且随时间的推移其严重程度会有所发展。在公路桥梁上使用除冰盐会形成一个局部人为的侵蚀环境，由于雨水冲刷桥面上的除冰盐，使桥梁的下部混凝土结构出现病害。

（6）人为及自然灾害引起的损坏。

① 灾害与事故。自然灾害如地震、洪水、泥石流和火灾等，会造成桥梁不同部位病害并会引起交通中断。此外，船舶撞桥、车辆撞桥、车载重物由车辆下坠落至桥面等也是使桥梁产生相应病害的原因。

② 重载交通。即超载车作用。超载一方面引发桥梁疲劳问题，使桥梁疲劳应力幅度加大、损伤加剧，严重时会造成结构破坏事故；另一方面，因超载造成的桥梁内部损伤，使桥梁在正常荷载下的工作状态发生变化，从而危害桥梁的安全性和耐久性。通常超载车会导致中小跨径桥梁的上部结构产生较大的结构病害，而对大跨径桥梁会引起桥面铺装病害。

二、典型桥梁病害分析及评定

由于以上设计、施工、养护等原因造成的桥梁病害和缺陷类型繁多，本书按照典型桥型病害及缺陷特征进行分析。

1. 混凝土表观质量缺陷分析及评定

（1）蜂窝。混凝土局部不密实或松散，混凝土表面多砂少浆，呈蜂窝状孔洞，如图 2-6-1 所示。

出现蜂窝现象表明混凝土表面局部不密实且强度低，空气中的水汽及二氧化碳等易通过其进入混凝土内部，促使混凝土碳化及钢筋锈蚀，加速构件混凝土劣化，影响梁体混凝土耐久性。当有露筋现象时情况更严重。

（2）麻面。混凝土表面局部缺浆、粗糙，或有大量小凹坑的现象。一般情况下，钢筋未外露，如图 2-6-2 所示。

图 2-6-1　梁体蜂窝

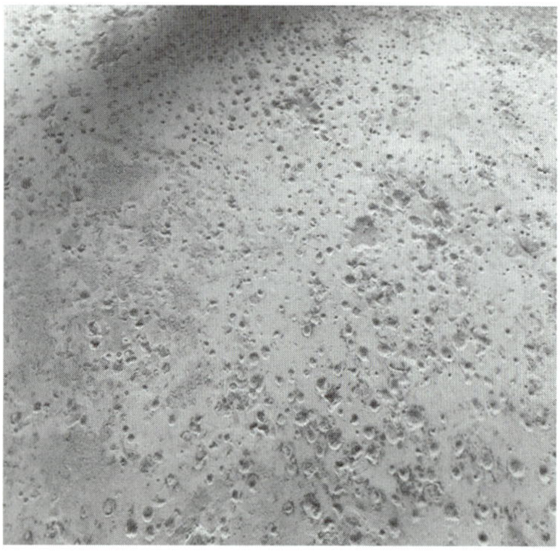

图 2-6-2　梁体麻面

混凝土麻面为混凝土表面缺陷，对结构受力影响不大。但局部混凝土内缺水泥浆，会影响耐久性和混凝土梁体外观。

蜂窝、麻面评定标准见表 2-6-1。

（3）剥落、掉角。剥落是指混凝土表层脱落、粗集料外露的现象。严重时，成片状脱落，钢筋外露，如图 2-6-3 所示。掉角是指构件角边处混凝土局部掉落，或出现不规整缺陷，如图 2-6-4 所示。

表 2-6-1　蜂窝、麻面评定标准

标度	评定标准	
	定性描述	定量描述
1	完好，无蜂窝麻面	—
2	较大面积蜂窝麻面	累计面积≤构件面积的 50%
3	大面积蜂窝麻面	累计面积>构件面积的 50%

混凝土剥落首先会对自身强度产生影响，例如在墩、柱等受压构件中，混凝土剥落将会破坏混凝土整体性，影响荷载传递，降低构件整体抗压强度，削弱承载力，危及结构安全。混凝土剥落还会造成钢筋外露，诱导、加速钢筋的锈蚀，对构件混凝土耐久性有较大影响。

混凝土掉角主要是施工时拆模不当或构件吊运不当造成的，不仅影响外观，掉角严重会导致钢筋外露，影响工程建筑质量。

图 2-6-3　剥落

图 2-6-4　掉角

剥落、掉角评定标准见表 2-6-2。

表 2-6-2　剥落、掉角评定标准

标度	评定标准	
	定性描述	定量描述
1	完好，无剥落、掉角	—
2	局部混凝土剥落或掉角	累计面积≤构件面积的 5%，或单处面积≤0.5 m^2
3	较大范围混凝土剥落或掉角	构件面积的 5%<累计面积<构件面积的 10%，或 0.5 m^2<单处面积<1.0 m^2
4	大范围混凝土剥落或掉角	累计面积≥构件面积的 10%，或单处面积≥1.0 m^2

（4）空洞、孔洞。指深度超过钢筋的混凝土保护层且没有集料和水泥浆的内部空隙、孔穴，如图 2-6-5 所示。

深度较浅的可能会出现外壳混凝土剥落，使钢筋和空洞、孔洞外露，如图 2-6-6 所示。混凝土的空洞、孔洞存在，削弱了有效截面，对结构受力有影响。

图 2-6-5　混凝土空洞

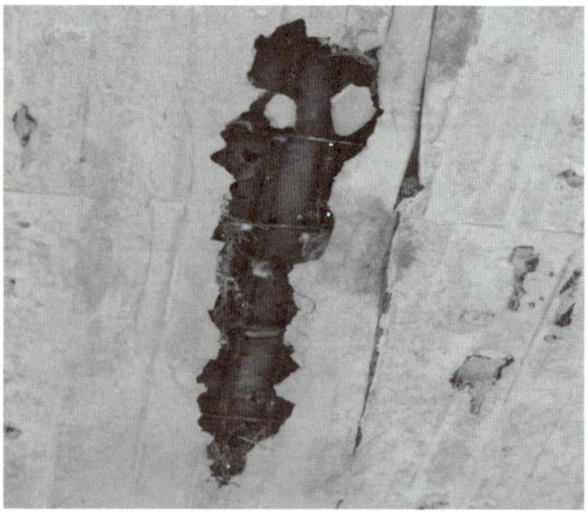

图 2-6-6　空洞露筋

空洞、孔洞评定标准见表 2-6-3。

表 2-6-3　空洞、孔洞评定标准

标度	评定标准	
	定性描述	定量描述
1	完好，无空洞、孔洞	—
2	局部混凝土空洞、孔洞	累计面积≤构件面积的 5%，或单处面积≤0.5 m^2
3	较大范围混凝土空洞、孔洞	构件面积的 5%<累计面积<构件面积的 10%，或 0.5 m^2<单处面积<1.0 m^2
4	大范围混凝土空洞、孔洞	累计面积≥构件面积的 10%，或单处面积≥1.0 m^2

（5）露筋。指在钢筋混凝土梁体中，受力主筋或箍筋没有被混凝土包裹而外露的现象。在预应力混凝土梁中，一般是非预应力钢筋外露，如图 2-6-7 所示。露筋极易产生钢筋锈蚀，并引起钢筋锈蚀裂缝和混凝土剥离。

（6）缝隙夹层。指混凝土内存在的并在构件表面呈现水平方向或垂直方向的松散混凝土夹层，主要是混凝土内部处理不当的施工缝、温度缝和收缩缝，以及混凝土内有外来杂物而造成的夹层。通常出现在整体现浇构件的施工缝、悬臂施工节段箱梁接缝等位置，外观可见混凝土结合不好，有缝隙或夹有杂物，成为结构或构件混凝土开裂的薄弱环节，如图 2-6-8 所示。

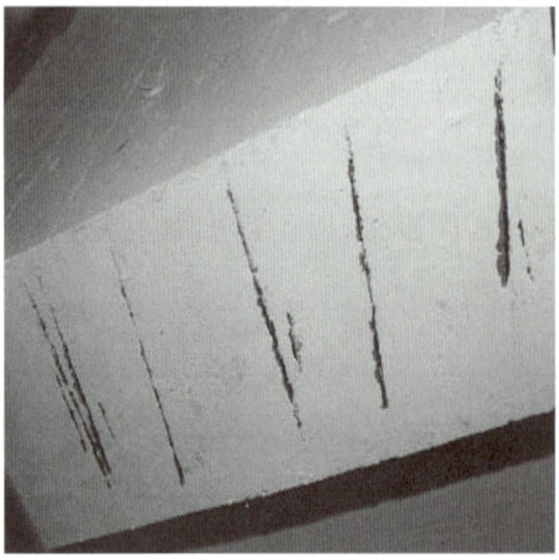

图 2-6-7　钢筋外露

图 2-6-8　缝隙夹层

（7）混凝土超方。构件的混凝土实际浇筑量大于设计值，通常桥梁施工规范会以限定混凝土构件尺寸误差的方式来判定超方现象。混凝土超方易在整体现浇混凝土箱梁施工或节段悬臂现浇施工箱梁中发生，在桥梁现场检查中，可通过量测箱梁截面尺寸实际值与设计尺寸比较得到超方率。

（8）混凝土保护层厚度。混凝土保护层指构件中最外层钢筋外边缘与截面边缘之间的混凝土层，其厚度是钢筋外缘与混凝土表面之间的距离。

混凝土保护层厚度过小的外观表现往往是表面露筋或者由构件外表混凝土明显能看到钢筋位置，仅在外表有一薄层的水泥砂浆，甚至局部露筋，易产生钢筋锈蚀，严重影响桥梁混凝土结构的耐久性，如图 2-6-9、图 2-6-10 所示。

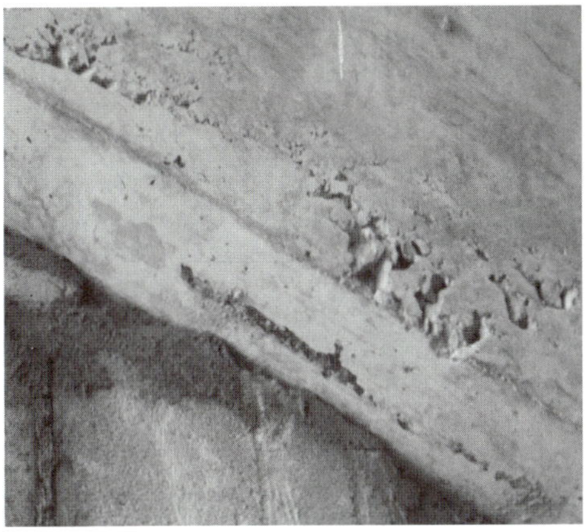

图 2-6-9　保护层过小露筋

图 2-6-10　保护层过小露筋

混凝土保护层厚度过大时混凝土表面一般无明显表现，但钢筋外缘至混凝土表面间形成较大的素混凝土区，会产生混凝土的表面收缩裂缝并易在桥梁营运阶段产生混凝土受力的表面裂缝，因此混凝土表面上一些孤立的混凝土裂缝可能与此有关。

混凝土保护层厚度评定标准见表 2-6-4。

表 2-6-4　混凝土保护层厚度评定标准

标度	评定标准
	定性描述
1	完好
2	承重构件混凝土保护层厚度符合要求，对钢筋耐久性有轻度影响
3	承重构件混凝土保护层厚度不足，对钢筋耐久性有较大影响，造成钢筋锈蚀
4	承重构件混凝土保护层厚度严重不足，对钢筋耐久性有很大影响，钢筋失去碱性保护，发生较严重锈蚀

（9）梁跨中挠度过大。混凝土梁跨中部位挠度值超过了设计计算控制值，严重者可能会使桥面高程降低较大，并往往伴随出现梁体裂缝较多且发展延伸较长的现象。

在使用阶段，混凝土梁跨中下挠度过大会影响桥梁的使用性与耐久性。

跨中挠度评定标准见表 2-6-5。

表 2-6-5　跨中挠度评定标准

标度	评定标准	
	定性描述	定量描述
1	完好	—
2	较好，梁体无明显变形	—
3	出现明显下挠，挠度小于限值，或个别构件出现弯曲变形，行车稍感振动或摇晃	跨中最大挠度≤计算跨径的 1/1 000；悬臂端最大挠度≤悬臂长度的 1/500
4	出现显著下挠，挠度接近限值，或构件存在明显的永久变形，变形小于或等于规范值，梁板出现较严重病害	计算跨径的 1/1 000<跨中最大挠度≤计算跨径的 1/600；悬臂长度的 1/500<悬臂端最大挠度≤悬臂长度的 1/300
5	挠度或其他变形大于限值，造成结构出现明显的永久变形，梁板出现严重病害，显著影响承载力和行车安全	跨中最大挠度>计算跨径的 1/600；悬臂端最大挠度>悬臂长度的 1/300

（10）预应力锚具外露。当钢丝预拉完成后，钢制锚具及预应力钢束端头外露，没有用混凝土封盖梁体两端锚固端头，造成锚具锈蚀老化，使预应力损失增加，进而导致混凝土提前开裂，如图 2-6-11 所示。

图 2-6-11　预应力锚具外露

在预应力混凝土连续箱梁的顶板和底板上，常设置混凝土齿板以提供后张预应力钢束锚固，按照桥梁设计要求，必须用后浇混凝土按设计要求封锚以保护锚具和预应力钢束端头。预应力锚具外露会造成后张预应力混凝土耐久性降低。

（11）孔道压浆不饱满。后张法预应力混凝土构件孔道压浆施工后，孔道中出现欠密实或空洞的现象。

预应力孔道压浆的作用主要有两个方面：一是保护预应力筋不生锈，延长结构使用年限，所以压浆要饱满、密实；二是作为媒介，在预应力筋松弛后，向梁体传递一部分应力。所以，压浆饱满度不足时预应力筋不能与混凝土构件牢固粘结为整体，会引起预应力筋锈蚀，从而影响预应力构件的寿命，如图 2-6-12 所示。

（12）混凝土白化（钙化）。由混凝土内部向外渗出而附在表面的附着物，外观呈白色，类似石灰，如图 2-6-13 所示。

图 2-6-12　预应力孔道压浆不饱满

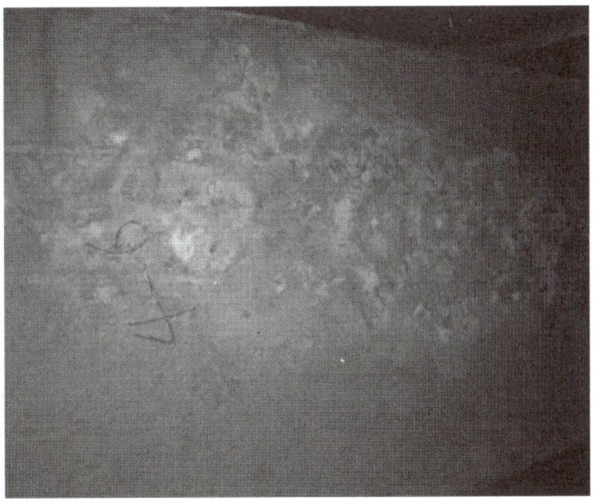

图 2-6-13　游离石灰

混凝土钙化是由于混凝土中存在渗水与孔隙水的化学侵蚀作用引起的。此类现象对结构受力影响不大，但对结构耐久性有影响，应查明结构内部渗水的来源。

2. 梁桥裂缝病害分析及评定

在交通量大的情况下，桥梁上部结构容易出现裂缝，而裂缝的检测在定期检查过程中属于重点、难点工作。特别是对于裂缝位置的描述、裂缝宽度和长度的检测、裂缝生成原因的分析，以及后期养护过程中的保养措施都提出很高的要求。以下结合典型案例对不同结构可能出现裂缝的情形进行分析，给出相应的解决对策。

（1）预制板间企口缝病害及衍生病害。

◆病害原因：

预制空心板间是通过企口缝进行横向传力的，目前预制空心板梁一般有两种企口形式，分别称为浅铰缝和深铰缝，如图 2-6-14、图 2-6-15 所示。浅铰缝多出现旧桥或梁高较小的新桥上，目前多采用的是深铰缝形式。浅铰缝空心板由于企口空间较小，混凝土不易振捣密实，因而混凝土质量较差，加之连接钢筋不足，因此横向连接较弱，易纵向开裂。企口开裂后，映射至桥面，产生沿铰缝的纵向裂缝。此时，桥面水易由桥面铺装上的裂缝进入企口缝混凝土，进一步损坏企口缝内混凝土，经常可在空心板底面观察到企口缝混凝土渗出的游离石灰，也称为泛碱。

另外，由于两类铰缝下部一般仅 10 ~ 20 mm，由于两侧空心板的变位不一致及梁体的震动等原因，下部混凝土较易脱落，如图 2-6-16 所示。

◆典型示例：

某空心板桥上部结构为 4×20 m 钢筋混凝土简支空心板，左右幅分离，每幅均布置 12 片预制空心板，板间铰缝采用浅铰缝形式。在对该桥进行外观病害检查时发现，由于重车通行较多，在左幅两车道分界线附近 7#铰缝开裂，在桥面相应位置出现一道贯通桥跨的纵向裂缝，如图 2-6-17 所示。

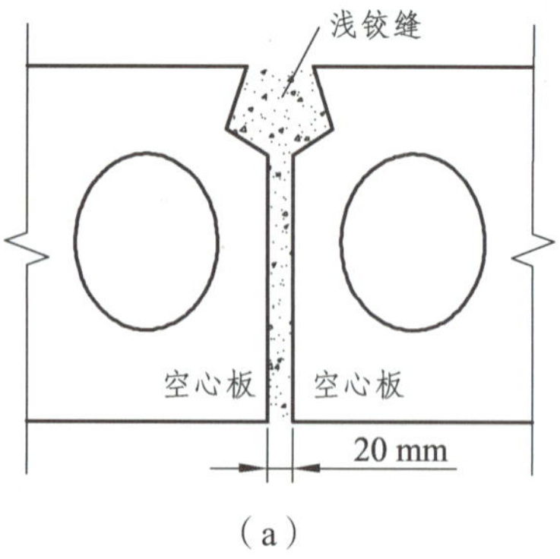

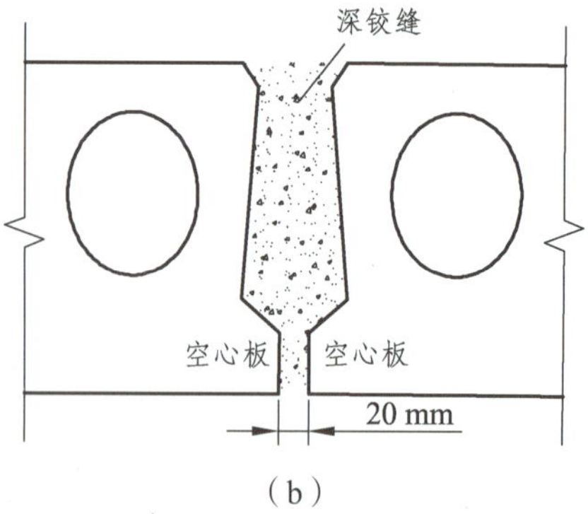

图 2-6-14　空心板企口缝形式

图 2-6-15　空心板浅铰缝

图 2-6-16　空心板缝底部混凝土多数脱落

图 2-6-17　贯通桥跨的桥面纵向裂缝

◆对策：

由于企口位于桥面铺装下，病害较隐蔽，检测时主要注意以下几点：

① 注意检查桥面是否出现纵向裂缝，纵向裂缝的位置是否对应空心板铰缝位置。

② 应注意观察板底的铰缝处是否有水迹污染和附近混凝土剥落、钢筋锈蚀病害。

③ 企口的开裂，使空心板间横向联系减弱，空心板单片受力的情况严重，梁体易产生底面横向裂缝和侧面竖向裂缝，因此在检测时还应结合空心板的结构裂缝分析是否存在企口破坏。

（2）预制钢筋混凝土空心板裂缝。

◆病害原因：

底面横向裂缝和边板侧面的竖向裂缝是预制钢筋混凝土空心板的常见病害，对于简支梁结构，在横向弯矩作用下，于板底产生较大拉应力，当拉应力超过混凝土极限拉应力时，板底产生横向裂缝，裂缝延伸发展至侧面，生成侧面竖向裂缝。裂缝多出现在跨中附近，缝宽均在 0.04 ~ 0.20 mm 范围内。当空心板间铰缝破坏后，空心板横向连接破坏，出现单板受力，空心板承受荷载增大，板底横缝和竖缝出现范围会加大，甚至扩展到板端附近，部分裂缝缝宽也超过规范限宽 0.20 mm。当桥面板开裂破损时，桥面雨水下渗，空心板挖空部分有聚水作用，板底裂缝出现渗水和泛碱（白化），加速钢筋锈蚀、开裂。

◆典型示例：

某桥上部结构为 5×16 m 钢筋混凝土简支空心板，该桥 1# ~ 3#跨每跨横向布置 10 片板，4#、5#跨每跨横向布置 9 片板，板高 0.85 m，底宽 0.99 m。检查时于该桥 *L*/4 ~ 3*L*/4 跨处发现大量横向裂缝，裂缝宽度均未超限宽，现场检测照片如图 2-6-18 ~ 图 2-6-20 所示，空心板底面裂缝展开图如图 2-6-21 所示。

图 2-6-18　空心板底面横向贯通裂缝

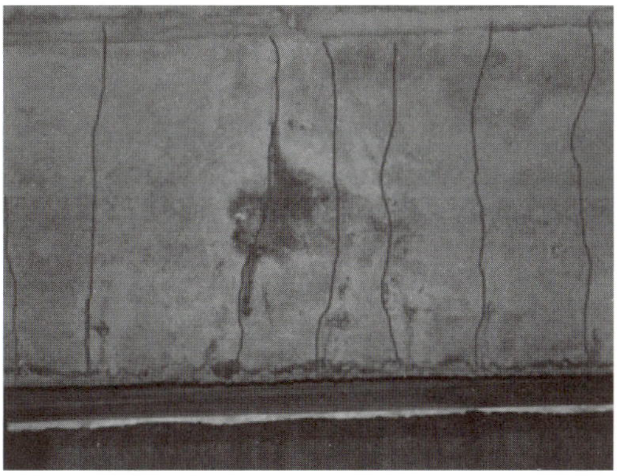

图 2-6-19　空心板底面横向裂缝，局部渗水泛碱

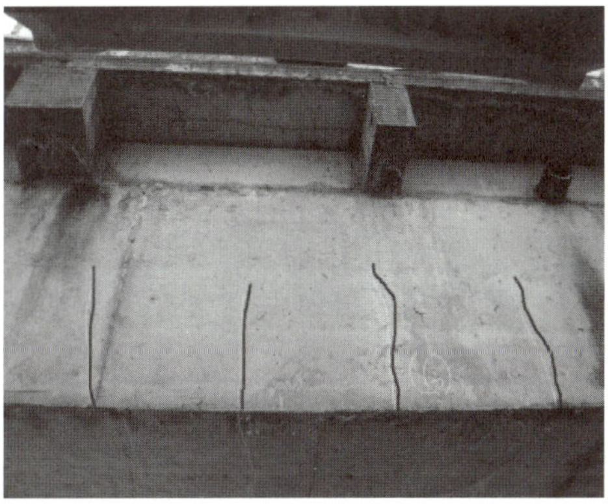

图 2-6-20　空心板桥边板侧面竖向裂缝

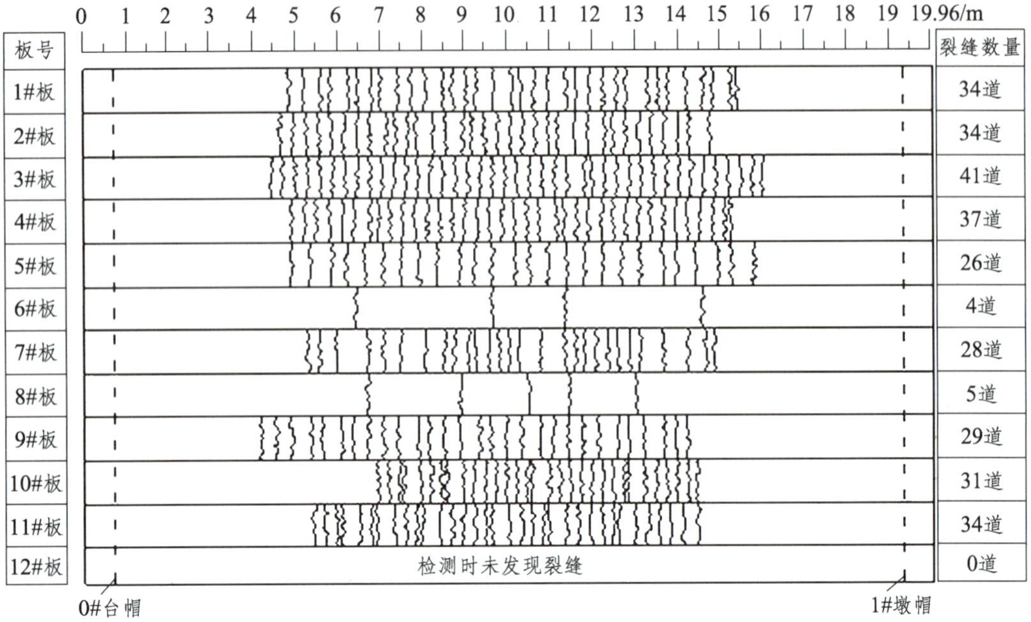

图 2-6-21　钢筋混凝土桥空心板底面裂缝展开图

（注：图中波浪线表示裂缝）

◆对策：

检测时重点观察板的跨中附近，由于初始时裂缝宽度较小，在检查时需更为仔细，必要时可用工具清除表面灰尘或污垢，以防止漏检。

（3）现浇钢筋混凝土空心板裂缝。

◆病害原因：

现浇钢筋混凝土空心板由于横向尺寸较大，横向受到的弯矩和剪力也较大，因此除出现底面横向裂缝外，纵向裂缝也是常见裂缝，多分布于板横向中心线附近。

◆典型示例：

某桥是位于国道线一座 1×6.00 m 钢筋混凝土整体现浇空心板桥，桥梁全宽 12.00 m。检测时板底未发现横向裂缝，但发现两道纵向贯通裂缝，其中一道位于桥梁中心线附近，一道位于左半幅的中部。第一道纵缝较严重，最大缝宽度 35.0 mm，裂缝处伴有渗水泛碱，部分区段混凝土崩角、露筋且锈蚀，如图 2-6-22 ~ 图 2-6-24 所示。纵缝显然为受力裂缝，现浇板的宽度为长度的 2 倍，横向受力较大，在重车较多的情况下，裂缝在受力较大的位置出现并发展。

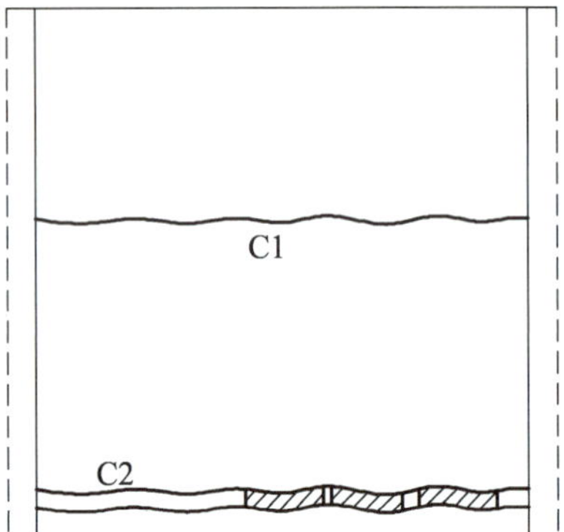

图 2-6-22　现浇板底面裂缝示意图

（注：图中波浪线表示裂缝，阴影部分为 C2 裂缝混凝土崩角、露筋且锈蚀区段的位置）

图 2-6-23　现浇板底部裂缝 C1

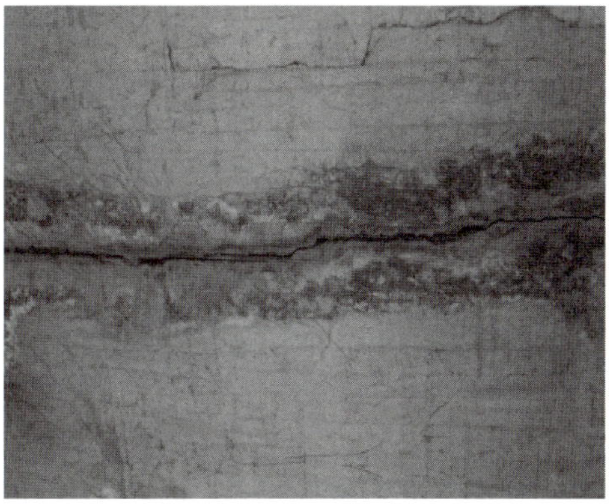

图 2-6-24　现浇板底部裂缝 C2

某分离立交桥上部结构为 1×16.00 m 斜交钢筋混凝土整体现浇空心板桥。上部结构分左右两幅，每幅空心板宽均为 17 m，检测时发现左右两幅均有纵向裂缝，纵缝基本分布于各幅中心线附近，如图 2-6-25、图 2-6-26 所示。

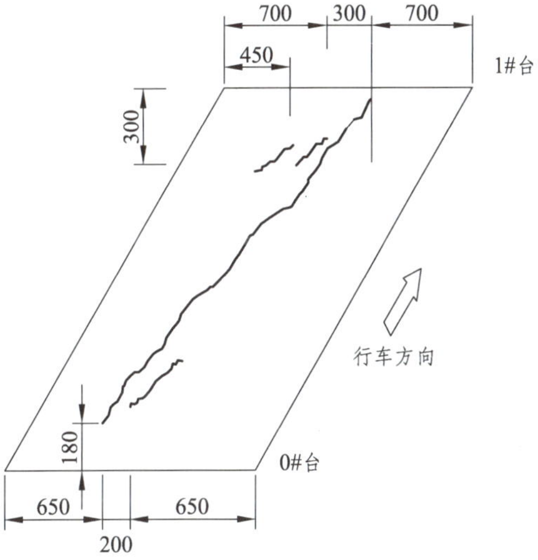

图 2-6-25　分离立交桥左幅整体现浇板底面裂缝示意图（单位：cm）

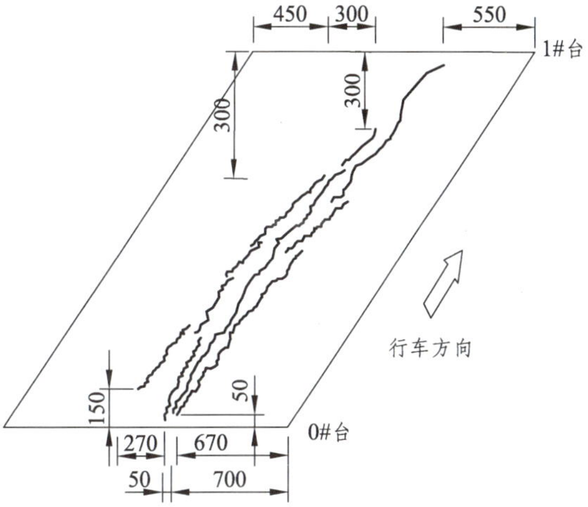

图 2-6-26　分离立交桥右幅整体现浇板底面裂缝示意图（单位：cm）

◆对策：

① 整体现浇板的裂缝一般较宽，检测时除按常规记录病害的位置、长度、缝宽外，应在裂缝宽度超限的位置对裂缝深度进行抽检。

② 注意检查裂缝是否伴有白化现象，分析空心板顶面是否也出现裂缝或因桥面铺装的破损使桥面雨水下渗。

（4）预应力混凝土空心板裂缝。

① 先张法预应力混凝土空心板裂缝。

◆病害原因：

预应力空心板梁桥由于有预加的纵向压应力，出现横向裂缝和竖向裂缝的情况很少，但先张法预应力空心板可能会出现纵向裂缝。纵向裂缝除与承受荷载有关外，施工工艺和质量缺陷是纵向裂缝产生的主因。施工工艺和质量缺陷主要有以下几种：

a. 芯模定位偏低以及芯模自身膨胀变形导致底板厚度不足。由于泊松效应，底板厚度削弱直接导致预应力筋放张时底板拉应力过大，从而造成在施工阶段底板横向受拉甚至开裂。

b. 处于芯模下缘的底板混凝土振捣困难，造成底板不密实以及粗骨料分布不均匀现象，强度有所削弱，不足以承担预应力放张和后期活载作用产生的横向拉应力。

c. 钢绞线放张过早，在混凝土强度低于设计强度 90% 时放张，导致底板因强度不足而开裂。板梁在预制过程中由于底板厚度不足、强度不足、横向拉应力以及可能存在的微细裂缝，在使用阶段车辆荷载、温度等因素作用下，会导致产生新的纵向裂缝以及加重原有裂缝。

先张法预应力混凝土空心板纵向裂缝一般为底板的贯穿裂缝，裂缝将空心板由原来的完整闭口截面变成了相应开口截面。裂缝对结构的抗弯承载力有一定的影响，对截面抗扭性能也有较大影响，纵向裂缝多出现在厚度最薄的内腔中部。

◆典型示例：

某先张法预应力混凝土空心板底面已修补纵向裂缝如图 2-6-27 所示，纵向裂缝易出现位置如图 2-6-28 所示。

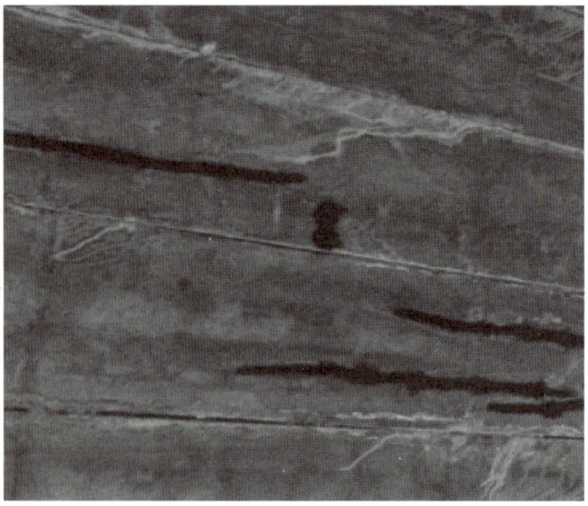

图 2-6-27　某先张法预应力混凝土空心板底面已修补纵向裂缝

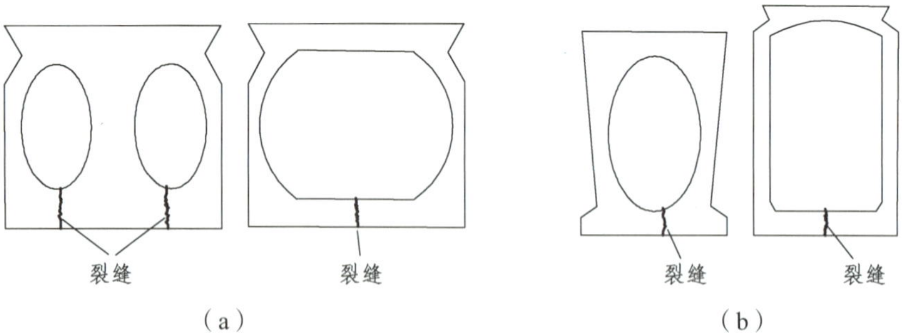

图 2-6-28　先张法预应力混凝土空心板底部纵缝易出现位置

◆对策：

若发现两条纵向裂缝，应当重点检查，记录裂缝宽度、长度及深度，并及时提出有效措施，对裂缝进行处理，防止对结构耐久性的影响。

② 预应力混凝土空心板上拱值过大及衍生病害。

◆病害原因：

这种现象以先张法预应力混凝土空心板梁桥出现较多，表现为在营运多年后，板跨中部上拱值（又称反拱）仍较大，甚至出现跨间桥面上凸，而在支座附近桥面相对下凹。

由于空心板上拱值较大，为保持桥面设计标高，空心板跨中部位桥面铺装及现浇混凝土层可能较薄，而在支座区段的部位可能较厚，如图 2-6-29 所示。这样，实际的二期恒载与设计计算时考虑的不一致，同时，板跨中的桥面铺装由于未达到设计厚度也易产生铺装病害。另外，在使用阶段，预应力混凝土上拱度仍过大将造成桥面线形呈波浪形，引起行车不舒适感，降低行车速度，影响桥梁适用性功能。

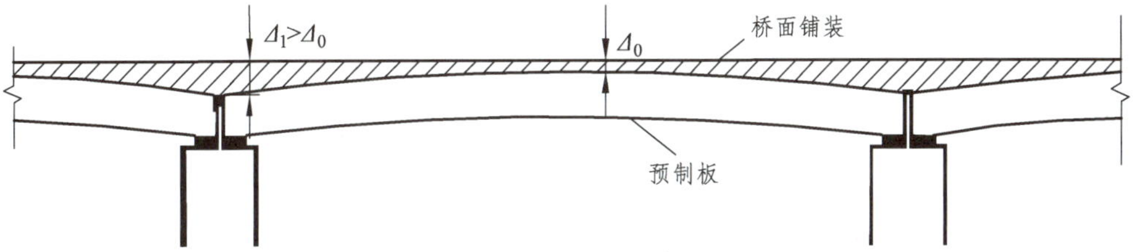

图 2-6-29　预应力混凝土空心板上挠值过大造成桥面厚度不均

◆对策：

a. 检测时应当对桥面线形进行测量，并与往次测量结果做对比，判断桥面线形的变化。

b. 根据实际桥面铺装厚度，对桥梁进行承载力验算。

（5）预应力混凝土箱梁裂缝。

① 箱梁腹板斜裂缝。

◆病害原因：

此类裂缝产生的原因较多，主要有竖向和纵向预应力不足、温度效应、箱梁剪力滞后效应等。

根据桥梁设计理论，预应力混凝土连续梁桥箱梁腹板不允许出现斜裂缝。腹板出现混凝土斜裂缝后，通过斜裂缝的预应力钢束和箍筋承受变幅的作用应力，可能使钢筋与混凝土之间的黏结进一步损坏而造成钢束（筋）的疲劳破坏。

◆病害特征：

一般发生在边跨梁端附近区段、中跨梁在墩支座中心线与反弯点之间的区域斜裂缝往往由箱梁下边缘向上斜向延伸，倾角约在 15°～45°范围内。在中跨梁体上，腹板斜裂缝在跨间两边往往对称发生。另外还有一类腹板斜裂缝的现象是斜裂缝与底板的横向裂缝相连，一般多发生在节段悬臂施工的预应力混凝土箱梁的腹板上。

裂缝的形态特征具体如图 2-6-30、图 2-6-31 所示。

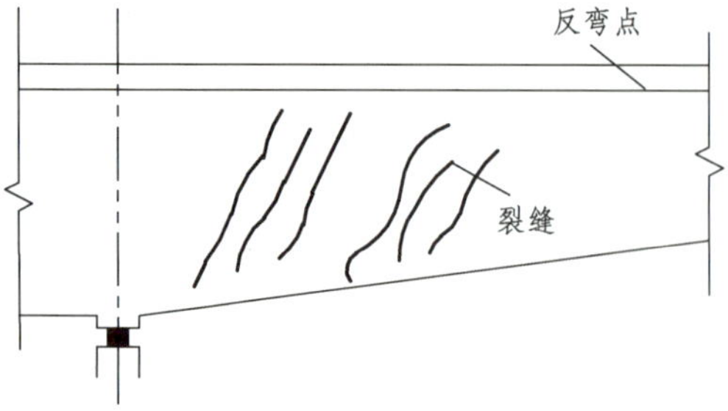

图 2-6-30　腹板斜裂缝（一）

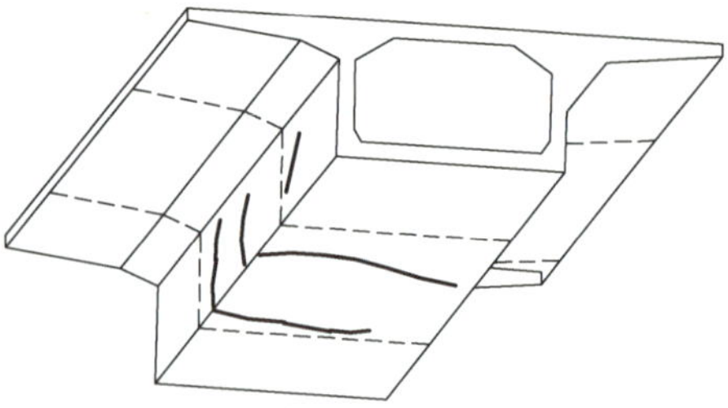

图 2-6-31　腹板斜裂缝（二）

② 箱梁腹板弯曲裂缝。

◆病害原因：

此类裂缝由于混凝土抗拉能力不足而产生，一般出现在现浇箱梁中，如图 2-6-32 所示。钢筋混凝土连续箱梁腹板弯曲裂缝最大宽度在限制值之内是正常的受力裂缝。预应力混凝土 A 类构件和全预应力混凝土构件设计的预应力混凝土连续箱梁，不允许出现腹板弯曲裂缝。出现腹板弯曲竖向裂缝后，将引起箱梁的内力重分布。

◆病害特征：

在钢筋混凝土连续箱梁的跨中区段和墩顶部位区段分别出现由箱梁底边缘向上延伸和由箱梁顶边缘向下延伸的竖向弯曲裂缝，其中较常见的是在跨中区段由梁底边缘向上延伸的弯曲竖向裂缝。

对节段施工的预应力混凝土箱梁，一般易在箱梁节段的接缝内或接缝附近出现弯曲竖向裂缝。

腹板弯曲裂缝往往还伴随箱梁底板（或顶板）的混凝土横向裂缝。

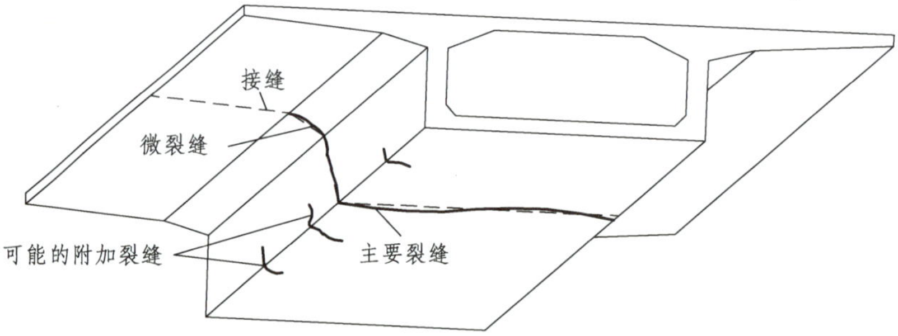

图 2-6-32　箱梁腹板弯曲裂缝示意图

③ 箱梁腹板竖向裂缝。

◆病害原因：

该类裂缝多为混凝土的收缩裂缝，箱梁腹板竖向裂缝是在箱梁施工中由于措施不当引起的，其裂缝宽度会随一年四季的大气温度变化而变化，裂缝宽度一般较大。这种裂缝对箱梁的结构使用性能影响不大，但可能会影响箱梁的耐久性。

◆病害特征：

在支架上现浇混凝土施工的钢筋混凝土和预应力混凝土连续箱梁的腹板上出现的垂直于梁轴线方向的竖向裂缝。竖向裂缝沿箱梁跨径方向分布，在箱梁跨中部位往往间距较小，而在其他部位间距较大。

一类箱梁腹板竖向裂缝是与箱梁底板横向裂缝相连，即腹板竖向裂缝下端达到箱梁截面下边缘，如图 2-6-33 所示。

另一类箱梁腹板竖向裂缝是在顶板下梗腋（箱外）和底板之间腹板的半高处，而裂缝呈中间宽度较大两端头细小的枣核形裂缝，如图 2-6-34 所示。

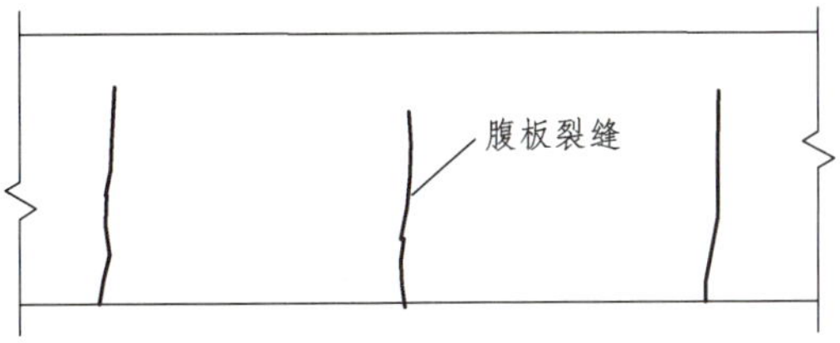

图 2-6-33　腹板竖向裂缝（一）

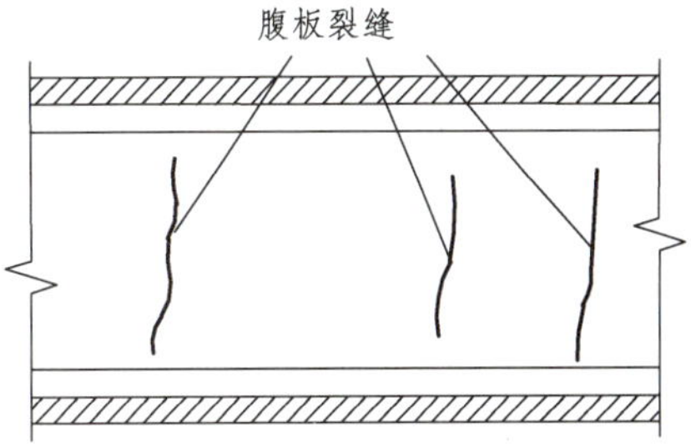

图 2-6-34　腹板竖向裂缝（二）

④ 箱梁底板横向裂缝。

◆病害原因及特征：

第一类，底板的横向裂缝主要发生在钢筋混凝土连续梁的跨中区段，常常伴随出现腹板上的竖向弯曲裂缝；现浇钢筋混凝土连续箱梁底板横向裂缝（其最大宽度小于限值时）属于正常受力裂缝，但若箱梁内有积水且沿裂缝渗出，则对箱梁的耐久性有较大影响。裂缝形态如图 2-6-35、图 2-6-36 所示。

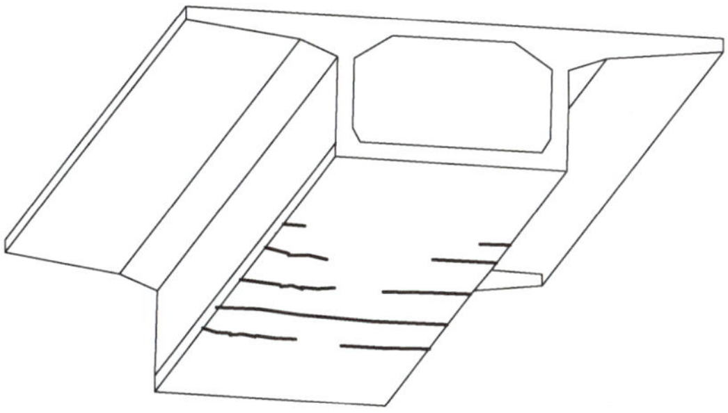

图 2-6-35　箱梁底板跨中区段横向裂缝示意图

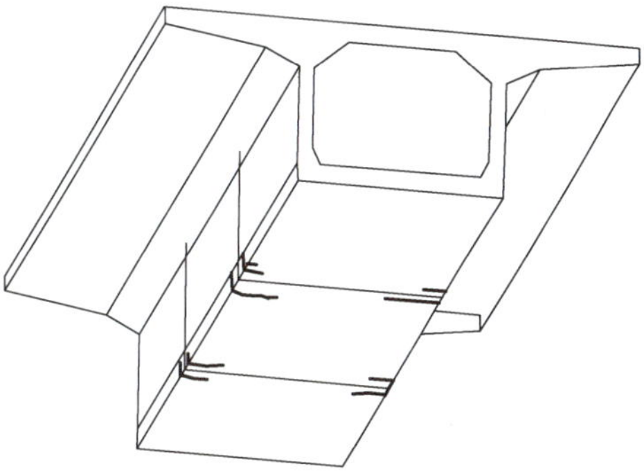

图 2-6-36　箱梁裂缝形态示意图

第二类，底板的横向裂缝主要出现在节段施工的预应力混凝土连续箱梁的相邻节段之间的接缝附近；预应力混凝土箱梁节段接缝附近的底板裂缝是由于波纹管走形引起的，对箱梁结构受力影响不大。裂缝形态如图 2-6-37 所示。

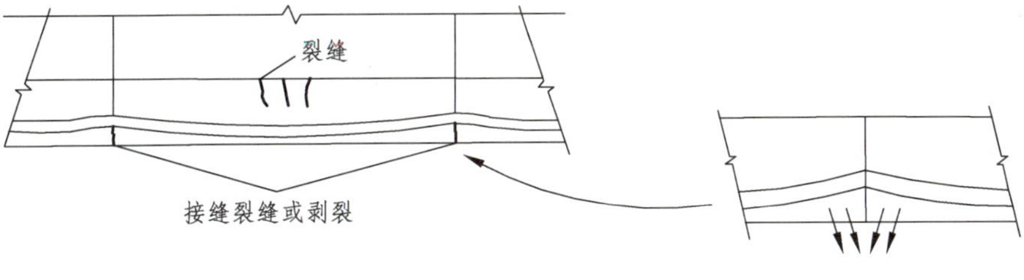

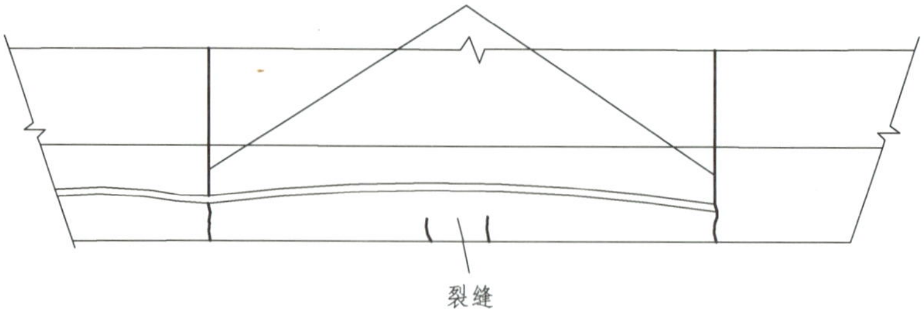

图 2-6-37　预应力筋管道不直的影响

第三类，底板的横向裂缝出现在后张法预应力混凝土连续箱梁底板齿块后方区域，往往伴随出现腹板的斜裂缝。预应力混凝土箱梁齿块后的底板横向裂缝属于预加力作用产生的受力裂缝，初期发展很快，且裂缝宽度较大，对结构受力有一定影响。裂缝形态如图 2-6-38、图 2-6-39 所示。

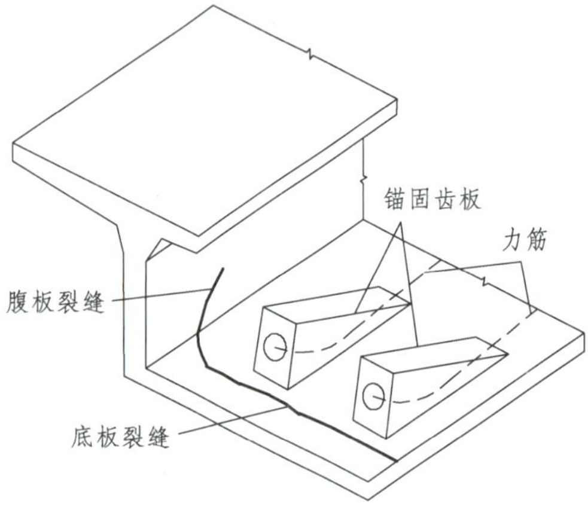

图 2-6-38　裂缝位置示意图

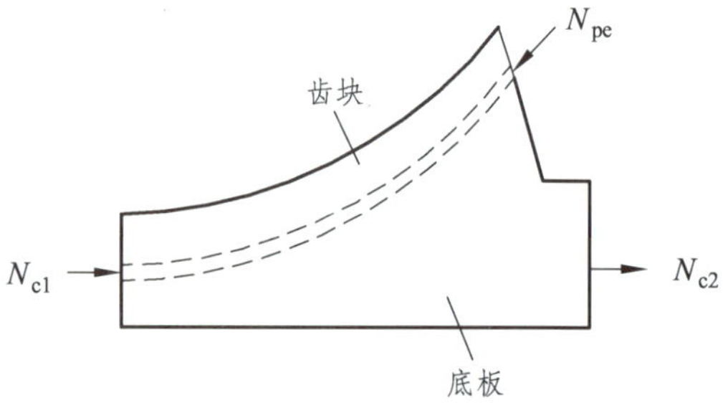

图 2-6-39　箱梁底板齿块横向受力示意图

⑤ 箱梁底板纵向裂缝。

◆病害原因及特征：

在混凝土箱梁的底板下表面出现沿梁长方向的纵向裂缝，长短不一。一般多出现在节段悬臂现浇混凝土箱梁的正弯矩作用区段（合拢区段较常见），也会出现在箱梁底板齿块附近，如图 2-6-40 所示。

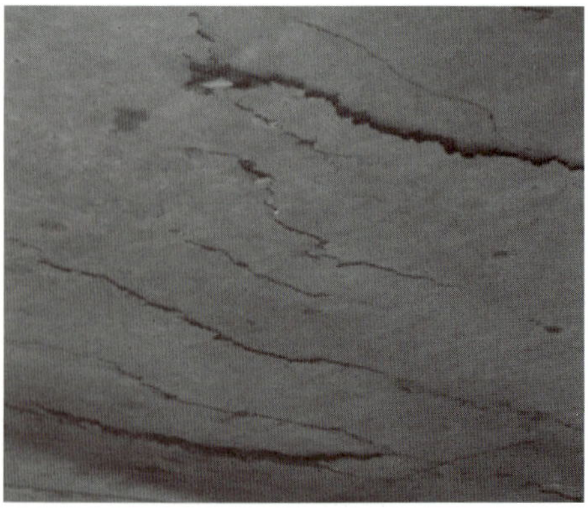

图 2-6-40　箱梁合拢段的底板纵向裂缝

对于在靠近墩顶段箱梁左右方向上 2～3 个节段范围内沿梁长方向的底板纵向裂缝，产生的原因之一可能是后张法预应力锚固区作用过大。箱梁底板的预应力钢束锚固在如图 2-6-41（a）所示位置的齿板上时，在预加力作用下，就会产生如图 2-6-41（b）所示的箱梁底板上的纵向裂缝，从裂缝形态上讲，呈八字形或略呈外斜的纵向裂缝。

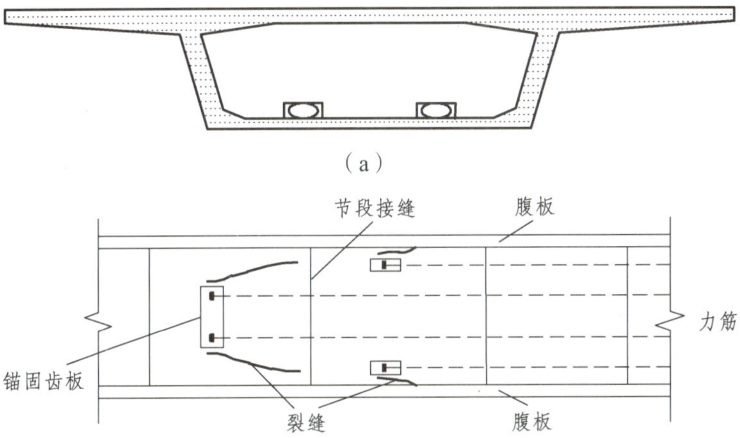

（a）

（b）

图 2-6-41　箱梁齿板附近的纵向裂缝示意图

该类裂缝产生的另一原因大多数为施工所致，其中混凝土的配合比设计中细集料含量偏高、水灰比偏大为主要因素，同时施工中混凝土的振捣方法也是一个比较重要的影响因素。

单箱双室的宽混凝土箱梁，在中腹板的位置附近的底板上出现纵向裂缝，产生的原因可能是箱梁底板的横向刚度不足，同时可能在单箱双室箱梁的计算中按箱梁截面刚性和横向不变形假定进行截面各腹板部分的荷载分配[图 2-6-42（a）]，而实际这种假设可能是不正确的。事实上，中心荷载引起顶板和底板横向变形，中间腹板的位移比边腹板大[图 2-6-42（b）]，这样可能使底板在中腹板位置附近产生纵向裂缝。

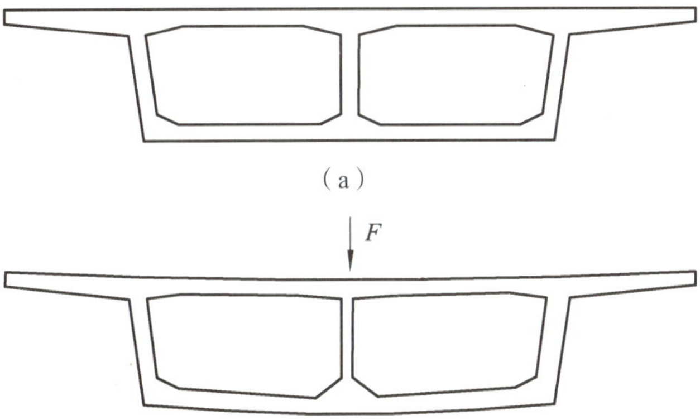

（a）

（b）

图 2-6-42　箱梁横向刚度不足受力示意图

宽混凝土箱梁底板混凝土纵向裂缝产生的另一个原因是设计上没有进行箱梁横向受力计算，底板内横向受力钢筋配置不足。

对采用支架现浇混凝土施工的等高度单箱多室宽幅连续箱梁，在箱梁底板下表面桥中心线附近出现沿梁长方向的纵向裂缝。引起此类裂缝的原因是施工的因素。除了混凝土配比中细集料较多、浇筑时坍落度较多外，施工中的布料方式与混凝土振捣方法也是引起此类裂缝的关键因素。

通常施工中混凝土料一般习惯从腹板下料，工人用混凝土振动棒赶料，致使混凝土中的细集料在混凝土振动棒作用下大量向箱梁底板中央汇集，因此，在底板的中央形成了一条细集料相对集中的混凝土，其强度与达到设计要求混凝土强度相差很大。

当箱梁底板横向有不大的拉应力（例如车辆荷载作用，箱内温度高与箱外温度低的温度差作用等产生箱梁底板横向的拉应力）时，就会在这条细集料相对集中的混凝土处产生箱梁底板纵向裂缝。

预应力钢束及管道不直会引起底板纵向裂缝，如图 2-6-43 所示。这种情况除引起箱梁底板横向裂缝外，还会在节段施工箱梁接缝附近产生底板的纵向裂缝，节段接缝外管道有折角和尖弯点，张拉预应力钢束后，预应力钢束由实际偏差位置向下移动作用使非预应力钢筋变形，则产生箱梁底板表面纵向裂缝甚至混凝土剥离。

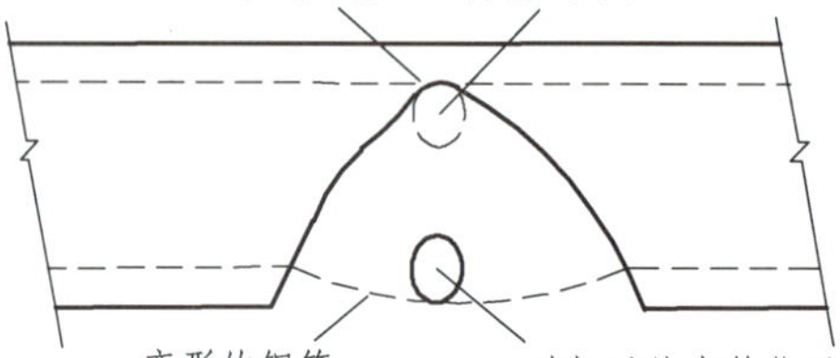

图 2-6-43　预应力管道不直导致箱梁纵向裂缝示意图

预应力混凝土箱梁出现底板上的纵向裂缝对箱梁受力特性有一定的影响，主要是混凝土箱梁在横向的抗弯刚度与抗扭刚度下降。

箱梁合拢段的底板表面纵向裂缝出现，其后果是底板混凝土分层、剥离崩坏，对桥梁结构安全性造成威胁。

⑥ 箱梁顶板纵向裂缝。

◆病害原因及特征：

一种是纵向裂缝延伸较长，往往在箱梁的跨中区段和接近支座部位箱梁区段。此类裂缝主要是顶板横向弯矩过大，无横向预应力、箱梁横向弯曲空间效应、板厚偏小，横向配筋不足，箱梁内外温差过大产生温度应力等原因产生。裂缝示意如图 2-6-44 所示。

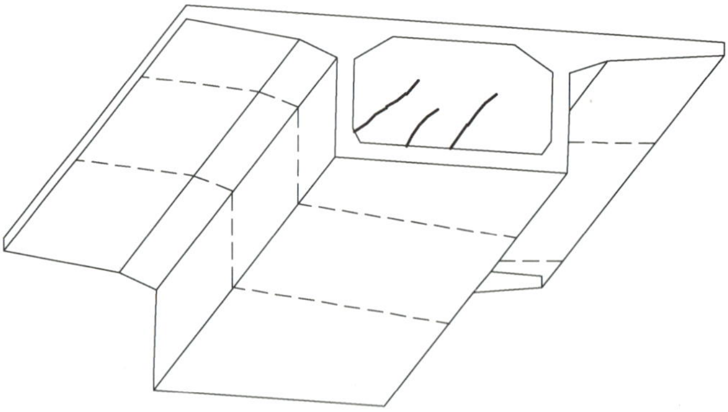

图 2-6-44　箱梁跨中区段和接近支座部位顶板纵向裂缝示意图

另一种是在节段悬臂浇筑混凝土箱梁的节段分界线之间，纵向裂缝起始于节段接缝处，平行有 1 ~ 3 条，但纵向裂缝延伸不超过另一节段接缝。此类裂缝为混凝土收缩裂缝。裂缝示意如图 2-6-45 所示。

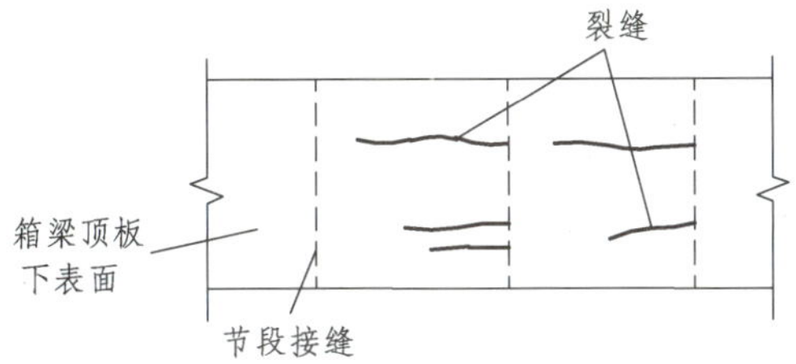

图 2-6-45 箱梁顶板混凝土收缩裂缝示意图

若箱梁顶板混凝土纵向裂缝为箱梁横向受力产生的裂缝，则对箱梁的结构使用有较大影响。

若箱梁顶板混凝土纵向裂缝贯穿顶板厚度（可由纵向裂缝处是否有渗水痕迹判断，如图 2-6-46 所示），则对混凝土箱梁耐久性有影响。

图 2-6-46 箱梁湿接缝纵向裂缝（伴有渗水、泛碱）

⑦ 箱梁节段间错台。

◆病害原因及特征：

箱梁节段间错台是指节段悬臂现浇混凝土施工箱梁出现相邻节段混凝土箱梁截面板件之间的高低差和不平顺衔接的现象。在箱梁内部，易出现在箱梁顶板下表面的错台，而在箱梁外表面，较多为箱梁底板下表面的错台，如图 2-6-47 所示。

节段悬臂现浇混凝土施工箱梁的结构薄弱环节之一是相邻箱梁节段间的接缝位置，涉及新旧混凝土施工技术问题，浇筑混凝土质量要求较高，需要有力的施工措施才能保证。同时，已有研究表明，相邻箱梁节段接缝位置混凝土的抗剪强度往往低于箱梁节段本体混凝土，若箱梁施工中出现错台，则形成了箱梁节段在接缝位置的应力集中更易产生箱梁节段在接缝位置的受力裂缝，如图 2-6-48 所示。

⑧ 预应力混凝土箱梁检测对策。

a. 箱型梁桥检测时应重点对箱梁腹板及底板裂缝进行观测，若发现裂缝，则应对裂缝的走向、宽度、深度等进行重点测试并分析成因。

b. 根据箱梁桥结构受力特点，在跨中受拉区容易出现底板横向裂缝、腹板斜向裂缝，支点位置容易出现斜向剪切裂缝，这类裂缝均属于结构裂缝，影响了桥梁的安全承载力。

图 2-6-47　混凝土节段错台

图 2-6-48　节段混凝土受力裂缝

c. 梁底纵向开裂是连续箱梁常见典型病害，因此，应当重点检查箱梁底部的开裂情况。

d. 桥梁运营过程中的车辆、温度等荷载的长期反复作用，导致预应力钢束锚固区段封锚混凝土开裂，是箱梁桥较常见的病害。应对封锚处混凝土进行重点观察。

e. 箱型系列桥考虑其弯曲、坡度的特点，弯扭耦合产生的裂缝是桥梁检测的重点，检测时应重点关注腹板及底板是否有因扭转引起的弧形裂缝。

f. 梁底顺预应力筋方向裂缝也是该类桥梁常见病害之一。在检测过程中，对该类病害的重视，也是该类桥梁检测的重点。

（6）T 梁裂缝。

① T 梁网状裂缝。

◆病害原因及特征：

T 梁网状裂缝多出现在 T 梁腹板上，裂缝细小，宽度约为 0.03 ~ 0.06 mm，并且无固定规律；此类裂缝多为混凝土收缩徐变引起的表面龟裂。裂缝示意见图 2-6-49 中所示。

图 2-6-49　T 梁网状裂缝示意图

② T 梁下缘受拉区裂缝。

◆病害原因及特征：

受拉区裂缝多发生在跨中部位，梁跨越多，裂缝越多；裂缝自下缘向上发展，至翼缘板与梁肋相接处停止；裂缝间距约 0.1 ~ 0.2 m，宽度约为 0.03 ~ 0.10 mm；此类裂缝多为混凝土收缩徐变引起的裂缝。裂缝示意见图 2-6-50 中所示。

图 2-6-50　T 梁下缘受拉区裂缝示意图

③ T 梁腹板竖向裂缝。

◆病害原因及特征：

T 梁腹板竖向裂缝为常见的 T 梁裂缝，当跨径大于 20 m 时，裂缝多位于薄腹部分。此类裂缝多为施工质量不良，养护不及时，或温度及周围环境条件影响所致。裂缝示意见图 2-6-51 中所示。

图 2-6-51　T 梁腹板竖向裂缝示意图

④ T 梁腹板斜向裂缝。

◆病害原因及特征：

钢筋混凝土 T 梁中出现较大的裂缝，多在跨中两侧，离跨中越远倾角越大；宽度多在 0.10 ~ 0.30 mm；在恒载作用及车辆荷载作用下产生的混凝土弯剪裂缝，属于结构受力裂缝。裂缝示意见图 2-6-52 中所示。

图 2-6-52　T 梁腹板斜向裂缝示意图

⑤ T 梁马蹄侧面纵向裂缝。

◆病害原因及特征：

此类裂缝位于 T 梁马蹄侧面，近似水平方面的层裂缝，主要因为施工不当，混凝土分层浇筑间隔时间太长所致。裂缝示意见图 2-6-53 中所示。

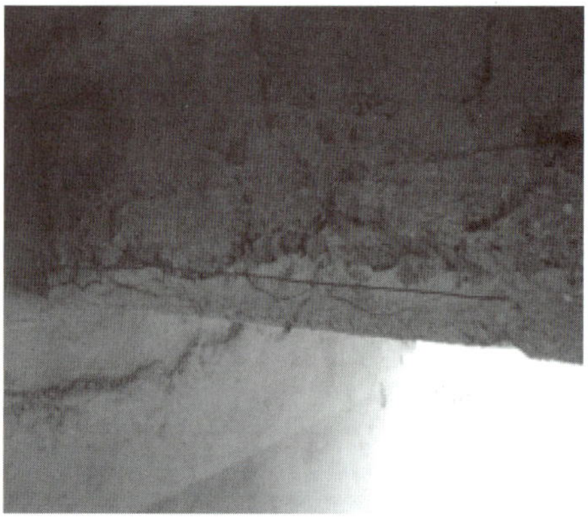

图 2-6-53　T 梁马蹄侧面纵向裂缝示意图

⑥ T 梁马蹄底面纵向裂缝。

◆病害原因及特征：

此类裂缝为沿下缘主筋方向裂缝，主要因为混凝土保护层过薄，钢筋锈胀或掺入氯盐等速凝剂所造成，裂缝严重时，应进行加固。裂缝示意见图 2-6-54 中所示。

图 2-6-54　T 梁马蹄底面纵向裂缝示意图

⑦ 预制 T 梁横隔梁连接错位或开裂。

◆病害原因及特征：

预制 T 形梁之间的横隔梁平面位置相差较大，或横隔梁底不在一个水平面上，如图 2-6-55 所示。

图 2-6-55　T 梁横隔板连接错位开裂

一方面，对于多梁式的梁桥，其上部结构是由多根主梁及端横梁、中横梁组成一个整体结构承受车辆荷载作用。横隔梁连接错位后无法正确焊接钢板，成为横隔梁受力的薄弱截面，会导致上部结构整体受力的削弱，甚至是主梁的单梁受力过大。另一方面，T 梁横隔板一般与主梁同时预制，横隔板间通过钢板和钢筋焊接连接，在连接部位再浇筑混凝土封闭。由于相邻 T 梁受力、变形及变位的不同，横隔板在连接位置会受到较大拉、剪应力。在横隔板连接处混凝土由于施工条件限制，难振捣密实，一般质量较差，因此横隔板易在此处开裂，在车辆荷载和开裂后引起的钢筋及钢板锈胀作用下，加剧了开裂病害的发展。此时连接部位混凝土局部剥落，甚至与横隔板原混凝土剥离。

⑧ 梁端部混凝土劣化。

◆病害原因及特征：

梁端混凝土劣化指在混凝土表面或者整体上出现混凝土材料组成的化学性质、物理力学性能变差的现象，主要为混凝土施工不良和养护维修不到位产生的病害，如图 2-6-56 所示。在混凝土桥梁上，混凝土劣化往往是局部的，但是，除了由于劣化使混凝土本身性能变坏外，还丧失了保护钢筋的作用，因而对桥梁耐久性有严重影响。

图 2-6-56　T 梁梁端混凝土劣化

⑨ T梁检测对策。

a. 检测时详细量测梁端间距的变化，并结合竣工资料，判断梁端间距的变化是否满足设计要求。

b. 在进行检测时，应特别注意检查跨中区域下缘受拉区，是否出现腹板斜向结构性裂缝、底面横向裂缝以及支点附近斜向剪切裂缝。

c. 在进行检测时，重点关注湿接缝对应桥面位置是否有纵向裂缝产生，湿接缝混凝土脱落、渗漏水情况。

d. 检测时应对上述部位相关病害进行重点检查，综合考虑桥梁各部位、构件之间的关系，判断要准确。

⑩ 评定标准。

桥梁结构在施工和营运使用过程中，常会出现各种不同形式的裂缝。对于砖、石、混凝土结构物来说，产生裂缝几乎是不可避免的；在钢筋混凝土和部分预应力桥梁中允许出现裂缝；在全预应力桥梁中也有出现裂缝的可能。裂缝检查首先应判断裂缝的类型，其次再判断其是否在允许范围内，是否需要维修或加固。各类公路桥梁裂缝限值见表2-6-6。

表2-6-6 各类公路桥梁裂缝限值

结构类别	裂缝部位	允许最大裂缝宽度/mm	其他要求
钢筋混凝土梁	主筋附近竖向裂缝	0.25	
	腹板斜向裂缝	0.30	
	组合梁结合面	0.50	不容许贯通结合面
	横隔板与梁体端部	0.30	
	支座垫石	0.50	
全预应力混凝土梁	梁体竖向裂缝	不容许	
	梁体横向裂缝	不容许	
	梁体纵向裂缝	0.20	
A类预应力混凝土梁	梁体竖向裂缝	不容许	
	梁体横向裂缝	不容许	
	梁体纵向裂缝	0.20	
B类预应力混凝土梁	梁体竖向裂缝	0.15	
	梁体横向裂缝	0.15	
	梁体纵向裂缝	0.20	
砖、石、混凝土拱	拱圈横向	0.30	裂缝高度小于截面高度一半
	拱圈纵向	0.50	裂缝长度小于跨径的1/8
	拱波与拱肋结合处	0.20	

续表

<table>
<tr><th>结构类别</th><th colspan="2">裂缝部位</th><th colspan="2">允许最大裂缝宽度/mm</th><th>其他要求</th></tr>
<tr><td rowspan="7">墩台</td><td colspan="2">墩台帽</td><td colspan="2">0.30</td><td rowspan="7">不允许贯通墩台身截面一半</td></tr>
<tr><td rowspan="5">墩台身</td><td rowspan="2">经常受侵蚀性水影响</td><td>有筋</td><td>0.20</td></tr>
<tr><td>无筋</td><td>0.30</td></tr>
<tr><td rowspan="2">常年有水，但无侵蚀性影响</td><td>有筋</td><td>0.25</td></tr>
<tr><td>无筋</td><td>0.35</td></tr>
<tr><td>干沟或季节性有水河流</td><td colspan="2">0.40</td></tr>
<tr><td colspan="2">有冻结作用部分</td><td colspan="2">0.20</td></tr>
</table>

注：表中所列容许最大缝宽适用于一般条件。对于潮湿和空气中含有较多腐蚀性气体等条件下的缝宽限值应要求更严格一些。

支梁（板）桥、刚架桥裂缝评定标准见表 2-6-7。

表 2-6-7　简支梁（板）桥、刚架桥裂缝评定标准

标度	评定标准	
	定性描述	定最描述
1	完好	—
2	局部出现网状裂缝，或主梁出现少量轻微裂缝，缝宽未超限	网状裂缝累计面积≤构件面积的20%，单处面积≤1.0 m²，或主梁裂缝缝长≤截面尺寸的 1/3
3	出现大面积网状裂缝，或主梁出现较多横向裂缝（钢筋混凝土梁、板），或顺主筋方向出现纵向裂缝，或出现斜裂缝、水平裂缝、竖向裂缝等，缝宽未超限	网状裂缝累计面积>构件面积的20%，单处面积>1.0 m²，或截面尺寸的 1/3<主梁裂缝缝长≤截面尺寸的2/3
4	主梁控制截面出现较多横向裂缝（钢筋混凝土梁、板），或顺主筋方向出现严重纵向裂缝并伴有钢筋锈蚀等，或出现斜裂缝、水平裂缝、竖向裂缝等，裂缝缝宽超限	主梁裂缝缝长>截面尺寸的 2/3，间距<20 cm
5	主梁控制截面出现大量结构性裂缝，裂缝大多贯通，且缝宽超限，主梁出现变形	主梁裂缝缝宽>1.0 mm，间距≤10 cm

连续梁桥、连续刚构桥、悬臂梁桥、T 形刚构桥裂缝评定标准见表 2-6-8。

表 2-6-8　连续梁桥、连续刚构桥、悬臂梁桥、T 形刚构桥裂缝评定标准

标度	评定标准	
	定性描述	定量描述
1	无裂缝	—
2	局部出现网状裂缝，或主梁出现少量轻微裂缝，缝宽未超限	网状裂缝累计面积≤构件面积的 20%，单处面积≤1.0 m^2，或主梁裂缝缝长≤截面尺寸的 1/3
3	出现大面积网状裂缝，或主梁出现横向裂缝（钢筋混凝土梁），或顺主筋方向出现纵向裂缝，或出现斜裂缝、水平裂缝、竖向裂缝等，缝宽未超限	网状裂缝累计面积>构件面积的 20%，单处面积>1.0 m^2，或截面尺寸的 1/3<主梁缝长≤截面尺寸的 1/2
4	主梁控制截面出现较多横向裂缝（钢筋混凝土梁），或顺主筋方向出现严重纵向裂缝并伴有钢筋锈蚀等，或出现斜裂缝、水平裂缝、竖向裂缝等，裂缝缝宽超限	主梁裂缝缝长>截面尺寸的 1/2，间距<30 cm
5	主梁控制截面出现大量结构性裂缝，裂缝大多贯通，且缝宽严重超限，主梁出现变形	主梁裂缝缝宽>1.0 mm，间距<20 cm

3. 圬工拱桥病害分析及评定

（1）侧墙外鼓与外倾。

◆病害原因及特征：

拱上建筑侧墙高度较大区段，因车辆荷载过大致使侧墙内填料土压力作用增大形成外鼓；或者在内部积水的情况下，拱上填料膨胀并挤压侧墙外鼓与外移，如图 2-6-57 所示。此类病害直接造成侧墙本身的破坏，并可能牵连桥面系的破坏，降低行车安全性。

图 2-6-57　拱上侧墙外倾

实腹拱的侧墙变形、位移评定标准见表 2-6-9。

表 2-6-9　实腹拱的侧墙变形、位移评定标准

标度	评定标准
	定性描述
1	完好
2	—
3	侧墙出现鼓肚现象
4	侧墙出现倾斜、外移等变形现象，填料或桥面出现沉陷
5	侧墙产生严重倾斜、外移、鼓肚等现象，导致桥面出现严重塌陷或沉降，不能正常行车

（2）主拱圈渗水。

◆病害原因及特征：

对实腹式圬工拱桥和空腹式圬工拱桥主拱圈实腹段，主要是主拱圈与桥面之间的拱上填料施工不密实或拱上未设置排水系统与防水层，加之侧墙排水孔堵塞致使桥面水由桥面铺装本身裂缝、桥面铺装与人行道衔接处进入拱上填料，而后由主拱圈块材之间砂浆或块材裂纹中渗流出来，如图 2-6-58 所示。主拱圈渗水表明拱上填料内含有较多水，而渗水将引起砌缝砂浆软化、脱落，也会引起块材材质变化、强度下降。另外，拱上填料含水较多，还会造成行车状态下桥面进一步破坏。

图 2-6-58　主拱圈渗水泛碱

渗水评定标准见表 2-6-10。

表 2-6-10　渗水评定标准

标度	评定标准
	定性描述
1	完好
2	拱圈局部有明显渗水现象
3	拱圈多处有明显渗水现象，渗水处伴有晶体析出现象，流膏处混凝土松散

（3）主拱圈拱顶下挠。

◆病害原因及特征：

主拱圈拱顶的下挠原因有多种：① 可能是桥台岸侧方向的水平位移引起的主拱圈拱顶下沉。② 在支架上砌筑主拱圈施工时拱架刚度不足。当砌筑块材主拱圈未形成整体强度前，随着拱架变形而发生的不可恢复的下挠。③ 施工时，未考虑支架压缩变形而未设主拱圈预拱度或预拱度值不足。主拱圈的实际拱轴线与设计的拱轴线相差较大，进而造成主拱圈受力状况与设计要求不符，如图 2-6-59 所示。

图 2-6-59　主拱圈拱顶下挠

主拱圈变形评定标准见表 2-6-11。

表 2-6-11　主拱圈变形

标度	评定标准
	定性描述
1	完好
2	—
3	主拱圈线形有轻微变形，或边拱有横移或外倾现象
4	主拱圈线形有较明显的变形，如拱顶变形、桥面竖向呈波形
5	主拱圈严重变形，或拱顶挠度大于限值，严重影响桥梁结构安全

（4）主拱圈横桥向裂缝。

◆病害原因及特征：

① 主拱圈的拱顶区段出现贯穿主拱圈宽度的横桥向裂缝，且裂缝两侧无明显的高差，同时主拱圈的拱顶部位下挠变形不大，可能的原因是桥台（基础）发生了向路堤方向的滑动（水平位移）。

② 主拱圈的拱顶区段出现贯穿主拱圈宽度的横桥向裂缝，且裂缝两侧有明显高差，可能的原因是墩台基础之间发生了过大的不均匀沉降差。

③ 主拱圈截面高度偏小，整体强度不足。

④ 实际的主拱圈拱轴线位置偏离设计拱轴线过大。

主拱圈出现横桥向裂缝，会改变主拱圈的受力体系，若同时存在拱脚明显的水平位移现象，则会造成拱顶竖向裂缝下端块材脱落、上端块材压碎现象，进而产生对主拱结构受力很不利的影响，如图 2-6-60 所示。

图 2-6-60　主拱圈拱顶横向裂缝

（5）主拱圈沿桥纵向裂缝。

◆病害原因及特征：

① 较宽的板拱桥主拱圈的沿桥纵向裂缝，若裂缝位置大致居中（主拱圈宽度方向）且纵向裂缝是由桥墩台身竖向向上发展至主拱圈，可能是墩、台基础在桥梁宽度方向的不均匀沉降差过大引起的。

② 主拱圈沿纵桥向裂缝大致在靠近拱上建筑侧墙内侧位置发生，在拱顶区段纵向裂缝的宽度较大，向拱脚方向裂缝宽度逐渐减小直至为零。这种主拱圈纵向裂缝可能是拱上填料及车辆作用下产生的侧墙的水平推力（土压力）较大而产生的受力裂缝。

③ 有的拱桥主拱圈外侧部分采用料石砌筑，砌缝严密，而主拱圈内采用片石砌筑，砌缝宽窄不一，由于两者受力变形的差异，也会沿料石砌筑和片石砌筑的交界处出现纵向裂缝，且一般情况下，这种纵向裂缝较长。

主拱圈沿桥纵向裂缝使主拱圈产生整体性破坏，被纵向裂缝分成两部分或数部分的拱圈受力及变形不同，对桥梁安全和稳定有较大影响，如图 2-6-61 所示。

图 2-6-61　主拱圈纵向裂缝（与桥台前墙裂缝贯通）

主拱圈裂缝评定标准见表 2-6-12。

表 2-6-12 主拱圈裂缝

标度	评定标准	
	定性描述	定量描述
1	完好	—
2	有少量轻微横向裂缝	横向裂缝缝长≤截面尺寸的 1/8，缝宽≤0.1 mm
3	有少量轻微横向裂缝	纵向裂缝缝长≤截面尺寸的 1/8，缝宽≤0.5 mm，或截面尺寸的 1/8<横向裂缝缝长≤截面尺寸的 1/2，0.1 mm<缝宽≤0.3 mm
4	结合面开裂或有较严重纵向、横向裂缝，缝宽超限	纵向裂缝缝长>截面尺寸的 1/8，缝宽>0.5 mm；或横向裂缝缝长>截面尺寸的 1/2，缝宽>0.3 mm
5	裂缝贯通截面或跨长，发生开合现象，或拱圈砌体严重断裂	缝宽>2.0 mm

（6）拱桥检测对策。

① 拱式系列桥上部结构检测时，应重点对主体结构的裂缝进行观测，若发现裂缝，应对裂缝的走向、宽度、深度等进行重点测试并分析成因，确保桥梁安全。

② 结合拱桥的受力特点，应重点检查主拱圈跨中拱顶、1/4 截面及拱脚等受力不利截面，采集桥梁重点部位的典型病害，作为桥梁评定的重要依据。

③ 检测过程中，应重点关注墩台不均匀沉降、侧墙变形等病害。

4. 板式橡胶支座病害分析及评定

桥梁支座设置在梁板体系中主梁与墩台之间，主要功能是将上部结构的各种荷载传递给墩台，并能适应上部结构的荷载、温度变化、混凝土收缩等各种因素所产生的自由变形（水平位移及转角），使上、下部结构的实际受力情况符合设计计算图式。由于支座，特别是空心板桥的板式橡胶支座，由于检查空间的限制，只能观察到一个方面的支座情况，因此检查时应更为仔细。承受荷载过大，桥梁变形较大，支座安装不平整、不到位，临时约束未解除等问题，都会引起支座病害，其中支座安装不当和临时约束未解除还会导致在后期运营过程主梁受力不均匀、局部应力过大、梁体开裂、桥墩偏移、支座损坏等病害，会引起桥梁主体结构劣化。

当支座出现病害时，将影响支座的原有功能，使上下部结构的受力发生改变，因此支座的病害检测也是定期检查的一项重要内容，在分析上部结构病害时，也应考虑支座病害的影响。

（1）板式橡胶支座常见病害和评定。

支座本身的常见病害共分 5 类：

① 裂纹——支座表面的龟裂裂纹。检测要求记录裂纹分布于支座的哪个侧面，记录下所有侧面中最大的裂纹宽度和水平裂纹长度占相应边长的百分数，记录时仅记长度属于以下哪个范围即可：<25%、25% ~ 50%、>50%。

板式支座老化变质、开裂评定标准见表 2-6-13。

表 2-6-13　板式支座老化变质、开裂评定标准

标度	评定标准	
	定性描述	定量描述
1	完好	—
2	轻微老化，表面有脏污，出现裂缝	裂缝宽度≤1.0 mm，裂缝长度>相应边长 10%
3	橡胶支座老化变形，裂缝较严重	1 mm<裂缝宽度≤2 mm，裂缝长度>相应边长的 25%
4	橡胶支座老化破裂，裂缝严重，且造成其他构件产生较严重病害	裂缝宽度> 2 mm，裂缝长度>相应边长的 25%
5	橡胶支座老化破裂，裂缝非常严重，已经失去正常支承功能，且使相关上下部结构受到异常约束，造成严重损坏，主梁出现严重变形	裂缝宽度> 2 mm，裂缝长度>相应边长的 50%

② 钢板外露——由于龟裂或支座制作不佳使板式橡胶支座内部的钢板裸露。检测要求记录钢板外露的长度，记录时记长度属于以下哪个范围：≥100 mm、<100 mm。

③ 不均匀鼓凸与脱胶——板式橡胶支座在荷载作用下，钢板间的橡胶向外发生均匀的凸起[见图 2-6-62（a）]属正常现象当橡胶与钢板黏结破坏时，发生支座钢板与橡胶脱胶，引起不均匀的鼓凸[见图 2-6-62（b）]。检测要求记录沿支座一侧的外鼓范围占该侧边长的百分数，记录时记长度属于以下哪个范围：<10%、10%～25%、>25%。

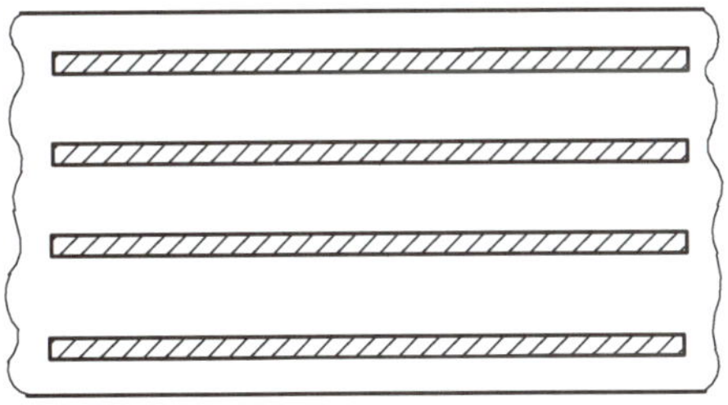
（a）橡胶均匀鼓凸

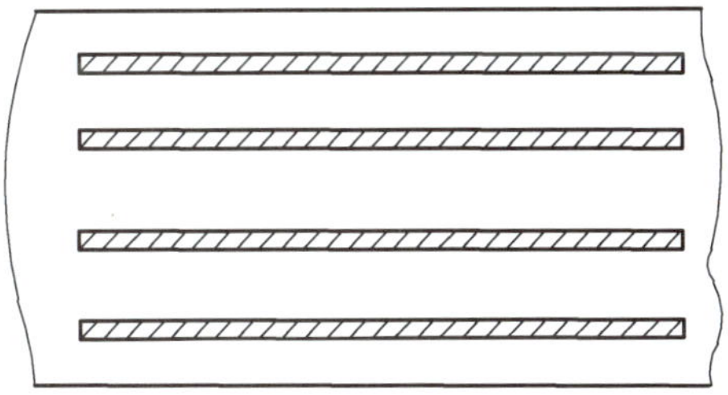
（b）橡胶不均匀鼓凸

图 2-6-62　橡胶支座橡胶均匀鼓凸和不均匀鼓凸示意图

板式支座缺陷评定标准见表 2-6-14。

表 2-6-14　板式支座缺陷评定标准

标度	评定标准	
	定性描述	定量描述
1	完好	—
2	有外鼓现象	沿支座一侧外鼓长度≤相应边长的 10%
3	外鼓现象较严重，或钢板局部外露	相应边长的 10%<沿支座一侧外鼓长度≤相应边长的 25%，或钢板外露长度> 100 mm
4	外鼓现象严重，或钢板大部分外露	沿支座一侧外鼓长度>相应边长的 25%，或钢板外露长度> 100 mm

④ 脱空——板式橡胶支座与桥梁底面及支承垫石顶面之间出现的缝隙大于支座相应边长25%（见图 2-6-63）。板式橡胶支座应与梁底面、底面应与支承垫石顶面全面积接触，局部脱空一方面造成支座局部压应力增加，另一方面支座脱空部位（顶面）与外界空气接触，容易进一步使橡胶老化。如果出现全脱空，则将改变支承梁板的受力图式。在检测时要求记录脱空属哪个面、脱空长度与相应边长的比值，当缝隙等于边长时，记为完全脱空。

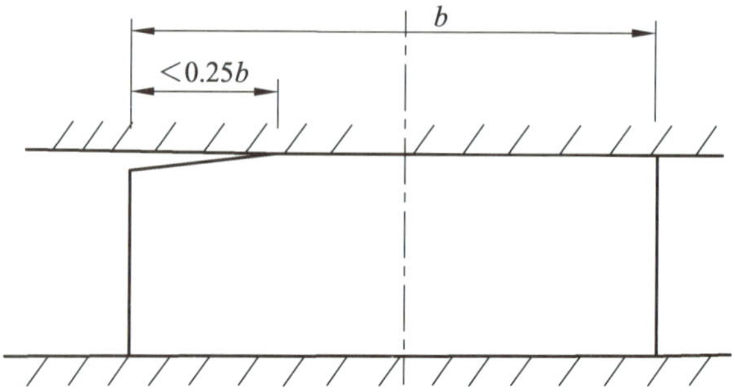

图 2-6-63　橡胶支座脱空病害示意图

⑤ 支座剪切变形过大——板式橡胶支座的恒载剪切变形 $\mathrm{tg}\alpha>0.45$（见图 2-6-64，当 $\mathrm{tg}\alpha=0.45$ 时，$\alpha=24.2°$）。检测时记录满足 $\mathrm{tg}\alpha>0.45$ 的支座的剪切变形的方向。

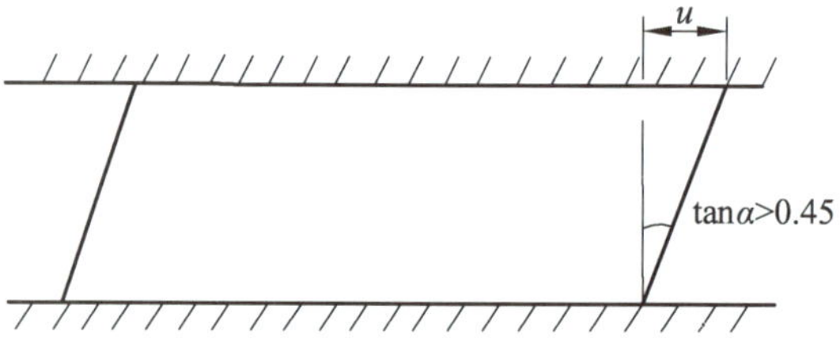

图 2-6-64　橡胶支座剪切变形过大病害示意图

板式支座位置串动、脱空或剪切超限评定标准见表 2-6-15。

表 2-6-15　板式支座位置串动、脱空或剪切超限评定标准

标度	评定标准	
	定性描述	定量描述
1	完好	—
2	支座出现剪切变形或位置略有偏移	—
3	支座出现剪切变形或位置有较大偏移	剪切角度≤45°
4	支座串动较严重，或出现脱空现象，或出现严重变形	串动长度≤相应边长的 25%，或45°<剪切角度≤60°
5	串动严重并造成桥梁其他构件出现较严重病害	串动长度>相应边长的 25%
	支座错位、串动、变形严重，已经失去正常支承功能，造成相关上下部结构严重损坏，主梁出现严重变形	剪切角度>60°

（2）板式橡胶支座典型病害。

板式橡胶支座典型病害如图 2-6-65～图 2-6-73 所示。

图 2-6-65　箱梁橡胶支座横向裂缝

图 2-6-66　箱梁橡胶支座横向裂纹

图 2-6-67　箱梁橡胶支座不均匀鼓凸

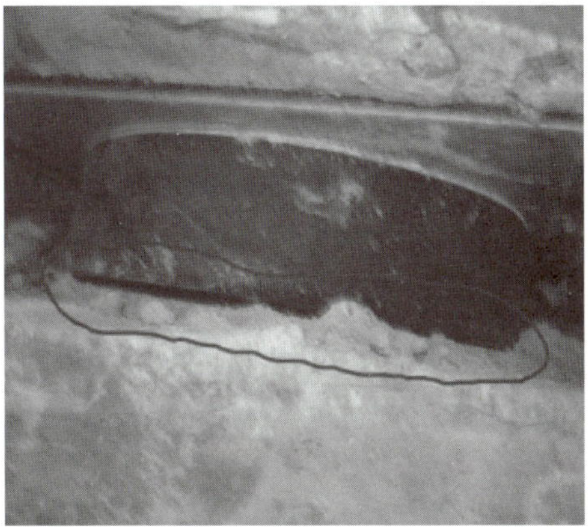

图 2-6-68　箱梁橡胶支座脱空

图 2-6-69　箱梁橡胶支座完全脱空失效

图 2-6-70　箱梁橡胶支座剪切变形过大

图 2-6-71　箱梁橡胶支座开裂严重

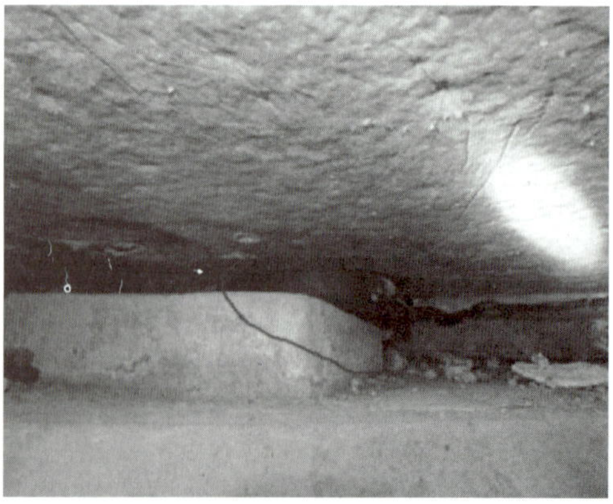

图 2-6-72　箱梁橡胶支座偏位严重

图 2-6-73　箱梁橡胶支座被土体掩埋

◆对策：

① 支座检查时，需仔细检查支座是否存在裂纹、钢板外漏、不均匀鼓凸与脱胶、脱空以及支座剪切变形过大等病害。

② 仔细查看盆式支座的临时约束是否解除。

5. 下部结构病害分析及评定

（1）重力式桥台。

① 桥台帽梁。

◆病害原因及特征：

重力式 U 形桥台帽梁由于横桥向尺寸较其他方向大，较常出现的是帽梁贯通的竖向裂缝，裂缝横向分布无明显规律，产生原因主要是由于帽梁横向变形受到约束，横桥向钢筋配置较小所致，如图 2-6-74 所示。部分竖向裂缝与台身竖缝相连，此类裂缝不属于以上原因，与台身裂缝成因相同。

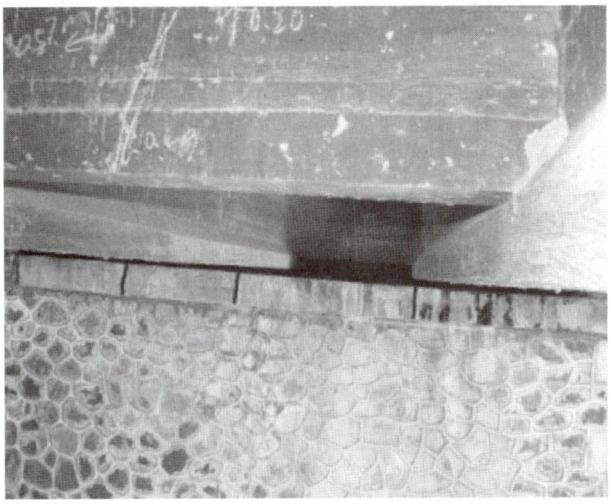

图 2-6-74　桥台帽梁竖向贯通裂缝

② 桥台台身。

◆病害原因及特征：

重力式桥台多为浆砌片石台身，台身容易产生外倾、竖向和斜向裂缝。病害产生的主要原因有：a. 台内未设排水设施或排水设施破坏，导致台内积水，压力增加大，侧墙或前墙外倾、开裂；b. 地基条件不佳，基础发生不均匀沉降，台身产生竖向裂缝；c. 台上通行重车较多，台内填料对台身压力增大，侧墙外倾、开裂。

实际检测时，以上原因中有两种甚至三种同时存在，由于不了解台内的情况，在分析桥台病害时存在较大难度。一般来说，因基础沉降引起的竖向裂缝形态为下宽上窄，裂缝从基础向上延伸，如图 2-6-75 所示。但当竖缝一侧桥台不是单纯竖向沉降，同时伴有侧扭时，裂缝也可能为下窄上宽，如图 2-6-76 所示。因台内排水不畅或台上荷载较大引起的裂缝一般从台上向下延伸，呈现上宽下窄的形态，多数伴有外倾现象。

◆典型示例：

某桥采用重力式 U 形桥台，在该桥 3#台两侧墙发现多道从台段向下延伸的竖向和斜向裂缝，裂缝均呈上宽下窄形态，台身前墙有渗水泛碱痕迹，台顶有明显下陷，桥头跳车明显，如图 2-6-77 ~ 图 2-6-79 所示。

图 2-6-75　基础不均匀沉降引起的桥台前墙竖向贯通裂缝

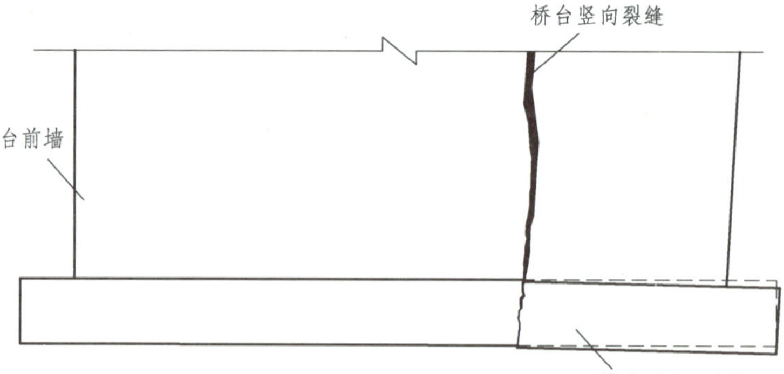

图 2-6-76　桥台基础不均匀竖向沉降并伴有侧扭时裂缝形态示意图

图 2-6-77　某桥因 3#台上跳车及台内排水不畅引起台内压力增加产生的侧墙两侧竖向裂缝

图 2-6-78　3#台上桥面下陷、桥头跳车明显

图 2-6-79　3#台侧墙裂缝

桥台裂缝评定标准见表 2-6-16。

表 2-6-16 裂缝评定标准

标度	评定标准	
	定性描述	定量描述
1	完好，无裂缝	—
2	网状裂缝：局部网状开裂	网状裂缝：累计面积≤构件面积的 20%，单处面积≤1.0 m^2
	从基础向上发展至台身的裂缝：缝宽未超限	从基础向上发展至台身的裂缝：缝长≤截面尺寸 1/5
	台身的水平裂缝：缝宽未超限	台身的水平裂缝：缝长≤台身宽的 1/8
	竖向裂缝：缝宽未超限	竖向裂缝：缝长≤截面尺寸的 1/3
	翼墙和前墙断裂的裂缝：出现开裂，缝宽未超限	翼墙和前墙断裂的裂缝：缝长≤截面尺寸的 1/3
	镶面石突出的裂缝：局部开裂	镶面石突出的裂缝：累计面积≤构件面积的 10%，单处面积≤0.5 m^2
3	网状裂缝：局部网状裂缝	网状裂缝：累计面积>构件面积的 20%，单处面积> 1.0 m^2
	从基础向上发展至台身的裂缝：缝宽未超限	从基础向上发展至台身的裂缝：截面尺寸的 1/5<裂缝长度≤截面尺寸的 1/3，间距≥20 cm
	台身的水平裂缝：缝宽未超限	台身的水平裂缝：台身宽的 1/8<裂缝长度≤台身宽的 1/2
	竖向裂缝：缝宽未超限	竖向裂缝：截面尺寸的 1/3<裂缝长度≤截面尺寸的 1/2，间距≥20 cm
	翼墙和前墙断裂的裂缝：出现开裂，缝宽超限	翼墙和前墙断裂的裂缝：截面尺寸的 1/3<裂缝长度≤截面尺寸的 2/3
	镶面石突出的裂缝：局部开裂	镶面石突出的裂缝：累计面积>构件面积的 10%，单处面积> 1.0 m^2
4	从基础向上发展至台身的裂缝：重点部位缝宽超限	从基础向上发展至台身的裂缝：缝长>截面尺寸的 1/3，间距<20 cm
	台身的水平裂缝：重点部位缝宽超限	台身的水平裂缝：缝长>台身宽的 1/2
	竖向裂缝：重点部位缝宽超限	竖向裂缝：缝长>截面尺寸的 1/2，间距<20 cm
	翼墙和前墙断裂的裂缝：出现开裂，缝宽超限	翼墙和前墙断裂的裂缝：缝长>截面尺寸的 2/3，缝宽>1.0 mm
5	桥台出现结构性裂缝，桥台变形失稳	缝宽>1.0 mm，缝长>台身宽的 2/3

（2）桥墩。

① 重力式桥墩。

重力式桥墩一般帽梁采用钢筋混凝土结构，墩身采用浆砌片石材料，由于体积较大，墩身多会出现竖向裂缝，如图 2-6-80 所示。帽梁由于配置钢筋，出现裂缝的情况较少。

图 2-6-80　重力式桥墩竖向裂缝

② 柱式桥墩。

柱式桥墩一般由盖梁、墩柱、承台和基础组成，定期检查时，重点检查以下内容：

a. 盖梁底面横向裂缝，正弯矩区梁底横缝、负弯矩区梁顶横缝，以及弯矩较大区域梁侧面的竖向裂缝，如图 2-6-81 所示；

b. 墩柱顶部和底部是否有环形裂缝；

c. 双柱式墩承台是否有竖向裂缝，如图 2-6-82 所示；

d. 支座相邻不等高的墩盖梁，雉墙上有无竖向裂缝，如图 2-6-84 所示；

e. 处理近海区域桥梁墩身、承台是否冲蚀现象等，如图 2-6-83 所示。

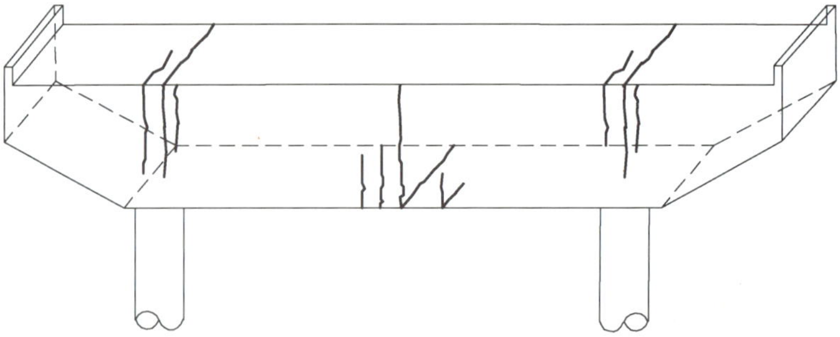

图 2-6-81　盖梁裂缝示意图

图 2-6-82　双柱式墩墩顶环形裂缝

图 2-6-83　柱式墩墩身冲蚀

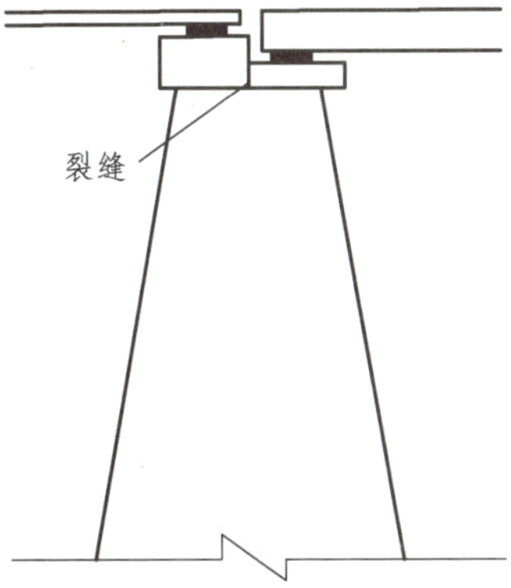

图 2-6-84　雉墙竖向裂缝

桥墩裂缝评定标准见表 2-6-17。

表 2-6-17　桥墩裂缝评定标准

标度	评定标准	
	定性描述	定量描述
1	完好，无裂缝	—
2	竖向裂缝：较少裂缝，缝宽未超限	网状裂缝：累计面积≤构件面积的 20%，单处面积≤1.0 m^2
	墩身的水平裂缝：较少裂缝，缝宽未超限 竖向裂缝：较少裂缝，缝宽未超限	墩身的水平裂缝：缝长≤墩身直径或墩身宽度的 1/8； 竖向裂缝：缝长≤截面尺寸的 1/5
	不等高的墩盖梁上的竖向裂缝：较少裂缝，缝宽未超限	不等高的墩盖梁上的竖向裂缝：缝长≤截面尺寸的 1/3
	悬臂桥墩角隅处的裂缝：较少裂缝，缝宽未超限	悬臂桥墩角隅处的裂缝：缝长≤截面尺寸的 1/3
	镶面石突出的裂缝：局部开裂	镶面石突出的裂缝：累计面积≤构件面积的 10%，单处面积≤0.51 m^2
3	网状裂缝：局部网状裂缝	网状裂缝：累计面积>构件表面积的 20%，单处面积>1.0 m^2
	从基础向上发展至墩身的裂缝：较多裂缝，缝宽未超限	从基础向上发展至墩身的裂缝：缝长≤截面尺寸的 1/3，间距≥50 cm
	墩身的水平裂缝：较多裂缝，缝宽未超限	墩身的水平裂缝：墩身直径或墩身宽度的 1/8<缝长≤墩身直径或墩身宽度的 1/2
	墩身的水平裂缝：较多裂缝，缝宽未超限	墩身的剪切破坏：缝长≤截面尺寸的 1/3
	竖向裂缝：较多裂缝，缝宽未超限	墩身的剪切破坏：缝长≤截面尺寸的 1/3
	不等高的墩盖梁上的竖向裂缝：较多裂缝，缝宽未超限	不等高的墩盖梁上的竖向裂缝：截面尺寸的 1/3<缝长≤截面尺寸的 2/3

续表

标度	评定标准	
	定性描述	定量描述
	不等高的墩盖梁上的竖向裂缝：较多裂缝，缝宽未超限	悬臂桥墩角隅处的裂缝：截面尺寸的 1/3<缝长≤截面尺寸的 1/2
	镶面石突出的裂缝：局部开裂，少量裂缝宽度超限	镶面石突出的裂缝：构件面积的 10%<累计面积≤构件面积的 20%，单处面积≤1.0 m^2
4	从基础向上发展至墩身的裂缝：存在大量裂缝，缝宽大多超限	从基础向上发展至墩身的裂缝：缝长>截面尺寸的 1/3，间距<50 cm
	墩身的水平裂缝：存在大量裂缝，缝宽大多超限	墩身的水平裂缝：缝长>墩身直径或墩身宽度的 1/2
	墩身的剪切破坏：缝宽大多超限	墩身的剪切破坏：缝长>截面尺寸的 1/3
	竖向裂缝：存在大量裂缝，缝宽大多超限	竖向裂缝：缝长>截面尺寸的 1/3，间距<30 cm
	悬臂桥墩角隅处的裂缝：缝宽超限	悬臂桥墩角隅处的裂缝：缝宽>截面尺寸的 1/2
	不等高的墩盖梁上的竖向裂缝：存在大量裂缝，缝宽大多超限，少部分混凝土出现剥落露筋	不等高的墩盖梁上的竖向裂缝：缝长>截面尺寸的 2/3
	不等高的墩盖梁上的竖向裂缝：存在大量裂缝，缝宽大多超限，少部分混凝土出现剥落露筋	镶面石突出的裂缝：累计面积>构件面积的 20%
5	不等高的墩盖梁上的竖向裂缝：存在大量裂缝，缝宽大多超限，少部分混凝土出现剥落露筋	—

（3）基础。

对裸露于地面的基础（包括水下基础）进行检测，由于水下能见度的不同，除采用水下拍照、摄影外，多数采用人工触摸的方法进行，图 2-6-85 ~ 图 2-6-87 为基础的常见病害照片。

（a）　　（b）

图 2-6-85　墩台基础冲刷

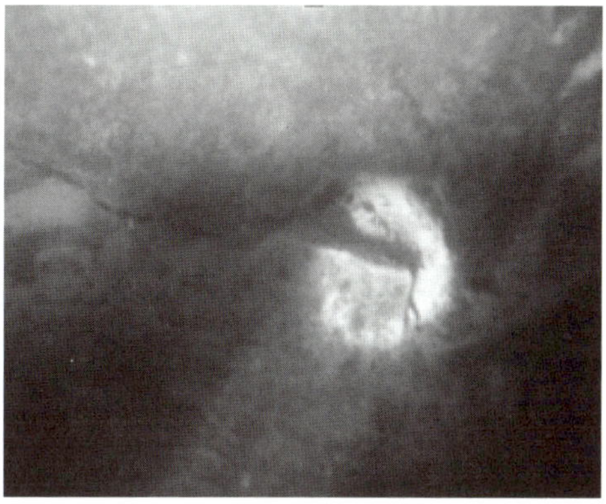

图 2-6-86　水下桩基表层砂浆剥落

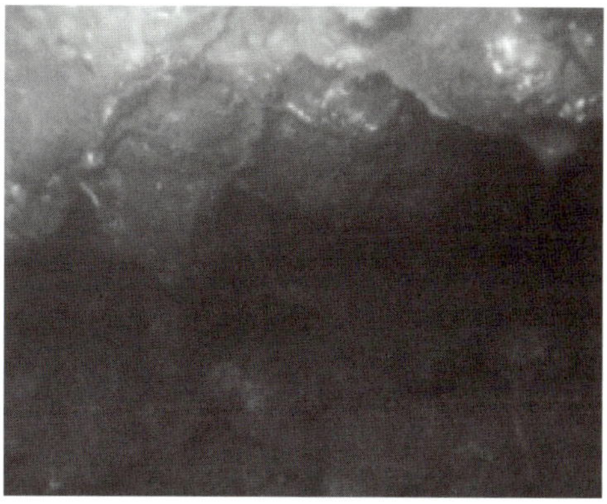

图 2-6-87　桥墩基础混凝土蜂窝

冲刷、淘空评定标准见表 2-6-18。

表 2-6-18　冲刷、淘空评定标准

标度	评定标准	
	定性描述	定量描述
1	完好	—
2	基础无冲蚀现象，表面长有青苔、杂草	—
3	基础有局部冲蚀现象，部分外露，但未露出基底	浅基被冲空，露出底面，冲刷深度大于设计值
4	浅基被冲空，露出底面，冲刷深度大于设计值	浅基被冲空，露出底面，冲刷深度大于设计值
5	浅基被冲空，露出底面，冲刷深度大于设计值，岸坡滑移或基础无法修复	基础冲空面积>20%

剥落、露筋评定标准见表 2-6-19。

表 2-6-19　剥落、露筋评定标准

标度	评定标准	
	定性描述	定量描述
1	完好	—
2	承台出现少量剥落露筋、锈蚀现象，或基础少量混凝土剥落	累计面积≤构件面积的 3%，单处面积≤0.25 m^2
3	承台较大范围出现剥落、露筋、锈蚀现象，或基础小范围出现剥落、露筋、锈蚀现象	构件面积的 3%<剥落、露筋累计面积≤构件面积的 10%，0.25 m^2<单处面积≤1.0 m^2
4	承台大范围出现严重剥落、露筋、锈蚀现象且混凝土出现严重锈蚀裂缝，或基础较大范围出现剥落、露筋，主筋严重锈蚀	构件面积的 10%<剥落、露筋累计面积≤构件面积的 20%，单处面积>1.0 m^2
5	基础大量剥落、露筋且主筋有锈断现象，基础失稳	基础剥落、露筋累计面积>构件面积的 20%，单处面积> 1.0 m^2

冲蚀评定标准见表 2-6-20。

表 2-6-20　冲蚀评定标准

标度	评定标准	
	定性描述	定量描述
1	完好	—
2	基础或承台有轻微磨损、腐蚀现象，个别部位表面磨耗，粗骨料显露	累计面积≤构件面积的 3%
3	基础或承台大范围被侵蚀，有磨损、缩颈、露筋或者环状冻裂现象；或桩基顶面出现较大空洞	构件面积的 3%<累计面积≤构件面积的 10%
4	混凝土腐蚀或钢筋大量锈蚀并有锈断现象；或有严重冻融现象，造成大面积混凝土胀裂	累计面积>构件面积的 10%

（4）下部结构检测对策。

① 对于重力式墩台，应重点检查桥台前墙、侧墙是否发生外倾，墩台身有无竖向和斜向裂缝产生，分析病害特征，判断病害产生原因，及时提出相应处理措施。

② 对于柱式桥墩，应仔细盖梁底面横向裂缝，正弯矩区梁底横缝、负弯矩区梁顶横缝，以及弯矩较大区域梁侧面的竖向裂缝；墩柱顶部和底部是否有环形裂缝；双柱式墩承台是否有竖向裂缝；支座相邻不等高的墩盖梁，雉墙上有无竖向裂缝。

③ 对裸露于地面的基础可通过肉眼检查；对于水下基础，由于水下能见度的不同，可采用水下拍照、摄影外，多数采用人工触摸的方法检查。

6. 桥面系病害分析及评定

（1）桥面铺装。

桥面铺装除了本身设计、施工缺陷和重车通行造成的病害外，需要注意的是，由于下部支承结构引起的病害，只有确定原因才能“对症下药”。而桥面铺装的破坏对铺装下结构的影响也很大，在分析病害时，不能单纯就事论事，要结合相关联的结构进行综合分析。

◆典型示例：

某 3×50 m 双曲拱桥，行车道板采用浅企口铰缝，桥面铺装为水泥混凝土桥面，未布置钢筋网，桥面未设伸缩缝。检测时发现桥面出现多道纵向和横向裂缝，纵缝位置为行车道板铰缝位置，横向裂缝位于行车道板端部，如图 2-6-88 所示。显然，桥面裂缝与行车道板的破坏有直接关系，由于桥面的破坏，雨水从板端和铰缝开裂处下渗，多块行车道板出现网状裂缝，如图 2-6-89 所示。0#台因桥台填料下沉，桥面铺装层下陷，造成桥头跳车，如图 2-6-90 所示。

水泥混凝土桥面铺装裂缝评定标准见表 2-6-21。

图 2-6-88　桥面纵横向裂缝

图 2-6-89　桥面板板端及铰缝渗水、板底网状裂缝

图 2-6-90　0#台填料下沉引起桥面铺装下陷

表 2-6-21　裂缝评定标准

标度	评定标准	
	定性描述	定量描述
1	完好	—
2	局部存在横向裂缝、纵向裂缝或斜裂缝，但未贯穿	裂缝缝宽< 3 mm
	板角处裂缝与纵横接缝相交	交点距角点距离≤1/2 板块边长，裂缝缝宽< 3 mm
	局部出现破碎板，但未发生松动、沉陷等病害	块板被分成 2 ~ 3 块
3	多数存在横向裂缝、纵向裂缝或斜裂缝，边缘有碎裂	裂缝缝宽≥3 mm 且≤10 mm
	板角处裂缝与纵横向接缝相交，边缘存在碎裂	交点距角点距离≤1/2 板块边长，3 mm≤裂缝缝宽≤10 mm
	出现较多破碎板，板块伴有松动、沉陷、唧泥等现象	每块板被分成 3 ~ 4 块
4	大部分存在横向裂缝、纵向裂缝或斜裂缝，边缘有碎裂，并伴有错台出现	裂缝缝宽>10 mm
	板角处裂缝与纵横向接缝相交，断角有松动	交点距角点距离≤1/2 板块边长，缝宽> 10 mm
	出现大量破碎板，板块伴有松动、沉陷、唧泥现象	每块板被分成 4 块以上

（2）伸缩缝。

① 很多检查单位忽视了伸缩缝的深入检查，未能及时发现伸缩缝间距不合理、焊接不牢等问题。焊接不牢会导致在后期运营过程中容易出现桥面开裂，跳车现象严重，桥面行车舒适度降低。伸缩缝间距不合理，伸缩量和梁体伸缩不匹配，会导致主梁或桥墩受力破坏。因此在对伸缩缝进行检测时，除常规的表观缺陷检测外，还要重点注意以下两点：

a. 对伸缩缝的宽度进行测量，对伸缩缝能否满足极端温度作用下的正常工作进行评价。

b. 量取伸缩缝两侧高差是否满足规范要求，是否产生跳车现象，导致行车不舒适。

图 2-6-91、图 2-6-92 是因为伸缩缝伸缩量不满足主梁夏季伸长的要求，导致桥墩受到过大水平推力，下端受拉开裂。

图 2-6-91　桥面伸缩缝抵死

图 2-6-92　伸缩缝伸缩量不足以致墩柱拉裂

② 同桥面铺装一样，伸缩缝的功能损坏常会造成其他结构的破坏，在检测时应予以重视。

◆典型示例：

某省道桥上部结构为 7×16.8 m 钢筋混凝土 I 形梁，梁底垫 180 mm×160 mm×80 mm 钢板支座，检测时发现桥面伸缩缝全部缺失，雨水下渗，梁端混凝土剥落严重，钢板支座全部锈蚀，如图 2-6-93、图 2-6-94 所示。

图 2-6-93　桥面伸缩缝全部缺失

图 2-6-94　梁端混凝土剥落严重、钢板支座锈蚀

伸缩缝装置破损评定标准见表 2-6-22。

表 2-6-22　破损评定标准

标度	评定标准	
	定性描述	定量描述
1	完好	—
2	锚固构件松动、缺失，或焊缝开裂	数量≤10%
	橡胶条轻微损坏、老化	数量≤20%
	排水管发生轻微破损，但不影响功能	—
3	锚固构件松动、缺失，或焊缝开焊，造成钢板破损	数量>20%
	橡胶条老化剥离	—
	焊接处大部分出现裂缝，但未断裂	—
	防水材料老化并有局部脱落现象，或排水管破损、堵塞，尚能维持功能	—
4	严重老化，锚固构件松动、缺失，或焊缝开焊，造成钢板破损失效	数量>20%
	焊接处出现剪断现象，或钢板其他部位出现剪断现象	—
	橡胶条完全剥离或脱落	—
	防水材料老化，完全脱落，或排水管完全堵塞失效	—

7. 钢筋锈蚀病害分析

钢筋锈蚀病害对结构的耐久性和承载能力影响非常大，因此普通裂缝和钢筋锈蚀引起裂缝对结构的影响是不同的，所以在现场检测时，检测人员需区分两者，并在检测报告中针对钢筋锈蚀引起的裂缝提出不同的维修加固建议。

（1）钢筋锈蚀引起的裂缝成因。

混凝土中钢筋产生锈蚀后，由于锈皮会吸湿产生化学反应而膨胀，其体积将增大 2 ~ 4 倍，从而胀裂混凝土保护层，产生裂缝。对钢筋锈蚀引起的裂缝，要分析裂缝的成因，首先需分清先锈后裂还是先裂后锈。

① 先锈后裂裂缝。

a. 混凝土保护层碳化。

钢筋混凝土保护层起到保护钢筋作用的机理是因为混凝土保护层具有弱碱性，与钢筋表面产生一层钝化膜，从而保护钢筋不被锈蚀，俗称碱性保护。但混凝土与空气中的二氧化碳由水通过毛细孔与混凝土中氢氧化钙发生化学反应转化为中性的碳酸钙和水，使这部分混凝土由碱性变成中性，也即 pH 由原来的 13 降低到 8 ~ 10，这就是混凝土碳化。当保护层完全碳化时，钢筋就失去了碱性保护，在钢筋表面不能继续生成钝化膜。当外界有腐蚀物质时，通过毛细孔渗入到钢筋表面而锈蚀，从而胀裂混凝土保护层，这就是由内而外的“先锈后胀”，如图 2-6-95 所示。

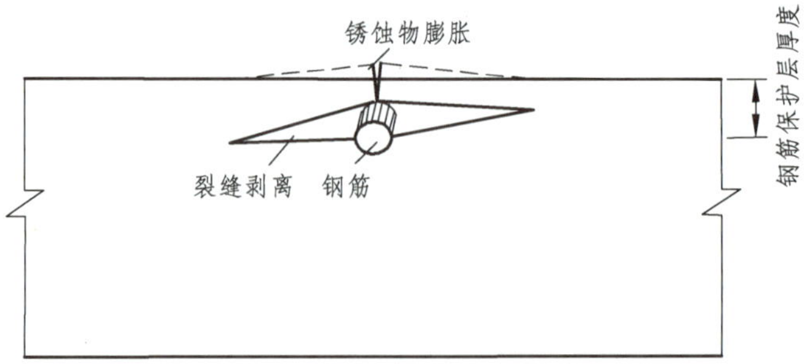

图 2-6-95　钢筋锈蚀后内部混凝土发生层离现象

b. 氯离子侵蚀引起锈蚀。

氯离子存在于盐中，如氧化钠、氯化钙。当混凝土中含有氯离子时，混凝土碱度虽然较高，钢筋周围的混凝土尚未碳化，此时钢筋也可能会出现锈蚀。这是因为氯离子半径小，活性大，具有很强穿透钝化膜的能力，氯离子首先吸附在钝化膜有缺陷处，与氢氧化铁反应成易溶的氯化铁，使钝化膜局部破坏，产生坑蚀。

氯离子的来源主要有两种：

内掺型：一般出现于北方 20 世纪 50 年代修建的桥梁，冬季施工时为防冻，常在混凝土中掺加氯盐（氯化钙），造成钢筋锈蚀，如图 2-6-96 所示。

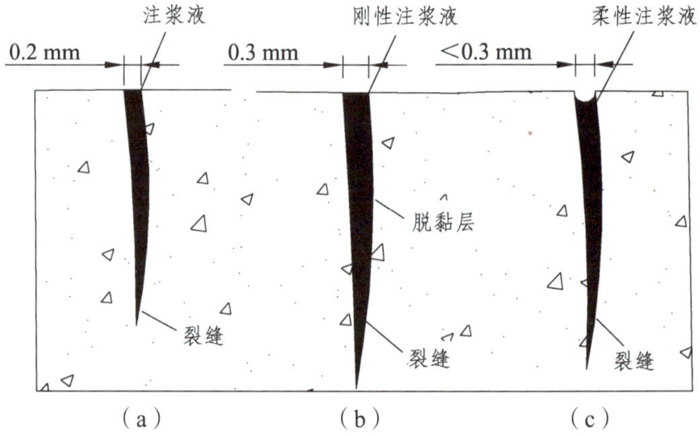

图 2-6-96　氯化物通过接缝引起钢筋锈蚀

外渗型：在化工厂附近或海边地区的桥梁，由于所处环境氯离子含量较高，由氯离子渗入引起钢筋锈蚀而胀裂混凝土层，如图 2-6-97 所示。

图 2-6-97　钢筋锈蚀引起混凝土剥离

② 先裂后锈裂缝。

先裂后锈主要有以下三种情况：

a. 结构受力裂缝或混凝土收缩裂缝等宽度过大，外界腐蚀物质有直接通道与钢筋接触而锈蚀钢筋。

b. 酸雨腐蚀混凝土保护层继而锈蚀钢筋。

c. 骨料膨胀引起混凝土裂缝后再锈蚀钢筋。

钢筋锈蚀后，钢筋体积的膨胀加速了裂缝的扩展，导致保护层混凝土剥落，又进一步加剧钢筋锈蚀，如图 2-6-98 所示。

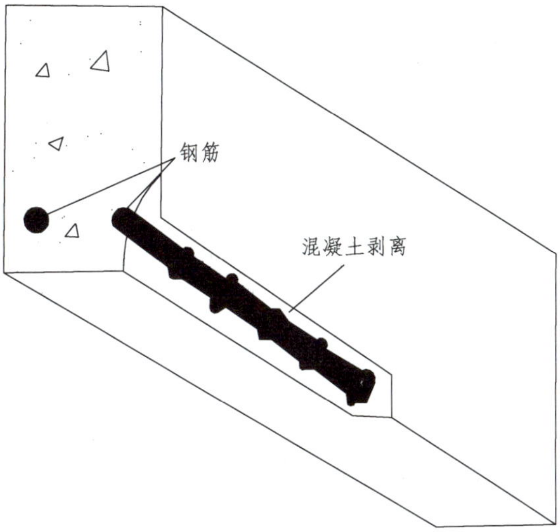

图 2-6-98　混凝土剥落引起钢筋锈蚀

（2）检测时的注意要点。

钢筋锈蚀引起的裂缝形态一般是顺筋向的。对先锈后裂的混凝土构件，实际上在钢筋锈蚀早期，构件内部已有层离裂缝存在，但外部还未出现裂缝。此时可用小锤轻敲听声，有空壳声表示内部已有层离裂缝起壳，然后凿开检查。

这类因钢筋锈蚀后产生的顺筋向裂缝，在评定时不能用规范中对荷载裂缝的宽度限值作为标准评定。当构件表面出现顺筋向裂缝，并确定是由于内部钢筋锈蚀所引起，即使表面顺筋向裂缝宽度小于受力裂缝宽度限值 0.2 mm，甚至在 0.1 mm 以下时，也应及时维修。有起壳声表明已层离，应及时凿除、除锈、修补，防止外界腐蚀性物质渗入，使钢筋进一步锈蚀。

（3）钢筋锈蚀的危害。

① 钢筋黏结力减弱，降低结构承载能力；

② 钢筋截面减小，降低承载结构承载能力；

③ 钢筋锈蚀后易产生应力集中，增加脆性；

④ 预应力钢筋锈蚀后，在高应力作用下加快锈蚀，即所谓应力腐蚀现象。

第七节 桥梁材质检测

桥梁材质检测是桥梁技术状况评定及承载能力评定的重要数据来源，需对桥梁结构材料质量存在的缺损状况及强度进行详细检测、试验及采集，属于桥梁专门检测范畴。根据结构及缺损的类型、位置和检测技术等要求可选择表面测量、无破损检测及半破损检测等。

材质检测内容及方法如图 2-7-1 所示。

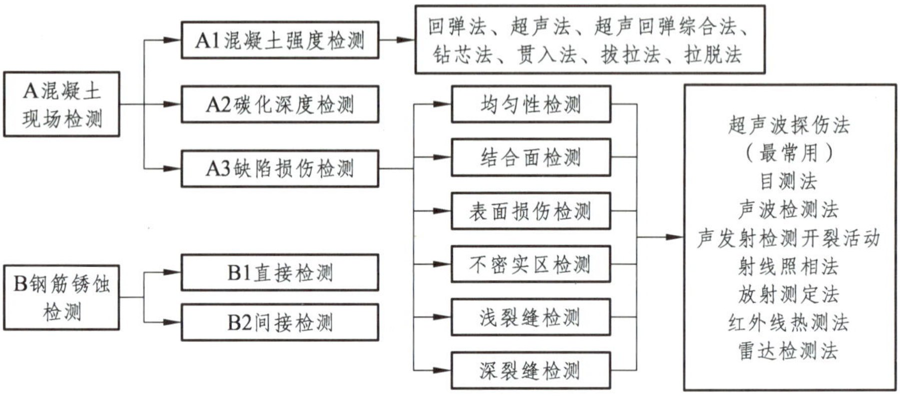

图 2-7-1 材质检测方法

一、混凝土强度的现场检测

检测、评定没有或缺乏技术资料的桥梁时，需直接测定实桥结构材料的机械力学性能。即使技术资料较为完整，为了检验结构材料的实际情况是否与资料相符，也需测定桥梁材料的机械力学性能。因此，混凝土强度的现场检测也很重要。

目前混凝土强度的现场检测方法主要有非破损检测法和半（微）破损检测法。非破损检测法主要有回弹法、超声波法、超声-回弹综合法等。半（微）破损检测法主要有拔出法、钻芯法、拔脱法、射击法等。其中，最常用的方法有回弹法、钻芯法超声-回弹综合法、拔出法等。

1. 钻芯法检测混凝土强度

（1）钻芯法的定义。

钻芯法是利用专用钻机和人造金刚石空心薄壁钻头，从结构中钻取混凝土芯样以检测混凝土强度和检查混凝土内部缺陷的方法。由于它对结构混凝土造成局部损伤，因此它是一种局部破损的检测方法，是检测结构混凝土质量的重要方法，在确定结构混凝土强度的各种检测方法中是最准确的。

（2）钻芯法的特点。

① 优点：方法简单，结构信息直接、真实，不需要进行某种物理量（例如回弹法的表面硬度）与强度之间的换算。因此是一种直观、可靠、准确的方法。

② 缺点：局部破损（微破损），对结构造成局部损害；测试成本也较高、工时较长，移动不够方便。

依据《钻芯法检测混凝土强度技术规程》(CECS 03—2007)，钻芯法适用于检测结构中强度不小于 10 MPa 或者不大于 80 MPa 的普通混凝土强度，主要用于下列情况：

a. 对试块抗压强度的测试结果有怀疑时；

b. 因材料、施工或养护不良而发生混凝土质量问题时；

c. 混凝土遭受冻害、火灾、化学侵蚀或其他损害时；

d. 需检测经多年使用的结构物（如旧桥）中的混凝土强度时；

e. 对其他间接测试方法（回弹、超声-回弹、后装拔出法等）的结果进行修证、验证，甚至仲裁；

（3）钻芯取样的主要设备。

① 钻取芯样的钻芯机（见图 2-7-2）。

② 加工芯样符合试验尺寸要求的锯切机。

③ 加工芯样消面的研磨机。

④ 探测钢筋位置的磁感仪、雷达等。

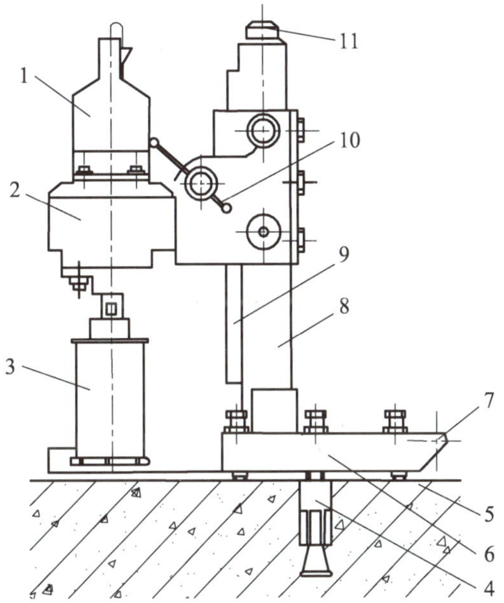

1—电机机；2—变速箱；3—钻头；4—膨胀螺栓；5—支承螺丝；6—底座；7—行走轮；8—立柱；9—升降齿条；10—进钻手柄；11—堵盖。

图 2-7-2　钻芯机

（4）芯样钻取要求。

① 芯样钻取位置应尽量选在结构或构件受力较小的部位；选取混凝土强度有代表性的部位；取芯位置应尽量避开钢筋、管线；用钻芯法与非破损法综合测定强度时，应与非破损法取同一测区。钻取芯样后的构件应及时对孔洞进行修补，修补可采用环氧树脂微膨胀细骨料混凝土。

② 按单个构件检测时，每个构件的芯样数不应少于 3 个，较小构件可取 2 个。按批量检测时，标准芯样试件的最小样本不宜少于 15 个，小直径芯样试件的最小样本量可适当增加。

③ 芯样公称直径不宜小于骨料最大粒径的 3 倍，并不应小于 70 mm 且不得小于骨料最大

粒径的 2 倍。芯样直径一般为 100 mm 或 150 mm，芯样的高度直径比应在 1 ~ 2 的范围内。

（5）芯样加工。

① 锯切芯样。

a. 抗压芯样试件的高度与直径之比（H/d）宜为 1.00。

b. 采用锯切机加工芯样试件时，应将芯样固定，并使锯切平面垂直于芯样轴线。锯切过程中应冷却人造金刚石圆锯片和芯样。

c. 抗压芯样试件内不宜含有钢筋。标准芯样试件，每个试件内最多只允许有两根直径小于 10 mm 的钢筋；公称直径小于 100 mm 的芯样试件，每个试件内最多只允许有一根直径小于 10 mm 的钢筋；芯样内的钢筋应与芯样试件的轴线基本垂直并离开端面 10 mm 以上，劈裂抗拉芯样试件在劈裂破坏面内不应含有钢筋，抗折芯样试件内不应有纵向钢筋。

② 端面加工。

锯切后的芯样应进行端面处理，抗压强度高于 40 MPa 可采取在磨平机上磨平端面的处理方法。承受轴向压力芯样试件端面，也可采取下列处理方法：

a. 用环氧胶泥或聚合物水泥砂浆补平。

b. 抗压强度低于 40 MPa 的芯样试件，可采用水泥砂浆、水泥净浆或聚合物水泥砂浆补平，补平层厚度不宜大于 5 mm；也可采用硫磺胶泥补平，补平层厚度不宜大于 1.5 mm。补平层应与芯样结合牢固，以使受压时补平层与芯样结合面不提前破坏。

c. 劈裂抗拉芯样试件和抗折芯样试件的断面处理，宜采取在磨平机上磨平端面的处理方法。

③ 在试验前应按下列规定测量芯样试件尺寸：

a. 平均直径用游标卡尺在芯样试件中部相互垂直的两个位置上测量，取测量的算术平均值作为芯样试件的直径，精确至 0.5 mm，如图 2-7-3（d）所示；

b. 芯样试件高度用钢卷尺或钢板尺进行测量，精确至 1 mm，如图 2-7-3（a）所示；

c. 垂直度用游标量角器测量芯样试件两个端面与母线的夹角，取最大值作为芯样试件的垂直度，精确至 0.1°，如图 2-7-3（c）所示；

d. 平整度用钢板尺或角尺紧靠在芯样试件端面上，一面转动钢板尺，一面用塞尺测量钢板尺与芯样试件端面之间的缝隙，取最大缝隙为芯样试件的平整度，如图 2-7-3（b）所示；也可采用其他专用设备量测。

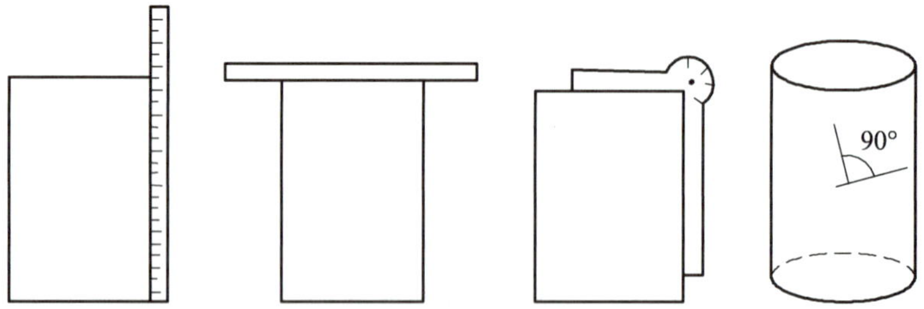

（a）测高度　（b）测平整度　（c）测垂直度　（d）测平均直径

图 2-7-3　芯样尺寸测量示意图

④ 芯样试件尺寸偏差及外观质量超过下列数值时，相应的测试数据无效：

a. 芯样试件的实际高径比（h/d）小于要求高径比的 0.95 或大于 1.05 时；

b. 沿芯样试件高度的任一直径与平均直径相差大于 2 mm；

c. 抗压芯样试件端面的不平整度在 100 mm 长度内大于 0.1 mm；

d. 芯样试件端面与轴线的不垂直度大于 1°；

e. 芯样有裂缝或有其他较大缺陷。

（6）抗压强度计算。

芯样试件抗压强度值可按式（2-7-1）计算：

$$f_{cu,cor}=\beta F_c/A_c \tag{2-7-1}$$

式中：$f_{cu,cor}$——芯样试件的混凝土抗压强度值（MPa），精确至 0.1 MPa；

F_c——芯样试件抗压试验的破坏荷载（N）；

A_c——芯样试件抗压截面面积（mm^2）；

β——高径比换算系数，见表 2-7-1。

表 2-7-1　高径比换算系数

高径比（h/d）	1.0	1.1	1.2	1.3	1.4	1.5	1.6	1.7	1.8	1.9	2.0
系数 β	1.00	1.04	1.07	1.10	1.13	1.15	1.17	1.19	1.21	1.22	1.24

2. 回弹法现场检测混凝土强度

回弹法是采用回弹仪的弹簧驱动重锤，通过弹击杆弹击混凝土表面，并以重锤被反弹回来的距离（回弹值指反弹距离与弹簧初始长度之比）作为强度相关指标来推算混凝土强度的一种方法，属于表面硬度法的一种。回弹法主要测试仪器是回弹仪。

回弹法在我国应用相当广泛，这不仅是由于回弹法设备简单、操作方便、测试迅速，更是我国已经解决了回弹法使用精度不高和不能推广的关键问题。回弹值影响因素（如操作方法、仪器性能、气候条件等）较多，使用不当会产生较大的误差。根据《回弹法检测混凝土抗压强度技术规程》（JGJ/T 23—2011）的规定，回弹法检测具体步骤如下：

（1）测区与测点的选择。

① 单个检测时，应在每个构件上均匀布置测区；对一个方向的尺寸不小于 4.5 m，另一个方向的尺寸不小于 0.3 m 的构件，测区数不应少于 10 个；当不满足上述条件时，测试区不应少于 5 个。

② 批量检测时，抽检数量不得少于同批构件总数的 30%，且不少于 10 件，每个构件测区数量不应少于 10 个。

③ 测区应选在使用回弹仪处于水平方向的混凝土浇筑侧面，当不满足这一要求时，可使回弹仪处于非水平方向的混凝土浇筑侧面、表面、底面。

④ 测区表面应清洁、平整、干燥，不应有接缝、饰面层、粉刷层、油垢、蜂窝、麻面等（否则所测回弹值会偏低），必要时可用砂轮、粗砂纸等清除杂物，磨平不平整处，并擦去残留灰尘、灰屑。

⑤ 相邻两测区的间距应控制在 2 m 以内，测区离构件边缘的距离不宜大于 0.5 m，且不宜小于 0.2 m。

⑥ 测区宜在构件的可测表面上均匀分布，并应避开位于混凝土内保护层附近设置的钢筋

和预埋铁件。对弹击时产生颤动的薄壁、小型构件，应进行固定。

⑦ 测区宜在构件的两相对表面上有两个基本对称的测试面，如不能满足这一要求时，一个测区允许只有一个测面。

⑧ 测区的面积不宜大于 0.04 m^2（20 cm×20 cm）。

⑨ 测点宜在测区范围内均匀分布，相邻两测点的间距一般不小于 20 mm。测点距构件边缘或外露钢筋、铁件的距离一般不小于 30 mm。测点不应在气孔和外露石子上。

⑩ 同一测点只能弹击一次，每个测区应记取 16 个回弹值。

（2）测区平均回弹值的计算。

① 当回弹仪水平方向测试混凝土浇灌方向的侧面时，应从测区两个相对测试面的 16 个回弹值中，分别去除 3 个最大值与 3 个最小值，剩余的 10 个回弹值按式（2-7-2）计算。

$$R_{\mathrm{m}}=\sum R_i/10 \tag{2-7-2}$$

式中：R_{m}——测区平均回弹值；

R_i——第 i 个测点回弹值。

② 非水平方向检测混凝土浇筑侧面时，测区的平均回弹值应按式（2-7-3）修正。

$$R_{\mathrm{m}}=R_{\mathrm{m}\alpha}+R_{\mathrm{a}\alpha} \tag{2-7-3}$$

式中：$R_{\mathrm{m}\alpha}$——非水平状态检测时测区的平均回弹值，精确至 0.1；

$R_{\mathrm{a}\alpha}$——非水平状态检测时回弹值修正值，按《回弹法检测混凝土抗压强度技术规程》（JGJ/T 23—2011）附录 C 取值。

③ 水平方向检测混凝土浇筑表面或浇筑底面时，测区的平均回弹值应按下列公式修正：

$$R_{\mathrm{m}}=R_{\mathrm{m}}^{\mathrm{t}}+R_{\mathrm{a}}^{\mathrm{t}} \tag{2-7-4}$$

$$R_{\mathrm{m}}=R_{\mathrm{m}}^{\mathrm{b}}+R_{\mathrm{a}}^{\mathrm{b}} \tag{2-7-5}$$

式中：$R_{\mathrm{m}}^{\mathrm{t}}$、$R_{\mathrm{a}}^{\mathrm{t}}$——水平方向检测混凝土浇筑表面、底面时测区的平均回弹值，精确至 0.1；

$R_{\mathrm{m}}^{\mathrm{b}}$、$R_{\mathrm{a}}^{\mathrm{b}}$——混凝土浇筑表面、底面回弹值的修正值，按《回弹法检测混凝土抗压强度技术规程》（JGJ/T 23—2011）附录 D 取值。

④ 当回弹仪为非水平方向，且测试面为混凝土的非浇筑侧面时，应先对回弹值进行角度修正，并应对修正后的回弹值进行浇筑面修正。即：先修正角度，再修正浇筑面。

（3）测区平均碳化深度的计算。

混凝土碳化深度会直接影响混凝土表面硬度，故应考虑混凝土碳化深度对混凝土强度的影响。

回弹法测量完成后，选取有代表性的位置测量碳化深度，测点不应少于构件测区数量的 30%，且不应少于 3 次，当出现测区碳化深度值极差大于 2.0 mm 时，预示混凝土强度不均匀，要求每一测区测量碳化深度。测量碳化深度值时，可用钻头、凿子等合适的工具在测区表面凿成直径 15 mm 的孔洞，其深度大于混凝土的碳化深度，然后除净孔洞中的粉末和碎屑（不得用水冲洗），立即用浓度为 1% 的酚酞酒精溶液滴在孔洞内壁的边缘处，再用深度测量工具测量已碳化与未碳化混凝土交界面（颜色变化处）到混凝土表面的垂直距离 n 次，每次读数精确至 0.25 mm，取 n 次读数的平均值为该测区混凝土的碳化深度值，精确至 0.5 mm。

在测区中选中 n 个碳化深度测点，得到相应碳化深度测量值，即可按式（2-7-6）进行平均碳化深度值的计算。

$$d_m = \sum d_i / n \tag{2-7-6}$$

式中：d_m——测区平均碳化深度值（mm），计算至 0.5 mm；

d_i——第 i 个测点的混凝土碳化深度测量值（mm）；

n——测区碳化深度测量点数，n 一般为 3。

根据测区混凝土碳化深度值按规范确定混凝土强度。

（4）测区混凝土强度计算。

构件第 i 个测区混凝土强度换算值 $f_{cu,i}^{c}$ 可由平均回弹值 R_m 和平均碳化深度值 d_m 查测区混凝土强度换算表（JTJ/T 23—2011 的附录 A）可得。

构件混凝土强度平均值 $m_{f_{cu,i}^{c}}$ 依据式（2-7-7）计算。

$$m_{f_{cu,i}^{c}} = f_{cu,i}^{c} / n \tag{2-7-7}$$

式中：$m_{f_{cu,i}^{c}}$——结构或构件测区混凝土强度换算值的平均值（MPa），精确至 0.1 MPa；

n——单个检测时，为构件上测区总和；抽样检测时，为各抽检测区总和。

标准差 $S_{f_{cu}^{c}}$ 按式（2-7-8）计算。

$$S_{f_{cu}^{c}} = \sqrt{\frac{\sum_{i=1}^{n}(f_{cu,i}^{c})^2 - n(m_{f_{cu}^{c}})^2}{n-1}} \tag{2-7-8}$$

结构或构件的混凝土强度推定值 $f_{cu,e}$ 应按下列公式确定：

当该结构或构件测区数少于 10 个时：

$$f_{cu,e} = f_{cu,min} \tag{2-7-9}$$

式中：$f_{cu,min}$——构件中最小的测区混凝土强度换算值。

① 当该结构或构件测区强度值出现小于 10.0 MPa 时：

$$f_{cu,e} = 10.0\ \text{MPa} \tag{2-7-10}$$

② 当该结构或构件测区数不少于 10 个或按批量检测时：

$$f_{cu,e} = m_{f_{cu}^{c}} - 1.645 \times S_{f_{cu}^{c}} \tag{2-7-11}$$

对按批量检测的构件，当该批构件混凝土强度标准差出现下列情况之一时，该批构件应全部按单个构件检测：

① 当该批构件混凝土强度平均值小于 25 MPa、$S_{f_{cu}^{c}}$ 大于 4.5 MPa 时；

② 当该批构件混凝土强度平均值不小于 25 MPa 且不大于 60 MPa、$S_{f_{cu}^{c}}$ 大于 5.5 MPa 时。

承重构件实测强度状况评定标准可以按照表 2-7-2 来评定。

表 2-7-2 实测强度状况评定标准

K_{bt}	K_{bm}	强度状态	评定标度值
$K_{bt}\geqslant 0.95$	≥1.00	良好	1
$0.95>K_{bt}\geqslant 0.90$	≥0.95	较好	2
$0.90>K_{bt}\geqslant 0.80$	≥0.90	较差	3
$085>K_{bt}\geqslant 0.70$	≥0.85	差的	4
$K_{bt}<0.70$	<0.85	危险	5

3. 超声回弹综合法检测混凝土强度

无损法检测混凝土强度，还有一种常用的方法是用超声波的方法来检测混凝土强度。当声波在混凝土中传播时，其纵波波速的平方与混凝土的弹性模量成正比，与密度成反比，而混凝土的强度又与其密度有关。一般来说，声波在混凝土中传波速度越快，其强度就越高。利用声速与混凝土强度的关系来检测混凝土强度的方法即为超声法。

单独采用回弹法和超声法均有其缺陷。对回弹法来说，如果检测条件与测强曲线的适用条件差异较大，且又未能以钻芯取样法时，此时精度就不高。采用超声法时，其精度也在很大程度上取决于检测条件与测强曲线所适用条件直接的差异。所以工程中很少单独采用超声法来测量混凝土强度。

超声回弹综合法是以超声波穿透试件内部的声速值和试件表面硬度的回弹值来综合检测结构混凝土的抗压强度的方法。这一方法是 20 世纪 60 年代研究开发出的一种无损检测法，与单一方法比较，其精度高，适用范围广，在我国建工、公路、铁路系统已广泛应用。

综合法中超声波检测仪合格工作频率为 10 ~ 250 kHz 的模拟式或数字式低频超声仪。换转器的工作频率一般为 50 ~ 100 kHz，常用的换转器具有厚度振动方式和径向振动方式两类。

转换器的布置方式以测试位置的不同，可有对测法、角测法、平测法三种方法。超声测点应布置在回弹测试的同一测区内，每一测区应布置 3 个测点。超声测试宜采用对测，当被测构件不具备对测条件时，可采用角测或平测。转换器布置如图 2-7-4 所示。

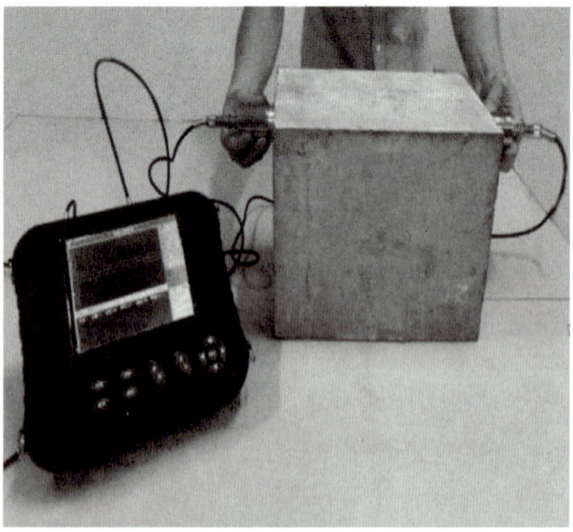

（a）对测法

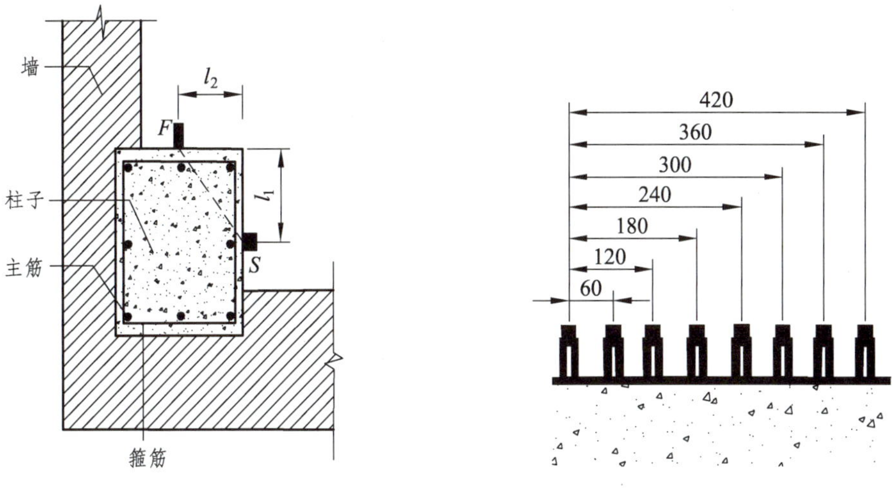

（b）角测法　　　　（c）平测法

图 2-7-4　换能器探头的布置方法

综合法的测区及其尺寸等相关要求与回弹法基本相同，但应注意以下两点：

（1）采用平测法，测区宜为 400 mm×400 mm。

（2）对于每一测区，应先回弹测试，后超声测试。

超声对测或角测时，回弹测试应在测区内超声波的发射面和接收面各测读 5 个回弹值。超声平测时，回弹测试应在测区内超声波的发射测点和接收测点之间测读 10 个回弹值。每一测点回弹值的测读应精确至 1，且同一测点应只允许弹击 1 次。

测区回弹代表值应从测区的 10 个回弹值中剔除 1 个最大值和 1 个最小值，并应用剩余 8 个有效回弹值按式（2-7-12）计算。

$$R_a = \sum R_i / 8 \tag{2-7-12}$$

式中：R_a——测区回弹代表值，精确至 0.1；

R_i——第 i 个测点的有效回弹值。

测试时回弹仪处于非水平状态，同时测试面又是非混凝土浇筑方向的侧面，测得的回弹值应先进行角度修正，然后对角度修正后的值再进行表面或底面修正。综合法的修正等相关要求与回弹法基本相同。

当在混凝土浇筑方向的侧面对测时，测区混凝土中声速代表值应按式（2-7-13）计算。

$$v_d = \frac{1}{3}\sum_{i=1}^{3}\frac{l_i}{t_i - t_0} \tag{2-7-13}$$

式中：V_d——测区混凝土中声速代表值（km/s）；

l_i——第 i 个测点的超声测距（mm）；

t_i——第 i 个测点的声时读数（μs）；

t_0——声时初读数（μs）。

当在混凝土浇筑的表面或底面对测时，测区混凝土中声速代表值应按《超声回弹综合法检测混凝土抗压强度技术规程》(T/CECS 02—2020)的有关规定修正，声速修正系数 β=1.034。

按上述方法求出测区回弹代表值 R_{ai} 和声速代表值 V_{ti} 后，应优先采用专用测强曲线或地区测强曲线进行强度验算。当无专用和地区测强曲线时，可按《超声回弹综合法检测混凝土抗压强度技术规程》(T/CECS 02—2020)规定的方法进行验证后，再按该规程的测区混凝土抗压强度换算表来换算，也可按式(2-7-14)进行强度换算。

$$f_{cu,i}^{c}=0.0286v_{ai}^{1.999}R_{ai}^{1.155} \tag{2-7-14}$$

式中：$f_{cu,i}^{c}$——第 i 个测区混凝土抗压强度换算值(MPa)，精确至 0.1 MPa；

R_{ai}——第 i 个测区修正后的测区回弹代表值；

V_{ai}——第 i 个测区修正后的测区声速代表值。

超声回弹综合法结构或构件的混凝土强度推定值 $f_{cu,e}$ 的计算及评定与回弹法基本相同，所不同的是，当一批构件的抗压强度平均值 $m_{f_{cu,i}^{c}}$ >50.0 MPa 时，标准差 S_f>6.5 MPa。

4. 拔出法检测混凝土强度

拔出法属于微破损检测范畴。它具有精度高、破损程度小、使用方便、适用范围广等特点。这一方法就是在硬化混凝土表面钻孔、磨槽、嵌入锚固件，使用拔出仪进行拔出试验，测定极限拔出力，并根据预先建立的拔出力与混凝土强度之间的相关关系检测混凝土强度。拔出法有两种：一是在浇筑混凝土时预先埋入锚固件，待混凝土硬化后进行拔出试验称为预埋拔出法；二是在硬化的混凝土构件上嵌入锚固件后进行拔出试验。试验装置如图 2-7-5 所示。图中三点式拔出试验装置适用于粗集料最大粒径不大于 60 mm 的混凝土，圆环式试验装置适用于粗集料最大粒径不大于 40 mm 的混凝土。

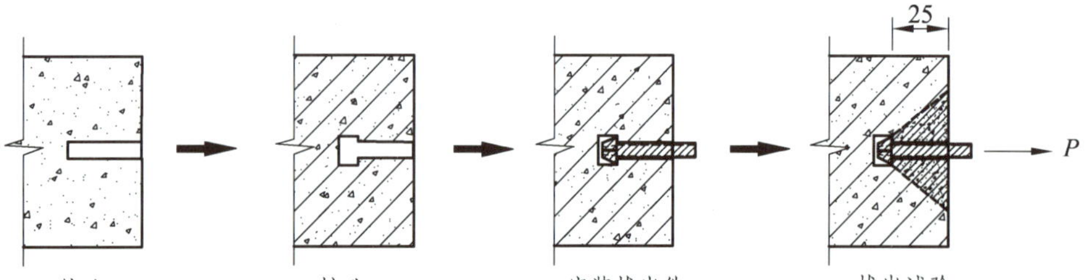

图 2-7-5 拔出试验装置试验示意图

(1)拔出法测试要求。

单个构件检测时，应在构件上均匀布置 3 个测点。当 3 个拔出力中的最大拔出力和最小拔出力与中间值之差均小于中间值的 15%时，布置 3 个测点即可；当最大拔出力或最小拔出力与中间值之差大于中间值的 15%(包括两者均大于中间值的 15%)时，应在最小拔出力测点附近再加测 2 个测点。

当同批构件按批抽样检测时，抽检数量应不少于同批构件总数的 30%，且不少于 10 件，每个构件不应少于 3 个测点。

测点宜布置在构件混凝土成型的侧面，如不能满足该要求，可布置在混凝土成型的表面或底面。构件受力较大及薄弱部位应布置测点，相邻测点不应小于 10h，测点距构件边缘的距

离不应小于 $4h$。

测点应避开接缝蜂窝、麻面部位和混凝土表层的钢筋、预埋件等。

测试面应平整清洁、干燥，对饰面层浮浆等应清除，必要时进行磨平处理。

结构或构件的测点应标有编号，并应描绘测点布置的示意图。

在钻孔过程中，钻头应始终与混凝土表面保持垂直，垂直度偏差不应大于 3%。

在混凝土孔壁磨环形槽时，磨槽机的定位圆盘应始终紧靠混凝土表面回转，磨出的环形槽形状应规整。

成孔尺寸应满足下列要求：

① 钻孔直径 d_1 应比规定值大 0.1 mm，且不宜大于 1.0 mm。

② 钻孔深度 h_1 应比锚固深度 h 深 20 ~ 30 mm。

③ 锚固深度 h 应符合规定，允许误差为 0.8 mm。

④ 环形槽深度 c 应为 3.6 ~ 4.5 mm。

（2）混凝土强度换算理论。

混凝土强度换算值根据汇总后的回归方程式进行计算：

$$f_{cu}^{c} = AF + B \tag{2-7-15}$$

式中：f_{cu}^{c}——混凝土强度换算值（MPa），精确至 0.1 MPa；

F——拔出力（kN），精确至 0.1 kN；

A、B——测强公式回归系数。

单个构件的拔出力计算值按下列规定取值：当构件 3 个拔出力中的最大拔出力和最小拔出力与中间值之差均小于中间值的 15%时，取小值作为该构件拔出力计算值；当加测时，加测的 2 个拔出力值和最小拔出力值一起取平均值，再与前一次的拔出力中间值比较，取小值作为该构件拔出力计算值。

二、混凝土缺陷损伤的检测

桥梁建设及运营期间，受施工质量、使用养护、外在环境等因素影响，往往会产生一些缺陷和损伤。常见的缺损类型有裂缝、碎裂、剥落、层离、蜂窝、空洞、腐蚀和钢筋锈蚀等，这些缺陷和损伤会破坏混凝土的连续性和完整性，并在一定程度上降低混凝土的强度和耐久性，因此是桥梁养护工作中必须检测的项目。

缺陷和损伤产生的主要原因有：施工不当造成内部孔洞、不密实区、蜂窝及保护层不足、钢筋外露等；非外力作用形成的裂缝；外力作用形成的裂缝；因长期腐蚀或冻融造成构件由表及里的层状疏松；人为破坏。

在不破坏混凝土内部结构和使用性能的情况下， 混凝土探伤可利用声、光、热、电、磁和射线等方法，直接在构件或结构上测定混凝土某些适当的物理量，并通过这些物理量推定混凝土强度、均匀性、连续性、耐久性和存在缺陷的大小、位置等。现常用于混凝土探伤的无损检测手段有：超声脉冲法、射线法、声波检测法、射线照相法、红外线检测法、雷达检测法等。其中，超声法是目前使用最多最有效的探伤方法（金属探伤也利用超声波在内部缺陷界面上的反射特性判断内部缺陷状态）。

超声探伤法常用来探查钢材、焊缝和混凝土中存在的裂缝、空洞、夹渣及火灾损伤等。由于混凝土是非匀质材料，必须用方向性弱的低频脉冲（20 ~ 150 kHz），且传递距离不大于80 cm；平行于脉冲方向的钢筋对探测结果影响很大，故配筋多的混凝土构件测试方法会有所限制；窄的裂缝会通过接触点或钢筋传递脉冲。所以超声探伤法最好用来探测较大的空洞和裂缝。

混凝土超声探伤的依据有：① 因低频超声在混凝土中遇到缺陷时发生绕射，故可按声时、声程的变化，判别和计算缺陷的大小；② 因超声波在缺陷界面上产生反射，故可按到达接收探头时能量显著衰减的现象判断缺陷的存在及大小；③ 因超声脉冲各频率成分在遇到缺陷时衰减程度不同，故可按接收频率明显降低，或接收波频谱产生差异来判别内部缺陷；④ 因超声波在缺陷处波形转换和叠加，故可按其造成的接收波形畸变现象判别缺陷。

超声法混凝土缺陷检测主要有以下几方面的内容：混凝土不密实区和空洞检测、混凝土结合面量质检测、混凝土表面损伤层检测、裂缝深度检测。这里只介绍一些常用的检测方法，详细内容可参照《超声法检测混凝土缺陷技术规程》（CECS 21—2000）。

1. 混凝土不密实区和空洞检测

检测不密实区和空洞时构件的被测部位应满足下列要求：被测部位应具有一对（或两对）相互平行的测试面；测试范围除应大于有怀疑的区域外，还应有相同条件的正常混凝土进行对比，且对比测点数不应少于20。

根据被测构件实际情况，选择下列方法之一布置换能器：

（1）当构件具有两对互相平行的测试面时，可采用对测法。如图2-7-6所示，在测区的两对相互平行的测试面上，分别画等间距的网格（网格间距：工业与民用建筑为100 ~ 300 mm，其他大型结构可适当放宽），并编号确定对应的测点位置。

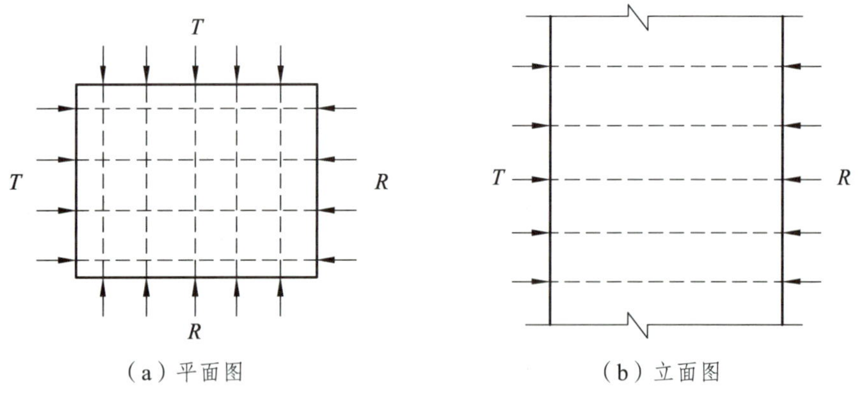

图2-7-6 对测法示意图

（2）当构件只有一对相互平行的测试面时，可采用对测和斜测相结合的方法。如图2-7-7所示，即在测位的两个相互平行的测试面上分别画出网格线，可在对测的基础上进行交叉斜测。

（3）当测距较大时，可采用钻孔或预埋管测法。如图2-7-8所示，在测位预埋声测管或钻出竖向测试孔，预埋管内径或钻孔直径宜比换能器直径大5 ~ 10 mm，预埋管或钻孔间距宜为2 ~ 3 m，其深度可根据测试需要确定。检测时可用两个径向振动式换能器分别置于两测孔中进行测试，或用一个径向振动式与一个厚度振动式换能器，分别置于测孔中和平行于测孔的侧面进行测试。

每一测点的声时、波幅、主频和测距，应按《超声法检测混凝土缺陷技术规程》(CECS 21—2000)第 4.2 节进行测量，并读取数据。

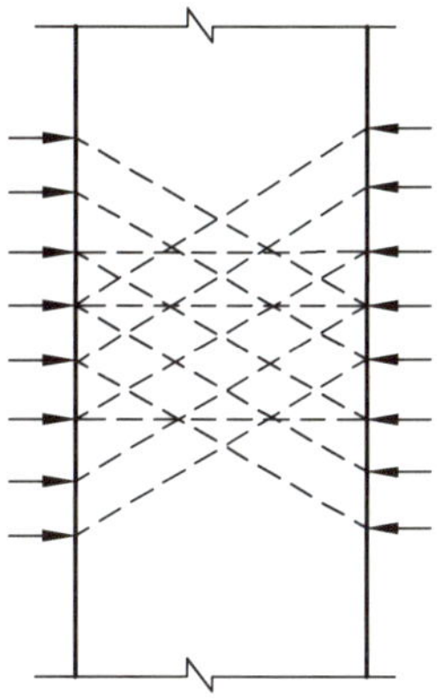

图 2-7-7　斜测法示意图

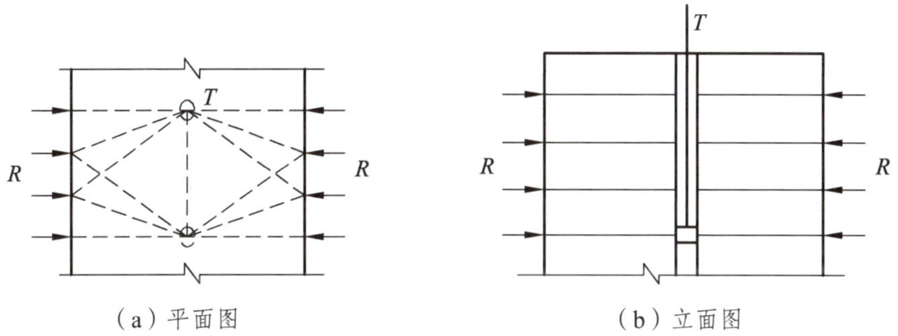

图 2-7-8　钻孔法示意图

测区混凝土声学参数的平均值(m_x)和标准差(s_x)应按式(2-7-16)、式(2-7-17)计算:

$$m_x=\frac{1}{n}\sum X_i \qquad (2\text{-}7\text{-}16)$$

$$s_x=\sqrt{\left(\sum_{i=1}^{n}X_i^2-n\cdot m_x^2\right)\Big/(n-1)} \qquad (2\text{-}7\text{-}17)$$

式中：X_i——第 i 点的声时（或声速）、波幅、频率的测量值；

N——参与统计的测点数。

将一测区各测点的波幅、频率或由声时计算的声速值由大到小按顺序排列，即 $X_1 \geqslant X_2 \geqslant \cdots \geqslant X_n \geqslant X_{n+1} \cdots\cdots$，将排在后面明显小的数据视为可疑，再将这些可疑数据中最大的一个（假定 X_n）连同其前面的数据按式（2-7-16)、式（2-7-17）计算出 m_x 及 s_x 值，并按式（2-7-18）计算异常情况的判断值（X_0）。

$$X_0=m_x-\lambda_1\cdot s_x \qquad (2\text{-}7\text{-}18)$$

式中：λ_1 按表 2-7-3 取值。

将判断值（X_0）与可疑数据中的最大值（X_n）相比较，若 X_n 大于或等于 X_0，则 X_n 及排列在其后的各数据均为异常值；并且去掉 X_n，再用 $X_1 \sim X_{n-1}$ 进行计算和判别，直至判不出异常值为止；当 X_n 大于 X_0 时，应再将 X_{n+1} 放进去重新进行统计计算和判别。

当测位中判出异常测点时，可根据异常测点的分布情况，按式（2-7-19）进一步判别相邻测点是否异常。

$$X_0 = m_x - \lambda_2 \cdot s_x \quad 或 \ X_0 = m_x - \lambda_3 \cdot s_x \tag{2-7-19}$$

式中：λ_2、λ_3 按表 2-7-3 取值。当测点布置为网络状时取 λ_2；当单排布置测点时（如在声测孔中检测）取 λ_3。

注：若保证不了耦合条件的一致性，则波幅值不能作为统计法的判据。

表 2-7-3　统计数的个数 n 与对应的 λ_1、λ_2、λ_3 值

n	20	22	24	26	28	30	32	34	36	38
λ_1	1.65	1.69	1.73	1.77	1.80	1.83	1.86	1.89	1.92	1.94
λ_2	1.25	1.27	1.29	1.31	1.33	1.34	1.36	1.37	1.38	1.39
λ_3	1.05	1.07	1.09	1.11	1.12	1.14	1.16	1.17	1.18	1.19
n	40	42	44	46	48	50	52	54	56	58
λ_1	1.96	1.98	2.00	2.02	2.04	2.05	2.07	2.09	2.10	2.12
λ_2	1.41	1.42	1.43	1.44	1.45	1.46	1.47	1.48	1.49	1.49
λ_3	1.20	1.22	1.23	1.25	1.26	1.27	1.28	1.29	1.30	1.31
n	60	62	64	66	68	70	72	74	76	78
λ_1	2.13	2.14	2.15	2.17	2.18	2.19	2.20	2.21	2.22	2.23
λ_2	1.50	1.51	1.52	1.53	1.53	1.54	1.55	1.56	1.56	1.57
λ_3	1.31	1.32	1.33	1.34	1.35	1.36	1.36	1.37.	1.38	1.39
n	80	82	84	86	88	90	92	94	96	98
λ_1	2.24	2.25	2.26	2.27	2.28	2.29	2.30	2.30	2.31	2.31
λ_2	1.58	1.58	1.59	1.60	1.61	1.61	1.62	1.62	1.63	1.63
λ_3	1.39	1.40	1.41	1.42	1.42	1.43	1.44	1.45	1.45	1.45
n	100	105	110	115	120	125	130	140	150	160
λ_1	2.32	2.35	2.36	2.38	2.40	2.41	2.43	2.45	2.48	2.50
λ_2	1.64	1.65	1.66	1.67	1.68	1.69	1.71	1.73	1.75	1.77
λ_3	1.46	1.47	1.48	1.49	1.51	1.53	1.54	1.56	1.58	1.59

当测位中某些测点的声学参数被判为异常值时，可结合异常测点的分布及波形状况确定混凝土内部存在不密实区和空洞的位置和范围。

2. 混凝土结合面质量检测

测试前应查明结合面的位置及走向，明确被测部位及范围；构件的被测部位应具有使声波垂直或斜穿结合面的测试条件；布置测点应避开平行声波传播方向的主钢筋或预埋铁件。

检测时可采用对测法和斜测法布置测点，测点应使测试范围覆盖全部结合面或有怀疑的部位。各对 $T—R_1$（声波传播不经过结合面）和 $T—R_2$（声波传播经过结合面）换能器连线的倾斜角测距应相等，如图 2-7-9 所示。测点的间距视构件尺寸和结合面外观质量情况而定，宜为 100 ~ 300 mm。在测出各测点的声速、波幅和主频值后，对某一测区各测点声速、波幅和主频值分别进行统计和异常值判断（数据统计及判断方法同混凝土不密实区和空洞检测）。当通过结合面的某些测点的数据被判为异常，并查明无其他因素影响时，可判定混凝土结合面在该部位结合不良。

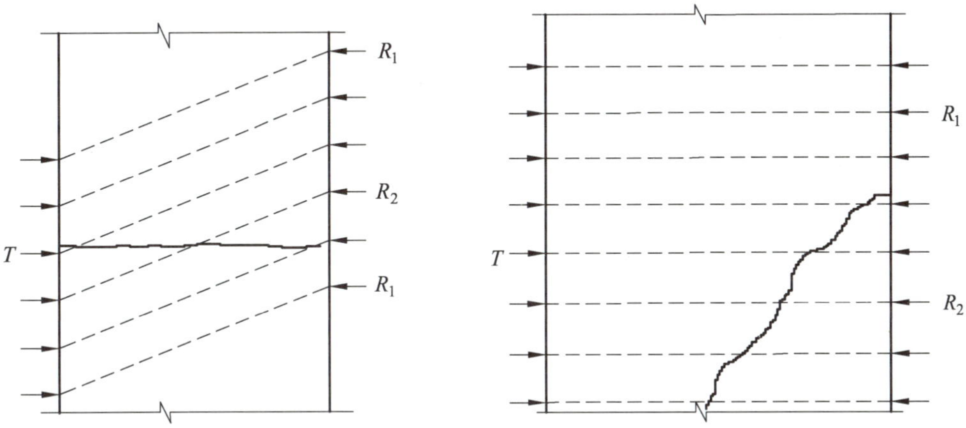

（a）斜测法　　（b）对测法

图 2-7-9　检测结合面的换能器布置图

3. 混凝土表面损伤层检测

根据构件的损伤情况和外观质量，选取有代表性的部位布置测区；构件被测表面应平整并处于自然干燥状态，且无接缝和饰面层；测点布置时应避免 R、T 换能器的连线方向与附近主钢筋的轴线平行。

表面损伤层检测应选用频率较低的厚度振动式换能器。测试时，T 换能器应耦合好，保持不动，然后将 R 换能器依次耦合在间距为 30 mm 的测点 1、2、3……位置上，如图 2-7-10 所示，读取相应的声时值 t_1、t_2、t_3……，并测量每次 T、R 换能器内边缘之间的距离 l_1、l_2、l_3……。每一测位的测点数不得少于 6 个，当损伤层较厚时，应适当增加测点数。当构件的损伤层厚度不均匀时，应适当增加测位数量。

以各测点的声时值 t_i 与相应测距值 l_i 绘制“时-距”坐标图，如图 2-7-11 所示，可得到声速改变所形成的转折点，该点前、后分别表示损伤和未损伤混凝土的 l 与 t 相关直线。用回归分析法分别求出损伤、未损伤混凝土 l 与 t 的回归直线方程：

损伤混凝土：$l_f = a_1 + b_1 \cdot t_f$

未损伤混凝土：$l_a = a_2 + b_2 \cdot t_a$

式中：l_f——拐点前各测点的测距（mm），对应于图 2-7-11 中的 l_1、l_2、l_3；

t_f——对应于图 2-7-11 中 l_1、l_2、l_3 的声时（μs）t_1、t_2、t_3；

l_a——拐点后各测点的测距（mm），对应于图 2-7-11 中的 l_4、l_5、l_6；

t_a——对应于测距 l_4、l_5、l_6 的声时（μs）t_4、t_5、t_6；

a_1、b_1、a_2、b_2——回归系数，即图 2-7-11 中损伤和未损伤混凝土直线的截距和斜率。

损伤层厚度应按式（2-7-20）计算。

$$\left.\begin{aligned} l_0 &= (a_1 b_2 - a_2 b_1)/(b_2 - b_1) \\ h_f &= l_0/2 \cdot \sqrt{(b_2 - b_1)/(b_2 + b_1)} \end{aligned}\right\} \tag{2-7-20}$$

其中：h_f——损伤层厚度（mm）。

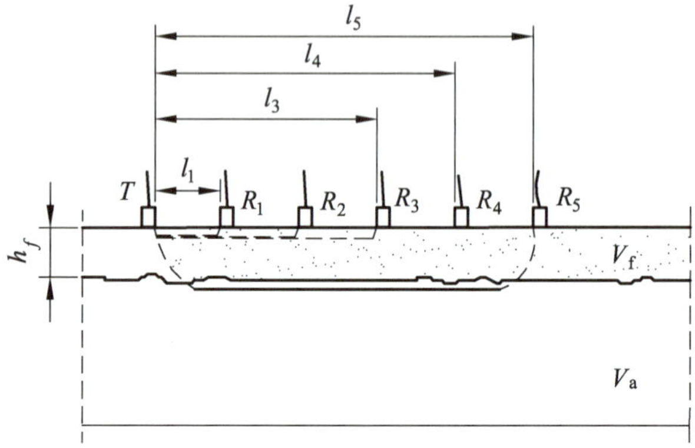

图 2-7-10　检测损伤层厚度示意图

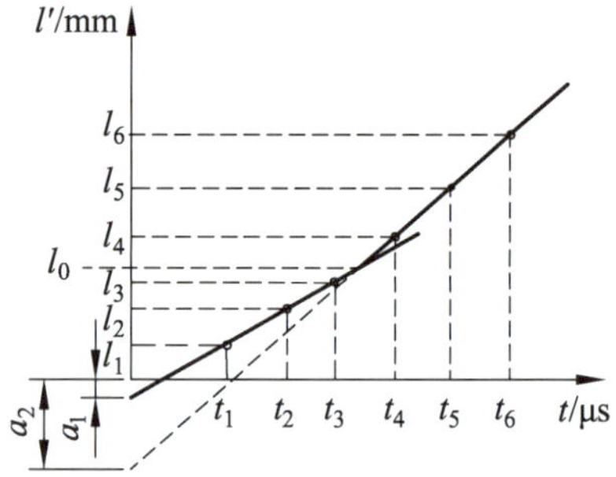

图 2-7-11　损伤层检测“时-距”图

4. 裂缝深度检测

超声法检测混凝土裂缝深度主要分为单面平测法、双面斜测法、钻孔对测法三种方法。

（1）当结构的裂缝部位只有一个可测表面，估计裂缝深度又不大于 500 mm 时，可采用单面平测法。平测时应在裂缝的被测部位，以不同的测距，按跨缝和不跨缝布置测点（布置测点时应避开钢筋的影响）进行检测，其检测步骤为：

① 不跨缝的声时测量：将 T 和 R 换能器置于裂缝附近同一侧，如图 2-7-12 所示，以两个换能器内边缘间距（l'）等于 100、150、200、250 mm……分别读取声时值（t_i），绘制“时-距”坐标图（图 2-7-13）或用回归分析法求出声时与测距之间的回归直线方程：

$$l_i = a + bt_i$$

每测点超声波实际传播距离 l_i 为：$l_i = l' + |a|$；不跨缝平测的混凝土声速值为：$v = b$。

② 跨缝的声时测量：如图 2-7-12 所示，将 T、R 换能器分别置于以裂缝对称的两侧，l' 取 100、150、200 mm、……分别读取声时值 t_i^0，同时观察首波相位的变化。

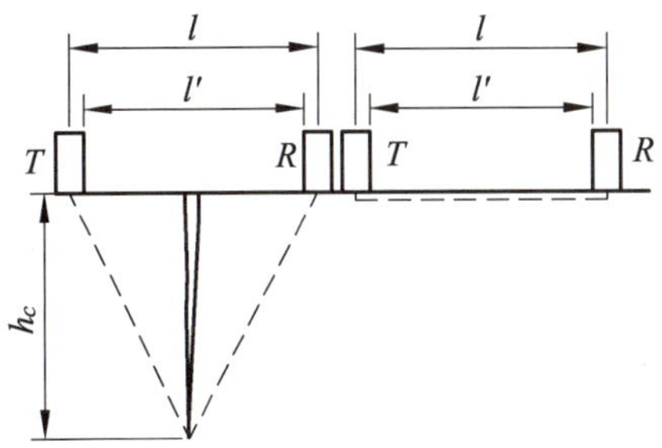

图 2-7-12　平测法跨缝测试图

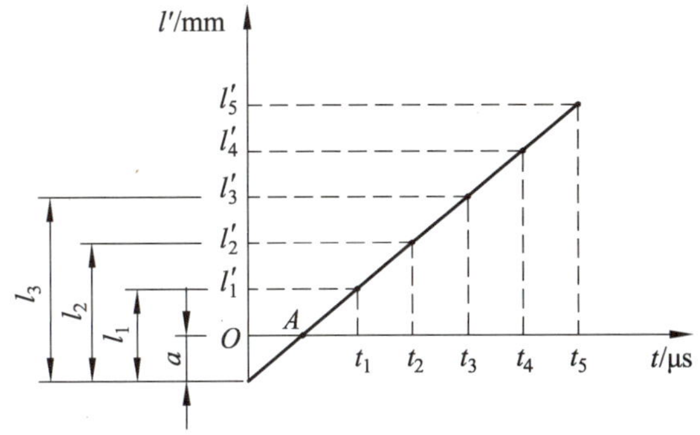

图 2-7-13　平测“时-距”图

根据图 2-7-12 所示的几何关系，裂缝深度按式（2-7-21）、式（2-7-22）计算。

$$h_{ci}=\frac{l_i}{2}\sqrt{\left(\frac{t_i^0 v}{l_i}\right)^2-1} \tag{2-7-21}$$

$$m_{hc}=\frac{1}{n}\sum_{i=1}^{n}h_{ci} \tag{2-7-22}$$

式中：l_i——不跨缝平测时第 i 点超声波实际传播距离（mm）；

h_{ci}——第 i 点计算的裂缝深度值（mm）；

t_i^0——第 i 点跨缝平测声时值（μs）；

m_{hc}——各测点计算裂缝深度的平均值（mm）；

n——测点数。

跨缝测量中，首波反相与裂缝深度有关。当在某测距发现首波反相时，可用该测距及两个相邻测距的测量值计算 h_{ci} 值，取此三点 h_{ci} 的平均值作为裂缝深度值 h_c。

当裂缝测试区域有过缝钢筋或裂缝中局部连通影响而难以发现反相首波，则以不同的测距计算 h_{ci} 及 m_{hc}。将各测距 l_i' 与 m_{hc} 相比较，当 $m_{hc}<l_i'<3m_{hc}$ 时，应剔除该组数据。

（2）当结构的裂缝部位具有两个相互平行的测试表面时，可采用双面穿透斜测法检测。测点布置如图 2-7-14 所示，将 T、R 换能器分别置于两个测试表面对应测点 1、2、3……的位置，读取相应声时值 t_i、波幅值 A_i 及主频 f_i。

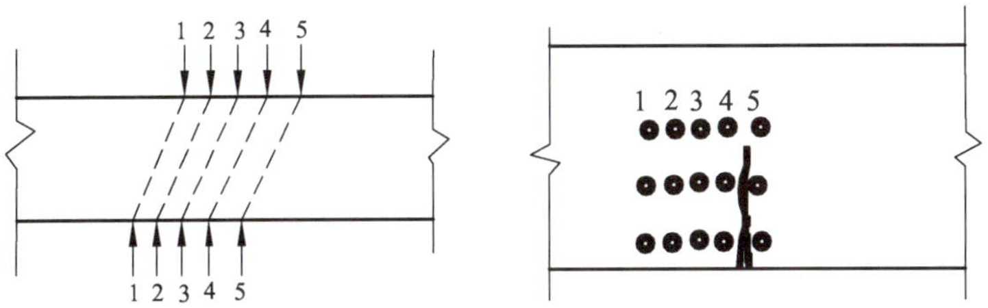

（a）平面　　（b）立面

图 2-7-14　斜测裂缝测点布置示意图

当 T、R 换能器的连线通过裂缝，根据波幅、声时和主频的突变，可以判定裂缝深度以及是否在所处断面内贯通。

（3）钻孔对测法适用于大体积混凝土，预计深度在 500 mm 以上的裂缝检测。

被检测混凝土应允许在裂缝两侧钻测试孔，裂缝中不应有水或泥浆。

所钻测试孔应满足下列要求：

① 孔径应比所用换能器直径大 5 ~ 10 mm。

② 孔深应至少比裂缝预计深度深 700 mm，经测试如浅于裂缝深度，则应加深钻孔。

③ 对应的两个测试孔（A、B），必须始终位于裂缝两侧，其轴线应保持平行。

④ 两个对应测试孔的间距宜为 2 000 mm，同一检测对象的各对测孔间距应保持相同。

⑤ 孔中粉末碎屑应清理干净。

⑥ 如图 2-7-15 所示，宜在裂缝一侧多钻一个孔距相同但较浅的孔（C），通过 B、C 两孔测试无裂缝混凝土的声学参数。

裂缝深度检测应选用频率为 20 ~ 60 kHz 的径向振动式换能器。测试前先向测试孔中注满清水，然后将 T、R 换能器分别置于裂缝两侧的对应孔中，以相同高程等间距（100 ~ 400 mm）从上至下同步移动，逐点读取声时、波幅和换能器所处的深度，如图 2-7-16 所示。

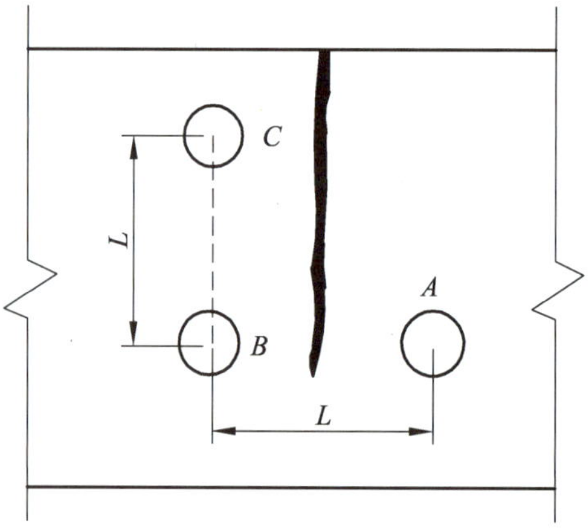

图 2-7-15 裂缝钻孔检测辅助示意图

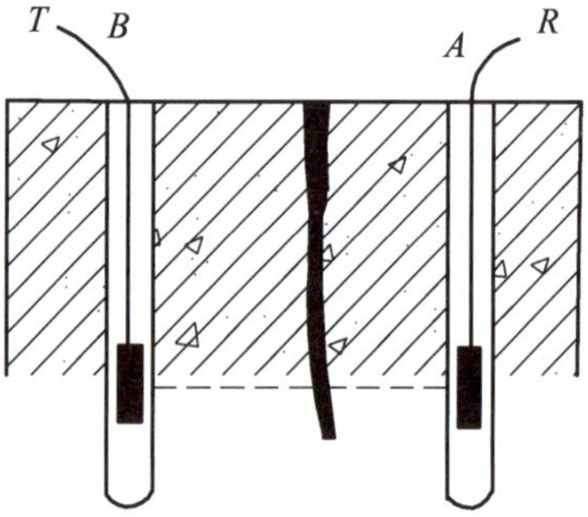

图 2-7-16 深裂缝钻孔检测示意图

以换能器所处深度 h 与对应的波幅 A 绘制 $h \sim A$ 坐标图，如图 2-7-17 所示。随着换能器的下移，波幅逐渐增大。当换能器下移至某一位置后，波幅达到最大值并基本稳定，该位置所对应的深度即为裂缝深度 h_c。

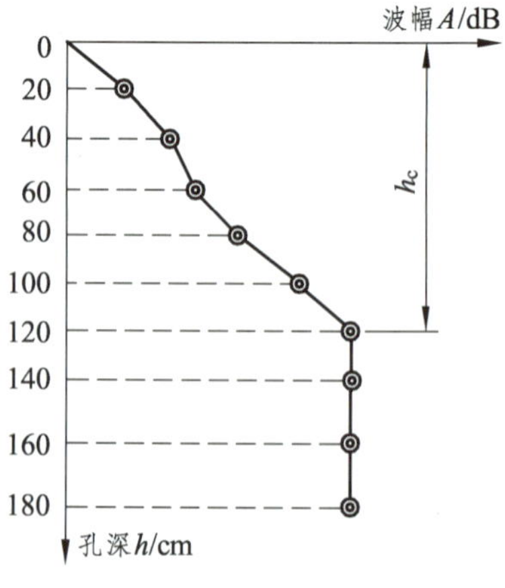

图 2-7-17 h-A 坐标图

三、钢筋锈蚀的直（间）接检测

混凝土和钢筋是桥梁结构构件中的主要原材料，通常情况下混凝土内部密实、呈高碱性，对阻止钢筋锈蚀有显著效果。但是当混凝土出现裂缝、空洞、渗水、含氯盐量大、碳化、保护层厚度不足等病害时，就会导致钢筋锈蚀，而钢筋锈蚀又反作用于混凝土，促使混凝土进一步破损。因此，依据是否通过检验混凝土的质量状况来检测钢筋锈蚀状况，对钢筋锈蚀的检测技术可分为直接检测和间接检测两种。

直接检测钢筋锈蚀技术主要有：

① 自然电位法。混凝土中钢筋锈蚀是一个电化学的过程，因此利用电化学方法进行锈蚀检测有可靠的理论依据。自然电位法检测技术设备简单，便于现场检测，测量过程基本上是非破损的。因此在众多电化学方法中发展较完善，在工程中被广泛应用。

② 重量损失法与截面损失法（局部破损检测）。在桥梁构件上开凿截取已锈蚀钢筋试件进行检测，该方法直观、便捷，但仅能反映桥梁构件局部的锈蚀率。

间接检测钢筋锈蚀技术主要有：

① 混凝土碳化深度检测。在混凝土新鲜断面喷洒酸碱指示剂，通过观察酸碱指示剂颜色变化来确定混凝土的碳化深度。若碳化深度达到钢筋部位，说明混凝土失去保护作用，则钢筋可能被锈蚀。

② 混凝土保护层厚度检测。利用保护层厚度测定仪检测钢筋的混凝土保护层厚度是否满足要求。

③ 混凝土电阻率检测。混凝土的电阻率与其含水率有关，是控制钢筋锈蚀的因素之一，电阻率越高，锈蚀电流越弱，钢筋锈蚀的可能性越小。当电阻率超过 20 000 Ω · cm 时，钢筋不大可能锈蚀；当电阻率低于 5 000 Ω · cm 时，钢筋肯定锈蚀。

④ 混凝土中氯离子含量检测。检测混凝土中含氯盐量以评定对钢筋的锈蚀影响。

⑤ 混凝土气透性检测。通过检测其对碳化和有害离子侵蚀的抵抗力，间接评定钢筋锈蚀的可能性。

1. 钢筋锈蚀自然电位法的检测

混凝土的高碱性可使钢筋表面形成钝化膜层，在钢筋表面建立起一个稳定的电位，这个电位称为自然电位。当钝化膜遭到破坏，混凝土中各处钢筋开始锈蚀，锈蚀程度不同其电位也不同，因此检测电位差的大小就可以反映钢筋各处所处的状态，常用的自然电位法检测方法是半电池电位法。

在检测钢筋锈蚀程度时，采用有硫酸铜作为参考电极的半电池探头的钢筋锈蚀测量仪，用半电池电位法测量钢筋表面与探头之间的电位差，利用钢筋锈蚀程度与电位间建立一定的关系，由电位高低变化的规律，可以判断钢筋是否锈蚀及其锈蚀程度。该方法是检测钢筋锈蚀的常用方法，方法简便，对结构无损伤，易于现场实施，结果明确，适用于混凝土构件寿命期内的任何时期，不受构件尺寸和钢筋保护层厚度的限制。

（1）钢筋锈蚀电位检测仪的技术要求。

① 钢筋锈蚀电位测量仪应通过技术鉴定，必须具有产品合格证。

② 仪器的技术性能要求主要有以下几点：

a. 测量范围大于 1 V；

b. 准确度优于 0.5%±1 mV；

c. 输出电阻大于 1×10^{10} Ω；

d. 半电池参考电极为铜/硫酸铜电极，温度系数 0.9 mV/°C；

e. 显示方式为数字显示；

f. 数据输出有标准打印机输出口，按矩阵或序列形成输出电位值并绘制等电位图；

g. 数据可存储且内存不断电；

h. 电源为直流电，连续正常工作时间不小于 6 h；

i. 仪器使用环境条件为环境温度 0 ~ 40 °C，相对湿度≥85%；

j. 测量连接导线宜为铜导线，其总长度不宜超过 150 m，截面积大于 0.75 mm^2。

（2）钢筋锈蚀电位检测仪的使用、维护与保管。

钢筋锈蚀电位检测仪的使用、维护与保管按设备使用说明书规定进行；对于由充电电池供电的仪器，应注意每 1 ~ 2 个月充放电 1 次，以保持电池的活性。

（3）钢筋锈蚀电位检测仪的校准。

铜/硫酸铜电极的校准可使用甘汞电极。将铜/硫酸铜参考电极接于测量仪正极，甘汞电极接于负极，并把两电极同时接触于一块润湿的棉花上，在 22 °C 时两电极之间的电位差在（68±10）mV 之间，则铜/硫酸铜电极就是可用的。每次检测之前应对电极进行校准。电压仪的校准一般应每年进行一次。

（4）钢筋锈蚀电位测试。

① 测区与测点布置如下：测区应根据构件的环境差异、外观检查的结果来确定，应有各种程度和差异的代表，每一种测区数量不宜少于 3。在测区上布置测试网格，以网格节点为测点，网格间距可选 20 cm×20 cm、30 cm×30 cm、20 cm×10 cm 等，根据构件尺寸而定，测点位置距构件边缘应大于 5 cm，测点数可根据仪器功能要求确定，但一般不宜少于 20 个测点，如图 2-7-18 所示。当一个测区内存在相邻测点的读数超过 150 mV，通常应减小测点的间距。测区应统一编号，注明位置，并描述外观情况。

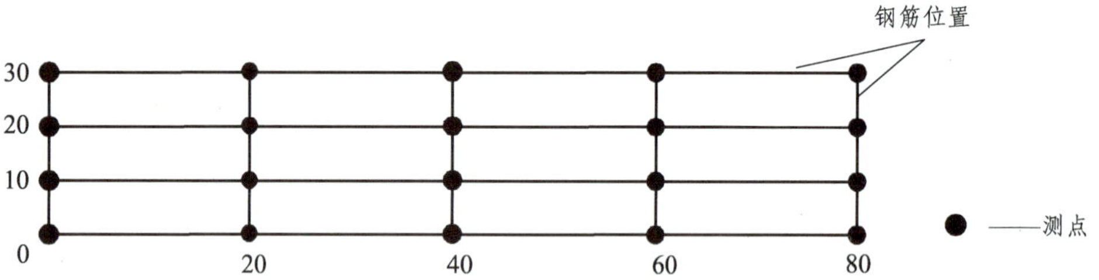

图 2-7-18　测点布置（单位：cm）

② 混凝土表面处理。用钢丝刷、砂纸打磨测区混凝土表面，去除涂料、浮浆、污迹、尘土等，并将表面润湿。润湿用电接触液可以用水或加入适量液态洗涤剂的水溶液。

③ 钢筋锈蚀电位测量系统按要求正确连接、正确操作。现场检测时，铜/硫酸铜电极一般接主机的正输入端，钢筋接主机的负输入端。铜/硫酸铜参考电极与测点的接触，测量前应预先将电极前端多孔塞充分浸湿，以保证良好的导电性，正式测读前应再次用喷雾器将混凝土表面润湿，但应注意两个测点之间不应留有自由表面水。若在远离钢筋连接点的测区进行测

量，必须用万用表检查内部钢筋的连续性，如不连续，应重新进行钢筋的连接。

④ 连接好主机与电位电极，主机与金属电极，然后开机设置“测区号”“测点间距”“测试类型”“环境温度”等参数，把金属电极夹住凿开的钢筋，把电位电极放在测区测点上，使电位电极与测试混凝土表面垂直，并施加适当的压力，此时测量电位值以大粗体字显示，待电位值稳定后按确定键，即完成该点测试，如图 2-7-19、图 2-7-20 所示。测区所有测点测量完成后，数据已自动储存。待所有测区均测试完毕之后，对凿开钢筋处的混凝土进行修补。

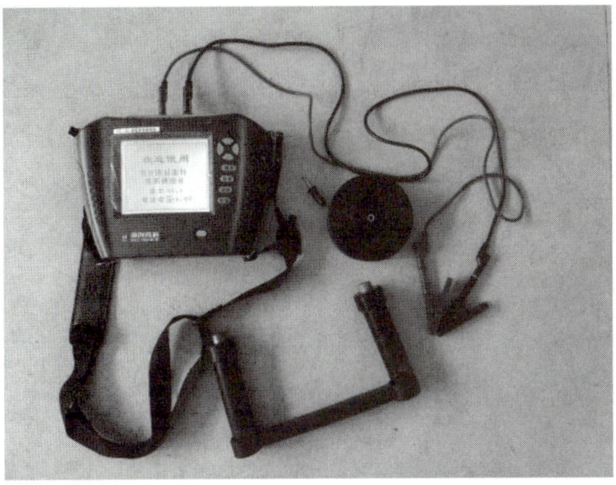

图 2-7-19　钢筋电位测试

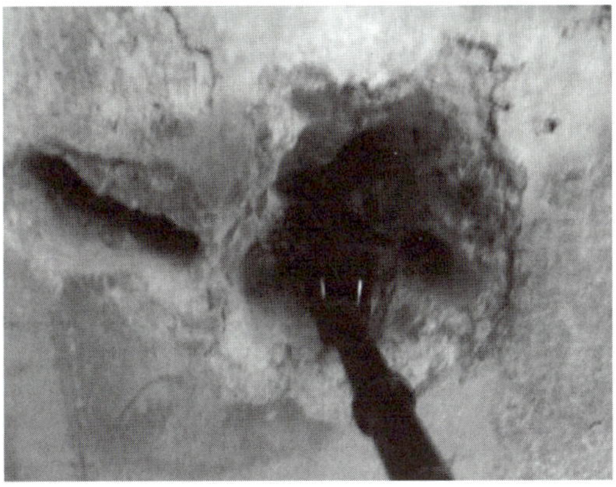

图 2-7-20　构件钢筋凿除

（5）钢筋锈蚀电位测量值的采集。

测点读数变动不超过 2 mV，可视为稳定，在同一测点、同一支参考电极，重复测读的差异不超过 10 mV；不同的电极重复测读的差异不超过 20 mV。若不符合稳定要求，应检查测试系统的各个环节。数据按测量仪器的操作要求存入内存，并于每个工作日之后及时输出处理数据。

（6）测量时应注意的问题与数据的修正。

① 混凝土含水率对测量值有明显影响，因此测量时构件应在自然状态，含水率为 2%～3%，否则不能使用《混凝土中钢筋检测技术标准》（JGJ/T 152—2019）给出的判据。

② 如果环境温度在（22±5）°C 范围之外，要对铜/硫酸电极进行温度修正。

③ 各种外界因素产生的杂散电流，影响测量值，特别是靠近地面的测区。应避免各种电磁场的干扰。

④ 混凝土保护层电阻对测量值产生影响，除测区表面处理要符合规定外，仪器的输入阻抗要符合技术要求。

（7）测试结果的记录格式与评定。

按一定的比例绘出测区平面图，标出相应测点位置的钢筋锈蚀点，得到数据阵列，如图 2-7-21 所示。绘出电位等值线图，如图 2-7-22 所示。通过数值相等各点或内插各等值点绘出等值线，等值线差值宜为 100 mV。

(cm)	0	10	20	30	40	50	60
0	−62	−85	−85	−50	−35	−27	−21
10	−34	−68	−79	−91	−37	−25	−21
20	−26	−115	−210	−99	−41	−33	−25
30	−27	−62	−89	−85	−43	−40	−48
40	−39	−54	−67	−52	−43	−56	−37

图 2-7-21　实测锈蚀电位数据矩阵图

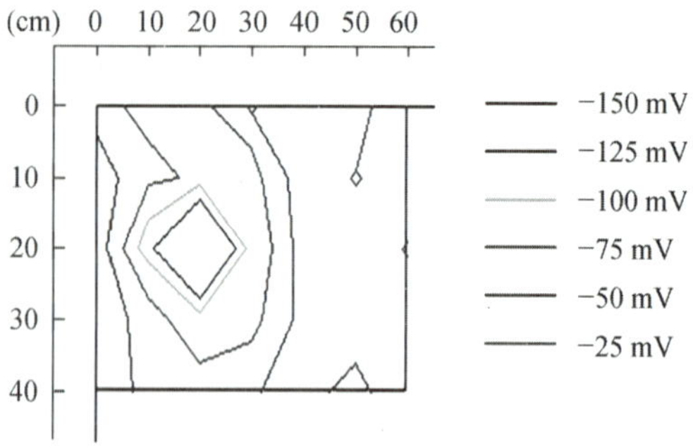

图 2-7-22　实测锈蚀电位等值线图

（8）钢筋锈蚀电位测试的改善措施。

钢筋锈蚀自然电位的检测，会受到多种因素的干扰。为了提高现场检测结果判读与评定的准确性，可进行少量的现场比较性试验。对于需进行钢筋锈蚀评定的构件，有时已有钢筋暴露或很容易暴露，只要测其周围的锈蚀电位，比较这些钢筋的锈蚀程度和相应的测量值，就可缩小判据的范围，提高准确性。通过大面积的检测评定整个被测结构的钢筋锈蚀状态。

钢筋锈蚀电位测量值的高低，可直接反映量测部位混凝土中钢筋发生锈蚀的概率或钢筋正在发生锈蚀的活动性，并按照测区锈蚀电位水平最低值，确定钢筋锈蚀电位评定标度，其评判标准见表 2-7-4。

表 2-7-4　钢筋锈蚀电位评判标准

评判标度	电位水平/mV	钢筋锈蚀状态
1	0 ~ −200	无锈蚀活动性或锈蚀活动性不确定
2	−200 ~ −300	有锈蚀活动性，但锈蚀状态不确定，可能坑蚀
3	−300 ~ −400	有锈蚀活动性，发生锈蚀概率大于 90%
4	−400 ~ −500	有锈蚀活动性，严重锈蚀可能性极大
5	<−500	构件存在锈蚀开裂区域

注：① 表中电位水平为采用铜/硫酸铜电极时的量测值；

② 混凝土湿度对量测值有明显影响，量测时构件应为自然状态，否则不能使用此评定标准。

2. 混凝土碳化深度检测法

混凝土的碳化是指混凝土硬化后其表面与空气中的 CO_2 作用，混凝土中的水泥水化生成产物 $Ca(OH)_2$ 并生成 $CaCO_3$，使混凝土孔隙溶液 pH 降低。混凝土碳化深度一旦到达钢筋，钢筋就失去碱性保护。当外部条件成熟，就会发生锈蚀，因此检测混凝土碳化深度对判断钢筋状态也是很重要的。

（1）混凝土碳化深度的检测方法。

根据酸碱指示剂在混凝土新鲜破损面的颜色变化，用测深工具测量混凝土表面距离变色交界处的深度，即可测量混凝土的碳化深度。

（2）混凝土碳化深度检测前的准备。

① 目前常用的指示剂为酚酞试剂，配制方法为：75%的酒精溶液与白色酚酞粉末配置成酚酞浓度为 1%～2%的酚酞溶剂，装入喷雾器备用。酚酞是一种弱有机酸，在 Ph<8.2 的溶液里为无色的内酯式结构，当 pH>8.2 时为红色的醌式结构。混凝土碳化后 pH 会降低，遇酚酞后不会变色，混凝土未碳化时处于碱性环境，遇到酚酞酒精溶液时会变成紫红色，这样就可区分出碳化和未碳化混凝土交界面，即可使用深度测量工具测出混凝土碳化深度。

② 测区位置的选择原则可参照钢筋锈蚀自然电位测试的要求。另外，对钢筋锈蚀电位评定标度值为 3、4、5 的主要构件或主要受力部位，应进行混凝土碳化状况检测。被测构件或部位的测区数量不应少于 3 个或混凝土强度测区数量的 30%。

若在同一测区，应先进行保护层和锈蚀电位、电阻率的测量，再进行碳化深度的测量。

③ 结构外侧面应布置测区，如图 2-7-23 所示。

④ 每一测区应布置测试孔 3 个，成“品”字排列，孔距应根据构件尺寸大小确定，但应大于 2 倍孔径。

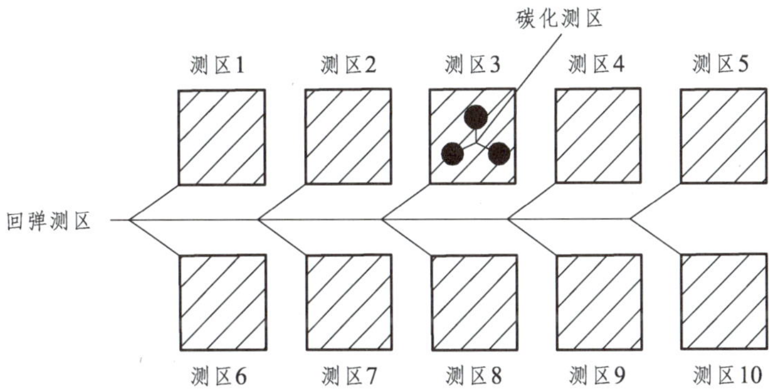

图 2-7-23　碳化测区布置示意图

⑤ 测孔距构件边角的距离大于 2.5 倍保护层厚度。

（3）碳化深度测量的操作过程。

① 用装有 20 mm 直径钻头的冲击钻在测点位置钻孔。

② 成孔后用圆形毛刷将孔中碎屑、粉末清除，并用洗耳球吹净，露出混凝土新茬。

③ 将酚酞指示剂喷到测孔壁上。

④ 待酚酞指示剂变色后，用测深卡尺测量混凝土表面至酚酞变色交界处的深度，准确至 1 mm，酚酞指示剂从无色变为紫色时混凝土未碳化，酚酞指示剂未改变颜色处的混凝土已经碳化。

⑤ 将测区、测孔统一编号，并画出示意图，标上测量结果。

⑥ 测量值的整理应列出最大值、最小值和平均值。

（4）混凝土碳化对钢筋的影响。

混凝土碳化深度对钢筋锈蚀的影响评定，根据测区混凝土碳化深度平均值与实测保护层厚度平均值之比，并考虑其离散情况，参考表 2-7-5 中的标准来进行评定。

表 2-7-5　混凝土碳化评定标准　　单位：mm

碳化深度/保护层厚度	评定标度
<0.5	1
[0.5，1.0）	2
[1.0，1.5）	3
[1.5，2.0）	4
≥2.0	5

3. 混凝土中氯离子含量测定法

氯离子是诱发钢筋锈蚀的重要因素，钢筋锈蚀可致使混凝土膨胀、疏松，从而导致混凝土抗化学侵蚀、耐磨性和强度的下降。我国对混凝土原材料中氯离子含量的控制相当严格，相关规范明确要求混凝土在选配砂子、骨料、水泥、外加剂、拌和水等混凝土原材料的时候，必须进行氯离子含量的测试，从根本上避免将过量氯离子带入混凝土中。

20 世纪 50 年代，我国北方地区为使冬季施工方便，曾普遍使用氯化钙等氯盐作混凝土早强（防冻、防水）剂，致使大量建筑出现钢筋严重锈蚀。所以既有结构或构件混凝土中氯离子含量检测，对分析评估现有桥梁工程的安全性、使用性起到很大作用，同时为旧结构的改造和修补提供极具参考价值的依据。

在对既有结构或构件混凝土进行氯离子含量检测时，当缺少同条件养护混凝土试件时，可从既有结构或构件钻取混凝土芯样检测混凝土中氯离子含量。

氯离子含量检测宜选择结构部位中具有代表性的位置，并可利用测试抗压强度后的破损芯样制作试样。

（1）取样要求。

① 钻取混凝土芯样检测氯离子含量时，相同混凝土配合比的芯样应为一组，每组芯样的取样数量不应少于 3 个；当结构部位已经出现钢筋锈蚀、顺筋裂缝等明显劣化现象时，每组芯样的取样数量应增加一倍，同一结构部位的芯样应为同一组。

② 氯离子含量检测的取样深度不应小于钢筋保护层厚度。

③ 取得的样品应密封保存和运输，不得被其他物质污染。

（2）样品处理。

从同一组混凝土芯样中取样。应从每个芯样内部各取不少于 200 g 等质量的混凝土试样，去除混凝土试样中的石子后，应将 3 个试样的砂浆砸碎后混合均匀，并应研磨至全部通过筛孔公称直径为 0.16 mm 的筛；研磨后的砂浆粉末应置于（105±5）°C 烘箱中烘 2 h，取出后应放入干燥器冷却至室温备用。

（3）试验分析。

① 试验目的：测定硬化混凝土中水溶性氯离子含量，为查明钢筋锈蚀原因提出依据。

② 试验设备：托盘天平（称量 2 000 g、感量 0.01 g）、分析天平（称量 200 g、感量 0.000 1 g）、棕色滴定管（50 mL）、三角烧瓶（250 mL）、容量瓶（100 mL、1 000 mL）、移液管（20 mL）、标准筛（孔径 0.16 mm）。

③ 化学药品：硝酸、酒精（95%）、硝酸银、铬酸钾、酚酞、氯化钠。

④ 试剂的配制方法：

a. 配制浓度约 5%的铬酸钾指示剂：称取 5 g 铬酸钾溶于少量蒸馏水中，加入少量硝酸银溶液直至出现红色沉淀，静置 12 h，过滤并移入 100 mL 容量瓶中，稀释至刻度。

b. 配制量浓度为 0.014 1 mol/L 的硝酸银标准溶液：称取 2.40 g 化学纯硝酸银，精确至 0.01 g，用蒸馏水溶解后移入 1 000 mL 容量瓶中，稀释至刻度，混合均匀后，储存于棕色玻璃瓶中。

c. 配制量浓度为 0.014 1 mol/L 的氯化钠标准溶液：称取在（55±50）°C 温度下灼烧至恒重的分析纯氯化钠 0.824 0 g，精确至 0.000 1 g，用蒸馏水溶解后移入 1 000 mL 容量瓶中，并稀释至刻度。

d. 配制酚酞指示剂：称取 0.50 g 酚酞，溶于 50 mL 乙醇，再加入 50 mL 蒸馏水。

e. 配制硝酸溶液：量取 63 mL 分析纯硝酸缓慢加入约 800 mL 蒸馏水中，移入 1 000 mL 容量瓶中，稀释至刻度。

⑤ 试验步骤：

a. 应称取 20.00 g 磨细的砂浆粉末，精确至 0.01 g，置于三角烧瓶中，并加入 100 mL（V_1）蒸馏水，摇匀后，盖好表面皿后放到带石棉网的试验电炉或其他加热装置上沸煮 5 min，停止加热，盖好瓶塞，静置 24 h 后，以快速定量滤纸过滤，获取滤液；

b. 应分别移取两份滤液 20 mL（V_2），置于两个三角烧瓶中，各加两滴酚酞指示剂，再用硝酸溶液中和至刚好无色；

c. 滴定前应分别向两份滤液中加入 10 滴铬酸钾指示剂，然后用硝酸银标准溶液滴至略带桃红色的黄色不消失，终点的颜色判定必须保持一致。应分别记录各自消耗的硝酸银标准溶液体积 V_{31} 和 V_{32}，取两者的平均值 V_3 作为测定结果。

硬化混凝土中水溶性氯离子含量应按下式计算：

$$W_{CL^-}^{W}=\frac{C_{AgNO_3}\times V_3\times 0.035\,45}{G\times\dfrac{V_2}{V_1}}\times 100\% \tag{2-7-23}$$

式中：$W_{CL^-}^{W}$——硬化混凝土中水溶性氯离子占砂浆质量的百分比（%），精确至 0.001%；

C_{AgNO_3}——硝酸银标准溶液的浓度（mol/L）；

V_3——滴定时硝酸银标准溶液的用量（mL）；

G——砂浆样品质量（g）；

V_1——浸样品的蒸馏水用量（mL）；

V_2——每次滴定时提取的滤液量（mL）。

在已知混凝土配合比时，硬化混凝土中水溶性氯离子含量占水泥质量的百分比应按式（2-7-24）计算。

$$W_{CL^-}^{C}=\frac{W_{CL^-}^{W}\times(m_B+m_S+m_W)}{m_C}\times 100\% \tag{2-7-24}$$

式中：$W_{CL^-}^{C}$——硬化混凝土中水溶性氯离子占水泥质量的百分比（%），精确至 0.001%；

m_B——混凝土配合比中每立方米混凝土的胶凝材料用量（kg）；

m_S——混凝土配合比中每立方米混凝土的砂用量（kg）；

m_W——混凝土配合比中每立方米混凝土的用水量（kg）；

m_C——混凝土配合比中每立方米混凝土的水泥用量（kg）。

（4）分析结果的评定。

根据混凝土中钢筋处氯离子含量，按表 2-7-6 评判其诱发钢筋锈蚀的可能性，并应按照测区最高氯离子含量值，确定混凝土氯离子含量评定标度。

表 2-7-6　混凝土氯离子含量评定标准

氯离子含量（占水泥含量的百分比）/%	诱发钢筋锈蚀的可能性	评定标度
<0.15	很小	1
[0.15，0.40）	不确定	2
[0.40，0.70）	有可能诱发钢筋锈蚀	3
[0.70，1.00）	会诱发钢筋锈蚀	4
≥1.00	钢筋锈蚀活化	5

4. 钢筋保护层厚度检测法

电磁感应原理（涡电流原理），将载有交流支线圈探头置于金属材料附近，使得金属导体在其交换磁场部分感应产生无数涡流状的涡电流，由涡电流变换产生的信号，便可以测定构件的物理性质。

（1）钢筋保护层测试仪的标定。

① 保护层测试仪使用期间的标定校准使用专用的标定块。当测量标定块所给定的保护层厚度时，测读值应在仪器说明书所给定的准确度范围之内。

② 标定块由一根 ϕ16 的普通碳素钢筋垂直浇筑在长方体无磁性的塑料块内，使钢筋距 4 个侧面分别为 15 mm、30 mm、 60 mm、90 mm。

③ 标定应在无外界磁场干扰的环境中进行。

④ 每次检测前均应对仪器进行标定，若达不到应有准确度，应送专门机构维修。

（2）混凝土保护层测量的试验步骤。

① 检测前宜具备有关图纸资料，以确定钢筋的种类和直径。

② 检测前应先对被测钢筋进行初步定位。进行钢筋位置检测时，探头有规律地在检测面上移动，直到仪器显示接收信号最强或保护层厚度值最小时，结合设计资料判断钢筋位置，此时探头中心线与钢筋轴线基本重合，在相应位置做好标记。按上述步骤将相邻的其他钢筋逐一标出。

③ 钢筋定位后可进行保护层厚度的检测。

a. 设定好仪器量程范围及钢筋直径，沿被测钢筋轴线选择相邻钢筋影响较小的位置，并应避开钢筋接头，读取指示保护层厚度值 C_i^t。每根钢筋的同一位置重复检测 2 次，每次读取 1 个读数。

b. 对同一处读取的 2 个保护层厚度值相差大于 1 mm 时，应检查仪器是否偏离标准状态并及时调整（如重新调零）。不论仪器是否调整，其前次检测数据均舍弃，在该处重新进行 2 次检测并再次比较，如 2 个保护层厚度值相差仍大于 1 mm，则应该更换检测仪器或采用钻孔、剔凿的方法核实。

c. 大多数仪器要求钢筋直径已知方能检测保护层厚度，此时仪器必须按照钢筋实际直径进行设置。

d. 当实际保护层厚度值小于仪器最小示值时，可以采用附加垫块的方法进行检测。宜优先选用仪器所附的垫块，自制垫块对仪器不应产生电磁干扰，表面光滑平整，其各方向厚度值偏差不大于 0.2 mm。所加垫块厚度 C_0 在计算时应予扣除。

根据《混凝土中钢筋检测技术标准》（JGJ/T 152—2019），遇到下列情况之一时，应选取至少 30%的钢筋且不少于 7 处（当实际检测数量不到 7 处时应全部抽取），采用直接法进行验证：

① 认为相邻钢筋对检测结果有影响；

② 若无设计图纸时，需要确定钢筋根数和位置；

③ 当有设计图纸时，钢筋检测数量与设计不符或钢筋间距检测值超过相关标准允许的偏差；

④ 混凝土未达到表面风干状态；

⑤ 饰面层电磁性能与混凝土有较大差异。

直接法进行验证时，采用空心钻头钻孔或剔凿除钢筋外层混凝土直至被测钢筋直径方向完全暴露，且沿钢筋长度方向不宜小于 2 倍钢筋直径；钻孔、剔凿的时候不得损坏钢筋，实测采用游标卡尺，量测精度为 0.1 mm。

（3）混凝土保护层检测数据处理。

① 按式（2-7-25）计算混凝土保护层厚度平均值。

$$C_{m,i}^{t}=(C_1^{t}+C_2^{t}+2C_e-2C_0)/2 \tag{2-7-25}$$

式中：$C_{m,i}^{t}$——第 i 测点钢筋混凝土保护层厚度平均值，精确至 1 mm；

C_1^{t}、C_2^{t}——第 1、2 次检测的指示保护层厚度值，精确至 1 mm；

C_e——混凝土保护层厚度值修正量，精确至 0.1 mm，没有进行钻孔验证时取 0；

C_0——探头垫块厚度，精确至 0.1 mm。

② 当采用直接法验证时，应该按式（2-7-26）确定修正量。

$$C_e=\frac{\sum_{i=1}^{n}(C_i^{Z}-C_i^{t})}{n} \tag{2-7-26}$$

式中：C_e——混凝土保护层厚度值修正量，精确至 0.1 mm；

n——钻孔、剔凿验证实测点数；

C_i^{z}——第 i 测点检测的混凝土保护层厚度直接法实测值，精确至 0.1 mm；

C_i^{t}——第 i 测点检测的混凝土保护层厚度电磁感应法钢筋探测仪器示值，精确至 1 mm。

利用钢筋保护层厚度检测仪检测测区钢筋保护层厚度值，根据某一测量部位各测点混凝土厚度实测值，按式（2-7-27）求出混凝土保护层厚度平均值（$\bar{D}_n$），精确至 0.1 mm。

$$\bar{D}_n = \frac{\sum_{i=1}^{n} D_{ni}}{n} \tag{2-7-27}$$

式中：n——测点数。

按照式（2-7-28）计算确定测量部位混凝土保护层厚度特征值（D_{ne}），精确至 0.1 mm。

$$\left.\begin{aligned} D_{ne} &= \bar{D}_n - KS_D \\ S_D &= \sqrt{\frac{\sum_{i=1}^{n}(D_{ni})^2 - n(\bar{D}_n)^2}{n-1}} \end{aligned}\right\} \tag{2-7-28}$$

式中：S_D——测量部位测点保护层厚度的标准值，精确至 0.1 mm；

K——合格判定系数值，按表 2-7-7 取值。

表 2-7-7　混凝土保护层厚度合格判定系数值

n	10 ~ 15	16 ~ 24	≥25
K	1.695	1.645	1.595

根据测量部位实测保护层厚度特征值 D_{ne} 与其设计值 D_{nd} 的比值，混凝土保护层厚度对结构钢筋耐久性的影响按表 2-7-8 判断。

表 2-7-8　混凝土保护层厚度对结构钢筋耐久性的影响评判标准

评定标度值	D_{ne}/D_{nd}	对结构钢筋耐久性的影响
1	>0.95	不影响
2	0.85 ~ 0.95	有轻度影响
3	0.70 ~ 0.85	有影响
4	0.55 ~ 0.70	有较大影响
5	<0.55	钢筋易失去碱性保护，发生锈蚀

注：未做检测的构件其评定标度值取 1。

第三章

桥梁交工验收检测

桥梁交工验收检测需根据《公路工程竣（交）工验收办法实施细则》（交公路发〔2010〕65 号）、《公路桥涵养护规范》（JTG 5120—2021）、《公路桥梁技术状况评定标准》（JTG/T H21—2011）和《公路工程质量检验评定标准　第一册　土建工程》（JTG F80/1—2017），针对现场桥梁实际情况进行桥梁交竣工验收检测。

第一节　桥梁交工外观检查

一、检测主要内容

1. 基本检查内容

（1）混凝土表面不平滑，模板接缝处不平顺，漏浆现象。

（2）混凝土表面蜂窝麻面或露筋。

（3）混凝土表面出现非受力裂缝；结构出现受力裂缝；裂缝流白灰。

（4）混凝土结构有空洞或露钢筋。

（5）施工临时预埋件、设施及建筑垃圾、杂物等未清除；桥下弃土、石块堆积等影响结构安全的现象；桥下防护工程与排水系统不完善；桥台两侧边坡开挖不符合设计的缺陷。

（6）构件混凝土掉块、掉块外露或修补。

2. 下部结构

（1）墩台基础的可见部分冲刷、掏空或桩基裸露等现象。

（2）基坑开挖后回填土不规范；桥墩预留孔洞未封堵等缺陷。

3. 上部结构

（1）预制构件安装是否平整。

（2）露波纹管、露钢绞线、空洞露筋、露波纹管、露锚具与锚垫板及封锚混凝土不符合要求等缺陷。

（3）梁体与挡块的密贴程度。

4. 桥面系、支座及其他结构

（1）桥梁的内外轮廓线是否顺滑清晰。

（2）栏杆、护栏不牢固、不直顺、不美观，混凝土防撞栏高度、断缝或假缝等不符合要求的现象。

（3）桥面铺装沥青混凝土表面不平整密实、抗滑、松散、裂缝等现象；桥面铺装混凝土开裂。

（4）伸缩缝钢纤维混凝土裂缝，伸缩缝橡胶带破损，伸缩缝自由伸缩，阻塞、变形、开裂等现象；桥头是否有跳车现象。

（5）泄水管长度不足、阻水，桥面低凹，排水不畅等。

（6）支座位置不准确、偏歪、不均匀受力（包括偏压、不密贴等）、四氟板支座及普通支座超限变形等。支座上、下钢板锈蚀，橡胶体损坏、裂纹、开裂、外鼓；固定螺栓、螺母损坏；临时支座未拆除；支座安装方向不正确，橡胶体及上、下钢板尺寸不符合要求、防尘罩未安装或破损。

（7）锥坡、护坡：① 砌体表面不平整、开裂现象，勾缝不平顺、脱落现象。② 沉降缝不垂直、整齐，上下贯通。③ 泄水孔坡度向内，阻塞现象。④ 墙身裂缝，局部破损。

（8）台背回填不密实，造成路面下沉。

5. 除上述外其他不符合设计及规范要求的表面缺陷

比如悬挂于桥梁结构民用电缆设施等不符合设计及规范要求的表面缺陷。

二、外观检测扣分标准

外观检查扣分标准见表 3-1-1。

表 3-1-1　外观检查扣分标准

单位工程	分部工程类别	检查内容及扣分标准
桥梁工程（不含小桥）	下部工程、上部工程及桥面系	基本要求： ① 混凝土表面平滑，模板接缝处平顺，无漏浆现象，不符合要求时扣 1～3 分。 ② 混凝土表面蜂窝麻面面积不得超过该部位面积的 0.5%，不符合要求时，每超过 0.5%扣 3 分。 ③ 混凝土表面出现非受力裂缝，扣 1～3 分；结构出现受力裂缝宽度超过设计规定或设计未规定时，超过 0.15 mm，每条扣 2～3 分，项目法人应对其是否影响结构承载力组织进行分析论证。 ④ 混凝土结构有空洞或钢筋外露，每处扣 2～5 分，并应进行处理。 ⑤ 施工临时预埋件、设施及建筑垃圾、杂物等未清除处理时扣 1～2 分
		下部结构要求： ① 支座位置应准确，不得有偏歪、不均匀受力、脱空及非正常变形现象，不符合要求时每个扣 1 分。 ② 锥坡、护坡按路基工程的支挡工程标准检查扣分，若沉陷，每处扣 1～3 分，并应进行处理

续表

单位工程	分部工程类别	检查内容及扣分标准
		上部结构要求： ①预制构件安装应平整，不符合要求时，每处扣1分。 ②悬臂浇筑的各梁段之间应接缝平顺，色泽一致，无明显错台，不符合要求时每处扣2～5分。 ③主体钢结构外露部分的涂装和钢缆的防护防蚀层必须保护完好，不符合要求时扣1～2分，并应及时处理。 ④拱桥主拱圈线形圆滑无局部凹凸，不符合要求时扣2～5分，拱圈无裂缝，不符合要求时扣2～5分，并对其是否影响结构承载力进行分析论证。 ⑤梁板及接缝梁间湿接缝渗、漏水，每处扣1分
		桥面系要求： ①桥梁的内外轮廓线应顺滑清晰，不符合要求时，扣1～3分。 ②栏杆、护栏应牢固、直顺、美观，不符合要求时，扣1～2分。 ③桥面铺装沥青混凝土表面应平整密实，不应有泛油、松散、裂缝、明显离析等现象，有上述缺陷的面积（凡属单条的裂缝，则按其实际长度乘以0.2 m宽度，折算成面积）之和不得超过受检面积的0.03%，不符合要求时每超过0.03%扣1分。 ④伸缩缝无阻塞、变形、开裂现象，不符合要求时扣1～3分；桥头有跳车现象，每处扣2～4分。 ⑤泄水管安装不阻水，桥面无低凹，排水良好，不符合要求时扣3～5分

注：基本要求同时适用于下部结构、上部结构和桥面系。

第二节 桥梁交工实体检测

一、实体检测抽检频率

（1）小桥抽查不少于总数的20%且每种类型抽查不少于1座。

（2）中桥抽查不少于总数的30%且每种桥型抽查不少于1座。

（3）特大桥、大桥逐座检查。

（4）桥梁下部工程抽查不少于墩台总数的20%且不少于5个，墩台数量少于5个时全部检测。每种结构型式抽查不少于1个。

（5）桥梁上部工程抽查不少于总孔数的20%且不少于5个，孔数少于5个时全部检测。每种结构型式抽查不少于1个。

二、实体检测内容及方法

实体检测项目、主要设备名称、检测频率、检测方法及评定标准如表3-2-1所示。

表 3-2-1　实体检测项目、主要设备名称、检测频率、检测方法及评定标准

单位工程	分部工程类别	检测项目	仪器设备名称	检测频率	检测方法	评定标准 合格标准
桥梁工程	上部结构	混凝土强度	回弹仪	抽查不少于总孔数的20%且不少于5个，孔数少于5个时全部检测，每孔测不少于10个测区	回弹法检测	检测结果不小于设计值
		钢筋净保护层厚度	钢筋保护层厚度测定仪	抽查不少于总孔数20%且不少于5个，孔数少于5个时全部检测。每种结构型式抽查不少于1个。每孔测2处，每处测1点	钢筋保护层测定仪检测	设计值的0.9～1.3倍范围内为合格
		梁底板宽	5 m钢卷尺	桥梁上部工程抽查不少于总孔数的20%且不少于5个，孔数少于5个时全部检测。每种结构型式抽查不少于1个	卷尺检测	允许偏差（±20 mm）
	下部结构	混凝土强度	回弹仪	抽查不少于墩台总数20%且不少于5个，墩台数量少于5个时全部检测，每墩台测不少于2个测区。测区总数不少于10个	回弹仪法检测	检测结果不小于设计值为合格
		钢筋净保护层厚度	钢筋保护层厚度测定	抽查不少于墩台总数的20%且不少于5个，墩台数量少于5个时全部检测，每墩台测2～4处	钢筋保护层测定仪检测	设计值的0.9～1.3倍范围内为合格
		墩、桥台、竖直度	2 m靠尺	抽查不少于墩台总数的20%且不少于5个，墩台数量少于5个时全部检测，每个墩台测两个方向	台身用1 m直尺检测，墩、立柱用2 m靠尺检测	0.3%H且不大于20 mm（H为墩身或柱高度）
		立柱直径	5 m钢卷尺	抽查不少于墩台总数20%且不少于5个，墩台数量少于5个时全部检测，每个墩台测不少于2个	卷尺检测	允许偏差（±15 mm）

续表

<table>
<tr><th rowspan="2">单位工程</th><th rowspan="2">分部工程类别</th><th rowspan="2">检测项目</th><th rowspan="2">仪器设备名称</th><th rowspan="2">检测频率</th><th rowspan="2">检测方法</th><th colspan="2">评定标准</th></tr>
<tr><th colspan="2">合格标准</th></tr>
<tr><td rowspan="4"></td><td rowspan="4">桥面</td><td>桥面铺装平整度</td><td>3 m 直尺、斜塞尺</td><td>桥梁上部工程抽查不少于总孔数的 20%且不少于 5 个，孔数少于 5 个时全部检测。每种结构型式抽查不少于 1 个，每车道每千米检测 3 处</td><td>3 m 直尺检测</td><td colspan="2">高级、一级公路允许偏差 3 mm，其他公路允许偏差 5 mm</td></tr>
<tr><td rowspan="2">桥面横坡</td><td rowspan="2">水准仪</td><td rowspan="2">每 100 m 测 3 个断面</td><td rowspan="2">水准仪法</td><td>水泥混凝土桥面</td><td>高级、一级公路允许偏差 ±0.15%，其他公路允许偏差为±0.25%</td></tr>
<tr><td>沥青混凝土桥面</td><td>高级、一级公路允许偏差 ±0.3%，其他公路允许偏差为 ±0.5%</td></tr>
<tr><td>桥面抗滑构造深度</td><td>人工铺砂仪</td><td>每车道每千米 3 处</td><td>手工铺砂法</td><td colspan="2">高级、一级公路规定值 0.7 ~ 1.1 mm，其他公路规定值 0.5 ~ 1.0 mm</td></tr>
</table>

第三节 桥梁交工质量鉴定

一、分部工程质量鉴定方法

工程实体检测以抽查项目及频率为基础，按抽查项目的合格率加权平均计算分部工程的合格率，乘 100 作为分部工程实测得分；外观检查发现的缺陷，在分部工程实测得分的基础上采用扣分制，扣分累计不得超过 15 分。

$$分部工程实测得分 = \frac{\Sigma[抽查项目合格率 \times 权值]}{\Sigma 权值} \times 100$$

$$分部工程得分 = 分部工程实测得分 - 外观扣分$$

二、单位工程、合同段、建设项目工程质量鉴定方法

根据分部工程得分采用加权平均值计算单位工程得分，再逐级加权计算合同段工程质量得分。内业资料审查发现的问题，在合同段工程质量得分的基础上采用扣分制，扣分累计不

得超过 5 分；合同段工程质量得分减去内业资料扣分为该合同段工程质量鉴定得分。采用加权平均值计算建设项目工程质量鉴定得分。

$$单位工程得分=\frac{\Sigma[分部工程得分\times权值]}{\Sigma权值}$$

$$合同段工程质量鉴定得分=\frac{\Sigma[单位工程得分\times单位工程投资额]}{\Sigma单位工程投资额}-内业资料扣分$$

$$建设项目工程质量鉴定得分=\frac{\Sigma[合同段工程质量鉴定得分\times合同段工程投资额]}{\Sigma合同段工程投资额}$$

公式中的投资额原则使用结算价，当结算价暂时无法确定时，可使用招标合同价。但无论采用结算价还是招标合同价，计算时各单位工程或合同段均应统一。

三、工程质量等级鉴定

1. 总体要求

桥梁结构安全稳定，混凝土强度、桩基检测、预应力构件的张拉应力、桥梁承载力等均符合设计要求；工程质量经施工自检和监理评定均合格，并经项目法人确认。不满足上述要求的工程质量鉴定不予通过。

2. 工程质量等级划分

工程质量等级应按分部工程、单位工程、合同段、建设项目逐级进行评定，分部工程质量等级分为合格、不合格两个等级；单位工程、合同段、建设项目工程质量等级分为优良、合格、不合格三个等级。

分部工程得分大于或等于 75 分，则分部工程质量为合格，否则为不合格。

单位工程所含各分部工程均合格，且单位工程得分大于或等于 90 分，质量等级为优良；所含各分部工程均合格且得分大于或等于 75 分，小于 90 分，质量等级为合格；否则为不合格。

合同段（建设项目）所含单位工程（合同段）均合格，且工程质量鉴定得分大于或等于 90 分，工程质量鉴定等级为优良；所含单位工程均合格，且得分大于或等于 75 分、小于 90 分，工程质量鉴定等级为合格；否则为不合格。

不合格分部工程经整修、加固、补强或返工后可重新进行鉴定，直至合格。

第四节 桥梁交工检测案例

某桥桥梁跨越小河，桥下无通航要求。桥梁上部结构为 3×16 m 预应力混凝土简支小箱梁，下部结构桥台为 U 形桥台，桥墩为双柱式桥墩，基础均为扩大基础，桥面铺装为钢筋混凝土桥面铺装，栏杆为钢筋混凝土防撞墙，桥梁全长 60 m，桥宽：净 7 m（行车道）+2×0.5 m（防撞墙），该桥建成于 2018 年 3 月，桥型总体布置图见图 3-4-1、现场拍摄正面照、平面照见图 3-4-2、图 3-4-3。

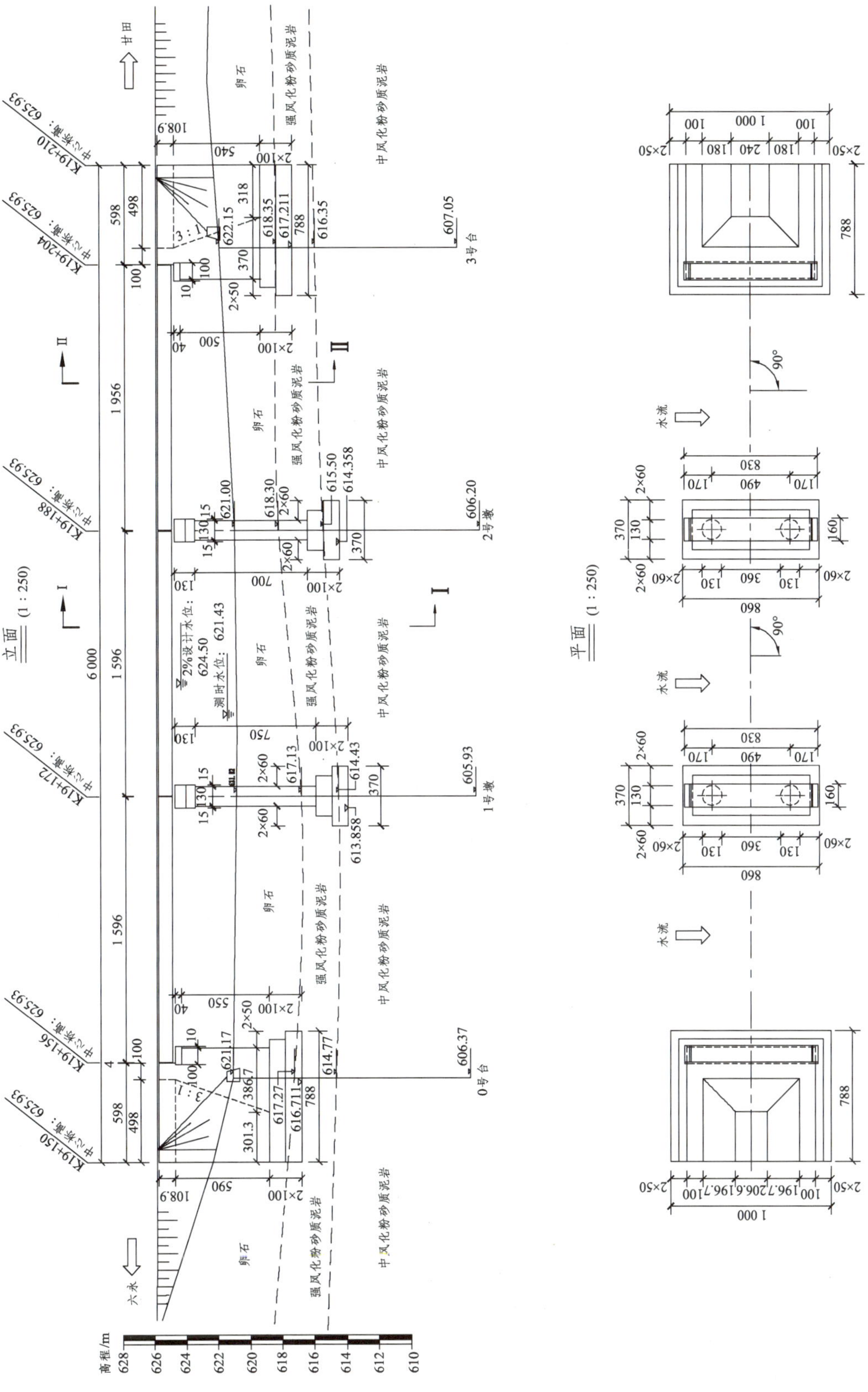

立面 (1 : 250)
平面 (1 : 250)
甘田
六永
水流
卵石
强风化粉砂质泥岩
中风化粉砂质泥岩
0号台
1号墩
2号墩
3号台
高程/m
2%设计水位: 624.50
测时水位: 621.43

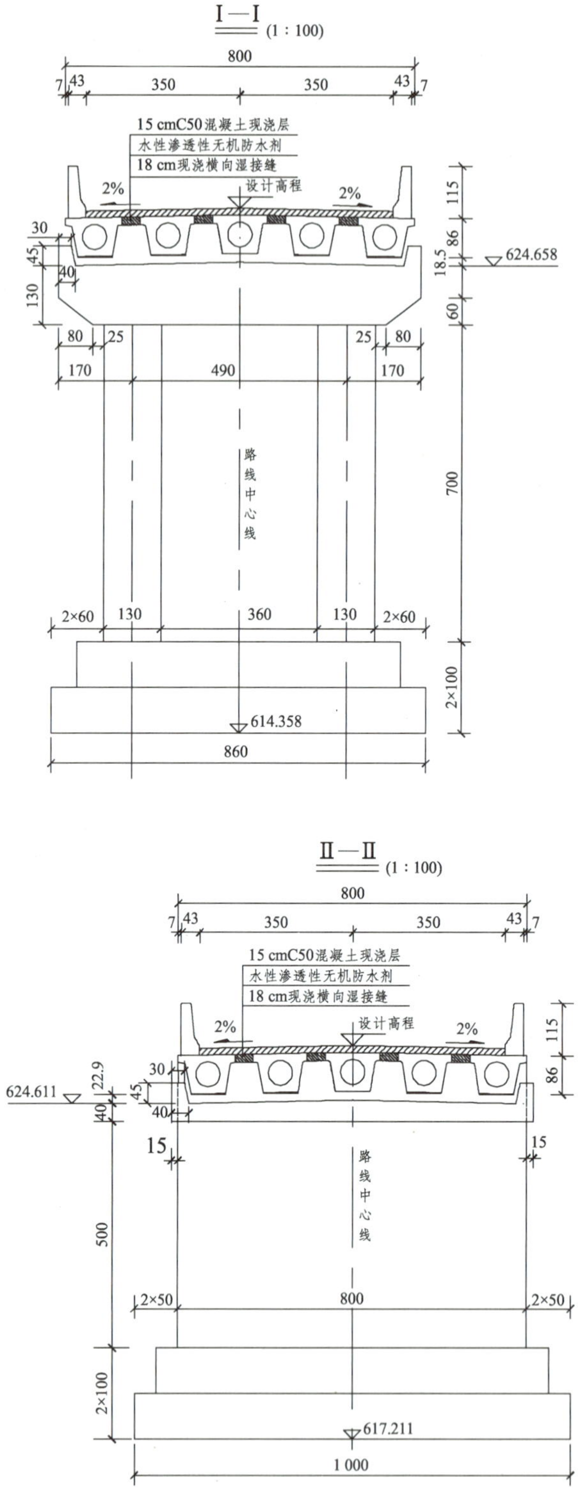

图 3-4-1　桥型总体布置图

图 3-4-2　正面照

图 3-4-3　平面照

抽检方案见表 3-4-1。

表 3-4-1 某桥交工验收检测项目及数量

检测项目	分部工程类别	抽查项目	抽查频率	单位	数量	备注
常规检测	下部构造	墩台混凝土强度	每墩台用回弹仪或超声波测不少于2个测区，测区总数不少于10个	测区	60	
		主要结构尺寸	每墩台测不少于2点	点	12	
		钢筋保护层厚度	每墩台测2~4处	处	24	
		墩台垂直度	每个墩台测两个方向	点	12	
	上部构造	混凝土强度	抽查主要承重构件，每孔用回弹仪或超声波测不少于10个测区	测区	90	
		主要结构尺寸	每座桥测10~20点	点	20	
		钢筋保护层厚度	每片测2~4处	构件	30	
	桥面系	伸缩缝与桥面高差	逐条缝检测	缝	2	
		桥面铺装平整度	每联用3 m直尺测3处，每处3尺	处	3	
		横坡	每100 m测不少于3个断面	断面	3	
		桥面抗滑	每200 m测不少于3处	点	3	
	外观病害检测			m^2	384	

根据实体检测及外观检查数据分析，依据《公路工程竣（交）工验收办法实施细则》（交公路发〔2010〕65 号）及《公路工程质量检验评定标准　第一册　土建工程》（JTG F80/1—2004），该桥工程质量得分为 89.8 分，故该桥交工质量等级为合格。

第四章

桥梁技术状况评定

桥梁技术状况评定目的是通过全面描述桥梁各部件的缺陷，评价桥梁技术状况，记录桥梁基本特征，建立健全桥梁技术档案，提供进行桥梁养护、维修和加固的决策支持，使桥梁长期处于良好的工作状态。桥梁技术状况评定涉及因素众多，主要包括桥梁构件、部件、桥面系、上部结构、下部结构及全桥的评定，评定中各检测指标的评定，是整个评定的关键和基础，由此依次计算构件、部件、桥面系、上部结构、下部结构及全桥的技术状况。

桥梁分为公路桥梁及城市桥梁，公路桥梁的技术状况评定应按照《公路桥梁技术状况评定标准》（JTG/T H21—2011）进行定期检查及技术状况评定；城市桥梁的技术状况评定应按照《城市桥梁养护技术标准》（CJJ 99—2017）进行定期检查及技术状况评定。

第一节 公路桥梁技术状况评定（按照 JTG/T H21—2011）

公路桥梁技术状况的检测采用目测与仪器相结合的方法，评定采用分层综合评定与单项指标控制相结合的方法，按不同桥型进行桥梁评定分类，并细化不同桥型的部件分类，根据不同桥型的部件类型制定评定细则，将评定指标进行了细分并提出了量化标准，提出了 5 类桥梁技术状况单项控制指标的评定模型。

一、公路桥梁技术状况评定方法

根据《公路桥梁技术状况评定标准》（JTG/T H21—2011）要求，采用分层综合评定与 5 类桥梁单项控制指标相结合的方法，先对桥梁各构件进行评定，然后对桥梁各部件进行评定，再对桥面系、上部结构和下部结构分别进行评定，最后进行桥梁总体技术状况的评定，评定指标如图 4-1-1 所示。

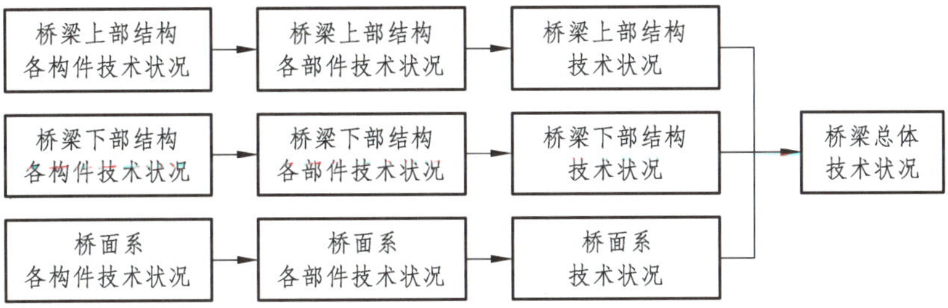

图 4-1-1 桥梁技术状况评定指标

当单个桥梁存在不同结构形式时，可根据结构形式的分布情况划分评定单元，分别对各评定单元进行桥梁技术状况的等级评定。该评定方法计算模型涉及参数较多，其操作流程可分为4个环节：桥梁构件评定，部件评定，桥面系、下部结构、上部结构评定，桥梁总体评定。

二、公路桥梁部件划分

桥梁部件分为主要部件和次要部件。各结构桥梁主要部件见表4-1-1，其他部件为次要部件。

表4-1-1　各桥梁结构主要部件

结构类型	主要部件
梁式桥	上部承重构件、桥墩、桥台、基础、支座
板拱桥、肋拱桥、箱型拱桥、双曲拱桥	主拱圈、拱上结构、桥面板、桥墩、桥台、基础
刚架拱桥、桁架拱桥	刚架（桁架）拱片、横向联结系、桥面板、桥台、基础
钢-混凝土组合拱桥	拱肋、横向联结系、立柱、吊杆、条杆、行车道板、支座
悬索桥	主缆、吊索、加劲梁、索塔、锚锭、桥墩、桥台、基础、支座
斜拉桥	斜拉索、主梁、索塔、桥墩、桥台、基础、支座

桥梁总体技术状况评定等级分为1类、2类、3类、4类、5类，见表4-1-2。

表4-1-2　桥梁总体技术状况评定等级

技术状况评定等级	桥梁技术状况描述
1类	全新状况，功能完好
2类	有轻微缺损，对桥梁使用功能无影响
3类	有中等缺损，尚能维持正常使用功能
4类	主要构件有大的缺损，严重影响桥梁使用功能；或影响承载能力，不能保证正常使用
5类	主要构件存在严重缺损，不能正常使用，危及桥梁安全，桥梁处于危险状态

三、公路桥梁技术状况评分

根据不同桥型或评定单元，按照标准规定的评定指标标度类别数、评定标准和扣分值、分别计算桥梁上部结构（下部结构、桥面系）某类部件各个构件的技术状况评分，具体评分按以下公式计算。

1. 桥梁构件的技术状况评分

桥梁构件的技术状况评分，按式（4-1-1）计算。

$$PMCI_l(BMCI_l\text{或}DMCI_l)=100-\sum_{x=1}^{k}U_x \qquad (4\text{-}1\text{-}1)$$

当 $x=1$ 时 $\quad U_1=DP_{i1}$

当 $x\geqslant 2$ 时 $\quad U_x=\dfrac{DP_{ij}}{100\times\sqrt{x}}\times\left(100-\sum_{y=1}^{x-1}U_y\right)$（其中 $j=x$）

当 $DP_{ij}=100$ 时 $\quad PMCI_l(BMCI_l\text{或}DMCI_l)=0$

式中：$PMCI_l$——上部结构第 i 类部件 l 构件的得分，值域为 0 ~ 100 分；

$BMCI_l$——下部结构第 i 类部件 l 构件的得分，值域为 0 ~ 100 分；

$DMCI_l$——桥面系第 i 类部件 l 构件的得分，值域为 0 ~ 100 分；

k——第 i 类部件 l 构件出现扣分的指标的种类数；

U、x、y——引入的变量；

i——部件类别，例如 i 表示上部承重构件、支座、桥墩等；

j——第 i 类部件 l 构件的第 j 类检测指标；

DP_{ij}——第 i 类部件 l 构件的第 j 类检测指标的扣分值；根据构件各种检测指标扣分值进行计算，扣分值按表 4-1-3 规定取值。

表 4-1-3 构件各检测指标扣分值

检测指标所能达到的最高等级类别	指标类别				
	1 类	2 类	3 类	4 类	5 类
3 类	0	20	35	—	—
4 类	0	25	40	50	—
5 类	0	35	45	60	100

2. 桥梁部件的技术状况评分

桥梁部件的技术状况评分按式（4-1-2）计算。

$$\left.\begin{aligned}PCCI_i&=\overline{PMCI}-(100-PMCI_{\min})/t\\ \text{或}BCCI_i&=\overline{BMCI}-(100-BMCI_{\min})/t\\ \text{或}DCCI_i&=\overline{DMCI}-(100-DMCI_{\min})/t\end{aligned}\right\} \qquad (4\text{-}1\text{-}2)$$

式中：$PCCI_i$——上部结构第 i 类部件的得分，值域为 0 ~ 100 分；当上部结构中的主要部件某一构件评分值 $PMCI_l$ 在[0，40）区间时，其相应的部件评分值 $PCCI_i=PMCI_l$；

$\overline{PMCI}$——上部结构第 i 类部件各构件的得分平均值，值域为 0 ~ 100 分；

$BCCI_i$——下部结构第 i 类部件的得分，值域为 0 ~ 100 分；当下部结构中的主要部件某一构件评分值 $BMCI_l$ 在[0，40）区间时，其相应的部件评分值 $BCCI_i=BMCI_l$；

$\overline{BMCI}$——下部结构第 i 类部件各构件的得分平均值，值域为 0 ~ 100 分；

$DCCI_i$——桥面系第 i 类部件的得分，值域为 0 ~ 100 分；

$\overline{DMCI}$——桥面系第 i 类部件各构件的得分平均值，值域为 0 ~ 100 分；

$PCCI_{min}$——上部结构第 i 类部件中分值最低的构件得分值；

$BCCI_{min}$——下部结构第 i 类部件中分值最低的构件得分值；

$DCCI_{min}$——桥面系第 i 类部件分值最低的构件得分值；

t——随构件的数量而变的系数，见表 4-1-4。

表 4-1-4　t 值

n（构件数）	t	n（构件数）	t
1	∞	20	6.6
2	10	21	6.48
3	9.7	22	6.36
4	9.5	23	6.24
5	9.2	24	6.12
6	8.9	25	6.00
7	8.7	26	5.88
8	8.5	27	5.76
9	8.3	28	5.64
10	8.1	29	5.52
11	7.9	30	5.4
12	7.7	40	4.9
13	7.5	50	4.4
14	7.3	60	4.0
15	7.2	70	3.6
16	7.08	80	3.2
17	6.96	90	2.8
18	9.84	100	2.5
19	6.72	≥200	2.3

注：① n 为第 i 类部件的构件总数。

② 表中未列出的 t 值采用内插法计算。

3. 桥梁上部结构、下部结构、桥面系的技术状况评分

桥梁上部结构、下部结构、桥面系的技术状况评分按式（4-1-3）计算。

$$SPCI(SBCI或BDCI)=\sum_{i=1}^{m}PCCI_i(BCCI_i或DCCI_i)\times W_i \tag{4-1-3}$$

式中：$SPCI$——桥梁上部结构技术状况评分，值域为 0 ~ 100 分；

$SBCI$——桥梁下部结构技术状况评分，值域为 0 ~ 100 分；

$BDCI$——桥面系技术状况评分，值域为 0 ~ 100 分；

m——上部结构（下部结构或桥面系）的部件种类数；

W_i——第 i 类部件的权重。对于桥梁中未设置的部件，应根据此部件的隶属关系，将其权重分配给各既有部件，分配原则按照各既有部件权重在全部既有部件权重中所占的比例进行分配。梁桥各部件的权重值见表 4-1-5。

表 4-1-5　梁桥各部件的权重值

部位	部件	构件权重 W_i
上部结构	上部承重结构（主梁、挂梁）	0.7
	上部一般构件（湿接缝、横隔板）	0.18
	支座	0.12
下部结构	翼墙、耳墙	0.02
	锥坡、护坡	0.01
	桥墩	0.3
	桥台	0.3
	墩台基础	0.28
	河床	0.07
	调治构造物	0.02
桥面系	桥面铺装	0.4
	伸缩缝装置	0.25
	人行道	0.1
	栏杆、护栏	0.1
	排水系统	0.1
	照明、标志	0.05

拱桥各部件的权重值见表 4-1-6。

表 4-1-6　拱桥各部件的权重值

部位	部件	构件权重 W_i
上部结构	主拱圈	0.7
	拱上结构	0.2
	桥面板	0.1
下部结构	翼墙、耳墙	0.02
	锥坡、护坡	0.01
	桥墩	0.3
	桥台	0.3
	墩台基础	0.28
	河床	0.07
	调治构造物	0.02
桥面系	桥面铺装	0.4
	伸缩缝装置	0.25
	人行道	0.1
	栏杆、护栏	0.1
	排水系统	0.1
	照明、标志	0.05

4. 桥梁总体的技术状况评分

桥梁总体的技术状况评分按式（4-1-4）计算。

$$D_r = BDCI \times W_D + SPCI \times W_{SP} + SBCI \times W_{SB} \tag{4-1-4}$$

式中：D_r——桥梁总体技术状况评分，值域为 0 ~ 100 分；

W_D——桥面系在全桥中的权重；

W_{SP}——上部结构在全桥中的权重；

W_{SB}——下部结构在全桥中的权重。

桥梁结构组成权重值宜按表 4-1-7 的规定取值。

表 4-1-7　桥梁结构组成权重值

桥梁部位	权重
上部结构 W_{SP}	0.40
下部结构 W_{SB}	0.40
桥面系 W_D	0.20

5. 桥梁技术状况分类界限

桥梁技术状况分类界限按表 4-1-8 规定执行。

表 4-1-8　桥梁技术状况分类界限

技术状况评分	技术状况等级 D_j				
	1 类	2 类	3 类	4 类	5 类
D_r（*SPCI*、*SBCI*、*BDCI*）	[95，100）	[80，95）	[60，80）	[40，60）	[0，40）

注：① 当上部结构和下部结构技术状况等级为 3 类、桥面系技术状况等级为 4 类，且桥梁总体技术状况评分为 $40 \leqslant D_r < 60$ 时，桥梁总体技术状况等级应评定为 3 类。

② 全桥总体技术状况等级评定时，当主要部件评分达到 4 类或 5 类且影响桥梁安全时，可按照桥梁主要部件最差的缺损状况评定。

6. 5 类桥梁技术状况单项控制指标

在桥梁技术状况评价中，有下列情况之一时，整座桥应评为 5 类桥：

（1）上部结构有落梁，或有梁、板断裂现象。

（2）梁式桥上部承重构件控制截面出现全截面开裂；或组合结构上部承重构件结合面开裂贯通，造成截面组合作用严重降低。

（3）梁式桥上部承重构件有严重的异常位移，存在失稳现象。

（4）结构出现明显的永久变形，变形大于规范值。

（5）关键部位混凝土出现压碎或杆件失稳倾向；或桥面板出现严重坍塌。

（6）拱式桥拱脚严重错台、位移，造成拱顶挠度大于限值；或拱圈严重变形。

（7）圬工拱桥拱圈大范围砌体断裂，脱落现象严重。

（8）腹拱、侧墙、立墙或立柱产生破坏造成桥面板严重塌落。

（9）系杆或吊杆出现严重锈蚀或断裂现象。

（10）悬索桥主缆或多根吊索出现严重锈蚀、断丝。

（11）斜拉桥拉锁钢丝出现严重锈蚀、断丝，主梁出现严重变形。

（12）扩大基础冲刷深度大于设计值，冲空面积达 20%以上。

（13）桥墩（桥台或基础）不稳定，出现严重滑动、下沉、位移、倾斜等现象。

（14）悬索桥、斜拉桥索塔基础出现严重沉降或位移；或悬索桥锚碇有水平位移或沉降。

四、公路桥梁养护对策

应根据桥梁技术状况评定结果，对各类桥梁采取相应的养护对策。

1 类桥梁：正常保养或预防养护。

2 类桥梁：修复养护、预防养护。

3 类桥梁：修复养护、加固或更换较大缺陷构件；必要时可进行交通管制。

4 类桥梁：修复养护、加固或改造；及时进行交通管制，必要时封闭交通。

5 类桥梁：及时封闭交通，改建或重建。

五、工程实例

某桥经检查共有 10 片梁（$n=10$，$t=8.1$），发现其中 1#梁存在剥落病害，评定标度为 2（最高标度为 4），2#梁存在裂缝和蜂窝两种病害，其中裂缝评定标度 2（最高标度 5），蜂窝评定标度为 2（最高标度为 3）；本桥无支座，上部一般部件（横隔板）无明显病害。

（1）计算 1#梁、2#梁得分。

解：查表得：1#梁 DP_1=25 分，2#梁 DP_1=35 分、DP_2=20 分。

由 $\begin{cases} U_1 = DP_1 \\ U_2 = \dfrac{DP_2}{100\times\sqrt{2}}\times(100-U_1) \end{cases}$ 得：

1#梁 U_1=25；

2#梁 U_1=35 分、U_2=9.2 分。

由 $PMCI_l(BMCI_l或DMCI_l)=100-\sum_{x=1}^{k}U_x$ 得：

1#梁得分=100−25 =75 分

2#梁得分=100−35−9.2 =55.8 分

其他梁得分：100 分

（2）计算主梁部件得分。

解：$PCCI_i=\overline{PMCI}-(100-PMCI_{\min})/t$

=93.1−(100−55.8)/8.1

=87.6 分

（3）经查表得主梁原始权重为 0.70，横隔板原始权重为 0.18，支座原始权重为 0.12，计算权重重分配后，主梁权重及横隔板权重。

解：主梁分配后权重：0.7+0.7×0.12/（0.7+0.18）≈0.80

横隔板分配后权重：0.18+0.18×0.12/（0.7+0.18）≈0.20

（4）计算该桥上部结构得分。

解：$SPCI(SBCI或BDCI)=\sum_{i=1}^{m}PCCI_i(BCCI_i或DCCI_i)\times W_i$

=100×0.20+87.6×0.80

≈ 90.1 分

（5）假若该桥下部结构得分为 100 分，桥面系得分为 100 分，计算该桥技术状况综合得分，并评定该桥技术状况等级。

解：$D_{\mathrm{r}}=BDCI\times W_{\mathrm{D}}+SPCI\times W_{\mathrm{SP}}+SBCI\times W_{\mathrm{SB}}$

=100×0.4+100×0.2+90.1×0.4

≈ 96.0 分

综合评定为 1 类桥。

第二节 城市桥梁技术状况评定（按照 CJJ 99—2017）

根据城市桥梁在道路系统中的地位，城市桥梁养护类别分为 5 类：

Ⅰ类养护——单孔跨径大于 100 m 的桥梁及特殊结构的桥梁。

Ⅱ类养护——城市快速路上的桥梁。

Ⅲ类养护——城市主干路上的桥梁。

Ⅳ类养护——城市次干路上的桥梁。

Ⅴ类养护——城市支路和街坊路上的桥梁。

Ⅰ类养护的城市桥梁技术状况评估应按定期检查缺损状况进行评估，Ⅱ ~ Ⅴ类养护的城市桥梁应根据缺损状况计算桥梁状况指数 *BCI* 确定桥梁技术状况，计算桥梁结构指数 *BSI* 确定桥梁不同组成部位的结构状况。应按分层加权法根据桥梁的定期检查记录对桥面系、上部结构、下部结构和全桥进行评估。

一、城市桥梁技术状况评定依据

根据《城市桥梁养护技术标准》（CJJ 99—2017）有关规定，桥梁技术状况的评估包括桥面系、上部结构、下部结构和全桥评估，采用先分部再综合的办法评估。

二、城市桥梁上部结构的技术状况评分

桥梁上部结构的技术状况采用上部结构状况指数 BCI_S、上部结构的结构状况采用上部结构的结构状况指数 BSI_S 表示，按式（4-2-1）~式（4-2-4）计算。

$$BCI_S=\frac{1}{m}\sum_{k=1}^{m}BCI_k \tag{4-2-1}$$

$$BSI_S=\min(BCI_k) \tag{4-2-2}$$

$$BCI_k=\sum_{i=1}^{n_s}(100-SDP_{kl})\times\omega_{kl} \tag{4-2-3}$$

$$SDP_{kl}=\sum_{x}DP_{klx}\times\omega_{klx} \tag{4-2-4}$$

式中：x——桥梁第 k 跨上部结构中构件 l 的损坏类型；

DP_{klx}——桥梁第 k 跨上部结构中构件 l 在损坏类型为 x 时的扣分值；

SDP_{kl}——构件 l 的综合扣分值；当 $SDP_{kl}<\max(DP_{klx})$，取值为 $\max(DP_{klx})$，当 $SDP_{kl}>100$ 时，取值为 100；

ω_{kl}——构件 l 的权重，见表 4-2-1；

n_s——第 k 跨上部结构的桥梁构件数；

BCI_k——第 k 跨上部结构技术状况指数；

m——桥梁跨数；

BCI_S——桥梁的上部结构技术状况指数；

ω_{klx}——桥梁第 k 跨上部结构中构件 l 在损坏类型为 x 时的权重，由式 $\omega=3.0\mu^3-5.5\mu^2+3.5\mu$ 计算而得，μ 根据第 x 项损坏的扣分 DP_{klx} 占构件 l 所有损坏扣分值的比例

$\left(\mu=\dfrac{DP_{klx}}{\sum\limits_{x}DP_{klx}}\right)$计算而得。

表 4-2-1　桥梁上部结构各构件权重

桥型	构件类型	权重	桥型	构件类型	权重
梁桥	主梁	0.6	桁架桥	桁片	0.5
				主节点	0.1
	横向联系	0.4		纵梁	0.2
				横梁	0.1
				连接件	0.1
悬臂+挂梁	悬臂梁	0.6	拱桥（无拱上结构）	主拱圈（桁）	0.7
	挂梁	0.2		横向联系	0.3
	挂梁支座	0.1	刚构桥	主梁	0.8
	防落梁装置	0.1		横向联结	0.2
人行天桥	主梁	0.55	拱桥（有拱上结构）	主拱圈	0.50
	横系梁	0.35		拱上结构	0.20
	外部装饰板	0.10		横系梁	0.30

注：未出现要素其权重应按剩余要素权重的比例关系重新分配。

三、城市桥梁下部构件的技术状况评分

桥梁下部结构的技术状况的评估采用逐墩（台）进行，然后再计算整个桥梁下部结构的状况指数 BCI_x，桥梁下部结构的结构状况采用下部结构的结构状况指数 BSI_x 表示，按式（4-2-5）~式（4-2-8）计算。

$$BCI_x=\frac{1}{m+1}\sum_{\lambda=0}^{m}BCI_\lambda \tag{4-2-5}$$

$$BSI_x=\min(BCI_\lambda) \tag{4-2-6}$$

$$BCI_\lambda=\sum_{i=1}^{n_\lambda}(100-IDP_{\lambda l})\times\omega_{\lambda l} \tag{4-2-7}$$

$$IDP_{\lambda l}=\sum_{y}DP_{\lambda ly}\times\omega_{\lambda ly} \tag{4-2-8}$$

式中：y——桥梁第 λ 墩（台）中构件 l 的损坏类型；

$DP_{\lambda ly}$——桥梁第 λ 墩（台）中构件 l 的损坏类型为 y 时的扣分值；

$\omega_{\lambda ly}$——桥梁第 λ 墩（台）中构件 l 的损坏类型为 y 时的权重，由式 $\omega=3.0\mu^3-5.5\mu^2+3.5\mu$ 计算而得，μ 根据第 y 项损坏的扣分 $DP_{\lambda l}$ 占构件 l 所有损坏扣分值的比例

$\left(\mu=\dfrac{DP_{\lambda ly}}{\sum_{y} DP_{\lambda ly}}\right)$ 计算而得；

$IDP_{\lambda l}$——构件 l 的综合扣分值；当 $IDP_{\lambda l}<\max(DP_{\lambda lx})$，取值为 $\max(DP_{\lambda lx})$，当 $IDP_{\lambda l}>100$ 时，取值为 100；

$\omega_{\lambda l}$——构件 l 的权重，见表 4-2-2；

n_{λ}——第 λ 墩（台）的构件数；

BCI_{λ}——第 λ 墩（台）的技术状况指数；

BCI_{x}——桥梁的下部结构技术状况指数。

表 4-2-2　桥梁下部结构各构件权重

序号	构件类型	权重
桥墩	盖梁	0.10
	墩身	0.30
	基础	0.45
	拱脚	0.15
桥台	台帽	0.10
	台身	0.30
	基础	0.35
	耳墙（翼墙）	0.10
	拱脚	0.15

注：未出现要素其权重应按剩余要素权重的比例关系重新分配。

四、城市桥梁桥面系的技术状况评分

桥面系的技术状况评估采用桥面系状况指数 BCI_{m} 表示，根据桥面铺装、排水系统、桥头平顺等要素的损坏扣除分值，按式（4-2-9）~式（4-2-11）计算：

$$BCI_{\mathrm{m}}=\sum_{i=1}^{6}(100-MDP_{i})\times\omega_{i} \tag{4-2-9}$$

$$BSI_{\mathrm{m}}=\min(100-MDP_{i}) \tag{4-2-10}$$

$$MDP_{i}=\sum_{j}DP_{ij}\times\omega_{ij} \tag{4-2-11}$$

式中：i——桥面系的评估要素，即 i 表示桥面铺装、桥头平顺、伸缩装置、排水系统、人行道和栏杆；

DP_{ij}——桥面系第 i 类要素中第 j 项损坏的扣分值；

ω_{ij}——桥面系第 i 类要素中第 j 项损坏的权重，由式 $\omega=3.0\mu^{3}-5.5\mu^{2}+3.5\mu$ 计算而得，其中 μ 根据第 j 项损坏的扣分 DP_{ij} 占桥面系第 i 类要素中所有损坏扣分值的比例

$\left(\mu_{ij}=\dfrac{DP_{ij}}{\sum\limits_{j} DP_{ij}}\right)$ 计算而得；

MDP_i——桥面系第 i 类要素中损坏的总扣分值；

ω_i——第 i 项要素的权重，见表 4-2-3。

表 4-2-3　桥面系各要素权重

序号	评估要素	权重
梁桥及桁架桥		
1	桥面铺装	0.30
2	桥头平顺	0.15
3	伸缩装置	0.25
4	排水系统	0.10
5	人行道	0.10
6	栏杆或护栏	0.10
人行天桥		
1	桥面铺装	0.40
2	伸缩装置	0.15
3	排水系统	0.20
4	栏杆或护栏	0.25

注：未出现要素其权重应按剩余要素权重的比例关系重新分配。

五、城市桥梁全桥技术状况评定

整个桥梁的技术状况指数 BCI 根据桥面系、上部结构和下部结构的技术状况指数，由式（4-2-12）进行计算。

$$BCI=BCI_{\mathrm{m}}\times\omega_{\mathrm{m}}+BCI_{\mathrm{s}}\times\omega_{\mathrm{s}}+BCI_{\mathrm{x}}\times\omega_{\mathrm{x}} \qquad (4\text{-}2\text{-}12)$$

式中：ω_{m}、ω_{g}、ω_{x}——桥面系、上部结构和下部结构的权重，根据表 4-2-4 进行取值。

表 4-2-4　桥梁结构组成部分的权重

桥梁部位	权重
桥面系	0.10
上部结构	0.45
下部结构	0.45

根据《城市桥梁养护技术标准》（CJJ 99—2017）有关规定，桥梁上部结构、下部结构、桥面系的结构状况评估见表 4-2-5，整座桥梁结构的完好状况按照表 4-2-6 所示标准进行评估。

表 4-2-5　桥梁结构状况评估标准

BCI^*	$BCI^* \geqslant 90$	$90 > BCI^* \geqslant 80$	$80 > BCI^* \geqslant 66$	$66 > BCI^* \geqslant 50$	$BCI^* < 50$
评估等级	A	B	C	D	E
状态	完好状态	良好状态	合格状态	不合格状态	危险状态

表 4-2-6　桥梁完好状况评估标准

BCI^*	$BCI^* \geqslant 90$	$90 > BCI^* \geqslant 80$	$80 > BCI^* \geqslant 66$	$66 > BCI^* \geqslant 50$	$BCI^* < 50$
评估等级	A	B	C	D	E
状态	完好状态	良好状态	合格状态	不合格状态	危险状态

各类型桥梁有下列情况之一时，即可直接评定为不合格级桥和 D 级桥：

（1）预应力梁产生受力裂缝且裂缝宽度超过本规范限制。

（2）拱桥的拱脚处产生水平位移或无铰拱拱脚产生较大的转动。

（3）钢结构节点板及连接铆钉、螺栓损坏在 20% 以上，钢箱梁开焊、钢结构主要构件有严重扭曲、变形、开焊、锈蚀削弱截面积 10%以上。

（4）墩、台、桩基出现结构性断裂缝，裂缝有开合现象，倾斜、位移、沉降变形危及桥梁安全时。

（5）关键部位混凝土出现压碎或压杆失稳、变形现象。

（6）结构永久变形大于设计规范值。

（7）结构刚度达不到设计标准要求。

（8）支座错位、变形、破损严重，已失去正常支承功能。

（9）基底冲刷面积达 20%以上。

（10）承载能力下降达 25%以上（需通过桥梁验算检测得到）。

（11）人行道栏杆 20%以上残缺。

（12）上部结构有落梁和脱空趋势或梁、板断裂。

（13）特大桥、特殊结构桥除上述情况外，钢-混凝土组合梁、桥面板发生纵向开裂、支座和梁端区域发生滑移或开裂，斜拉桥拉索、锚具损伤；吊桥钢、锚具损伤；吊杆拱桥钢丝、吊杆和锚具损伤。

（14）其他各种对桥梁结构安全有较大影响的部件损坏。

六、城市桥梁养护对策

城市桥梁技术状况应根据完好状态、结构状况等级综合评定，针对不同的养护类别，其完好状态、结构状况等级划分及养护对策如下：

（1）Ⅰ类养护的城市桥梁划分为 2 个等级：合格级，桥梁结构完好或结构构件有损伤，但不影响桥梁的安全，应进行保养小修；不合格级，桥梁结构构件有损伤，影响结构安全，应立即修复。

（2）Ⅱ类 ~ Ⅴ类养护的城市桥梁划分为表 4-2-7 所示 5 个等级。

表 4-2-7　桥梁完好状况评估标准

BCI^*	$BCI^* \geqslant 90$	$90 > BCI^* \geqslant 80$	$80 > BCI^* \geqslant 66$	$66 > BCI^* \geqslant 50$	$BCI^* < 50$
评估等级	A	B	C	D	E
状态	完好状态	良好状态	合格状态	不合格状态	危险状态
养护对策	日常保养	保养小修	针对性小修或中修工程	检测评估后进行中修、大修或加固工程	检测评估后进行大修、加固或改扩建工程

第五章 桥梁承载能力评定

桥梁承载能力评定的方法主要分为结构可靠性理论方法、荷载试验法、基于试验检测承载能力评定方法（按照 JTG/T J21—2011）。对在用桥梁，当存在下列情况之一时，可进行桥梁承载能力评定：

（1）技术状况等级为 4、5 类。

（2）拟提高荷载等级。

（3）需要通过特殊重型车辆荷载。

（4）遭受重大自然灾害或意外事件。

（5）采用其他方法难以准确判断其能否承受预定的荷载。

一、结构可靠性理论方法

桥梁结构的可靠性包括安全性、适用性和耐久性三项要求。结构可靠度是结构可靠性的概率度量，其定义是：结构在规定的时间内，规定的条件下，完成预定功能的概率。其中，“规定的时间”是指设计基准期 100 年，这个基准期只是在计算可靠度时，考虑各项基本变量与时间关系所用的基准时间，并非指桥梁结构的寿命；“规定的条件”是指正常设计、正常施工和正常的使用条件，不包括人为的过失影响；“预定的功能”则是指能承受在正常施工和正常使用时可能出现的各种作用的能力（即安全性），在正常使用时具有良好的工作性能（即适用性），在正常维护下具有足够的耐久性能（耐久性），在偶然事件发生时及发生后，仍能保持必需的整体稳定性。

结构可靠性理论采用失效概率 β_f 或可靠指标 β 来衡量结构的安全水平。若 $\beta \geqslant \beta_T$，则结构安全，否则不安全。结构按承载能力极限状态设计时，应对不同情况下的目标可靠指标 β 值做出规定。结构和结构构件的破坏类型分为：延性破坏——有明显的预兆，β 可稍低；脆性破坏——破坏前没有明显的预兆，β 高一些。

二、荷载试验方法

桥梁荷载试验主要是通过现场试验对既有桥梁承载能力进行评估的方法，包括静载试验法和动载试验法。

1. 静载试验法

桥梁静载试验采用汽车荷载在指定位置对桥梁进行加载，测试其在试验荷载作用下的应变（应力）、挠度等，并对桥梁状况进行检查，从而了解桥梁结构在静载试验荷载作用下的工作状态和受力性能，判断桥梁结构实际承载能力，评价其现存工作性能。

2. 动载试验法

动载试验是采用环境随机激振及跑车、跳车、刹车等激振方法激起桥梁结构的振动，然后测定其固有频率、阻尼比、振幅、冲击系数等参数，从而判断桥梁结构的营运状况和整体动力性能。

三、基于试验检测的承载能力评定方法（按照 JTG/T J21—2011）

基于试验检测的承载能力评定按照《公路梁承载能力检测评定规程》（JTG/T J21—2011）进行，此规程是以概率理论的极限状态设计方法为基础，采用引入分项检算系数修正的正常使用极限状态表达式的方法，对在用桥梁进行承载能力检测评定。

一般情况下，根据桥梁缺损状况调查评估以及质量状况检测评定结果，通过结构检算分析，对桥梁结构承载能力做出评定。只有根据调查、检测与检算结果尚难以确定现有桥梁结构承载能力时，或作用效应与抗力响应的比值为 1.0～1.2 时，应通过荷载试验评定承载能力对桥梁的结构状态和工作性能进行测试评估，确定其承载能力，对于是否有必要进行荷载试验，应根据检算的主要指标超限情况加以确定，一般在下列情况下，可考虑进行荷载试验：

（1）桥梁的施工质量合格，使用状况良好，主要检算指标虽不符合要求，但超限幅度较小：钢结构在 15%以内；配筋混凝土梁式结构，在 25%以内；砖石及混凝土与配筋混凝土拱式结构，在 30%以内。

（2）桥梁的施工质量很差，可能存在安全隐患，仅用调查、检测与检算分析难以确定其实际承载能力。

（3）桥梁在运营过程中损坏严重，可能影响桥梁承载能力。

（4）缺乏设计、施工资料或桥梁的结构受力不明确，不便准确进行桥梁承载能力检算。

（5）为科研或积累资料的需要。

本章重点讲解桥梁荷载试验及按照《公路梁承载能力检测评定规程》（JTG/T J21—2011）的承载能力检测评定方法。

第一节 桥梁荷载试验

桥梁荷载试验的目的是通过加载试验，记录桥梁在荷载作用下的结构反应，为桥梁结构技术状况及承载能力评定和日后养护、维修、加固的决策提供科学依据和支持。

一、荷载试验基本规则

1. 一般规定

（1）新建桥梁和进行了加固或改建后的桥梁，可通过荷载试验来检验桥梁结构的正常使用状态和承载能力是否符合设计要求。

（2）对采用新技术、新工艺、新结构或新材料等设计建成的桥梁，进行荷载试验时，宜逐联或逐座进行。

（3）桥面铺装施工完成且达到其设计强度，可以保证加载试验时桥面板受力和桥面行车试验更接近于设计状态。因此荷载试验宜在桥面铺装完成且达到设计强度后实施。

2. 试验程序

桥梁荷载试验程序包括试验准备阶段、试验实施和试验结果分析评定三个阶段。

（1）试验准备阶段工作。

① 资料准备：主要包括试验桥梁的技术资料收集，桥梁周围环境及现状调查。

② 桥孔选择：对拟试验桥联（座）进行现场踏勘和外观检查，选择代表性桥孔作为测试孔，同时宜考虑便于支架搭设或检测车操作，加载方便，仪器设备连接容易实现等，选择具有典型性桥孔作为主要测试孔。

③ 方案编制：根据试验控制荷载作用下的结构内力、变位及结构基频等的理论计算结果，结合测试内容，按等效原则拟定试验荷载大小、试验工况、加载位置及方法，制订试验加载、测点布设及测试方案等。

（2）现场实施阶段工作。

① 现场准备：试验现场准备工作主要包括试验测点放样布置、荷载组织、现场交通组织及试验测试系统安装等。

② 预加载试验：在正式实施加载试验前，先用试验加载设备对桥梁进行预加载试验，检验整个试验观测系统工作状况，并根据检验结果进行调试。

③ 试验：在各项准备工作就绪的基础上，按照预定的荷载试验方案，利用拟定的加载设备进行加载，并采用人工记录或仪器自动记录方法记录各观测数据和相关资料。

④ 过程监控：静载试验过程中应实时监测主要控制截面最大效应实测值，并与理论计算值进行现场分析比较，判断桥梁结构受力后是否正常，并确定可否进行下级加载。

（3）试验结果分析评定阶段工作。

① 理论计算：按照实际施加荷载情况对桥梁结构内力、应力（应变）和变形进行理论计算。必要时尚应对裂缝宽度、动力响应等进行分析。

② 数据分析：原始测试记录包括大量的观测数据、文字记载和图片等材料，由于试验中影响因素较多，通常对其进行科学的分析比较，从中提取有价值的信息。对于一些数据或信号，必要时按照数理统计的方法进行分析、取舍，或依靠专门的分析仪器和分析软件进行分析处理，或按照相关规程的方法进行计算。因此需对原始测试记录进行科学分析处理综合比较，从中提取有价值的信息。

③ 报告编制：根据理论计算和测试数据分析处理结果，对试验桥梁做出科学判断与评价，形成荷载试验报告。

3. 试验环境

（1）交通环境。

桥梁荷载试验应在桥梁处于封闭的交通状态下实施。

（2）风环境。

荷载试验不宜在强风下进行。悬索桥、斜拉桥、大跨径桁架拱桥及特高墩桥梁等，宜在3

级风及 3 级风以下实施。对处于风力较大地区的特大跨径桥梁，荷载试验时宜对风环境进行检测，不能满足试验要求时应暂停试验。

（3）温度环境。

荷载试验应在气温平稳的时段进行。气温低于 5 °C 或高于 35 °C 时，不宜进行荷载试验。当气温较低或较高时，应根据仪器设备正常工作的温度范围，确定是否进行荷载试验。

（4）雨、雪、雾环境。

大中雨（雪）及大雾天气不宜进行桥梁荷载试验。小雨（雪）天气进行桥梁荷载试验时，应做好仪器设备及传输线路的防雨、防风措施。

（5）应避免在试验桥梁周围出现冲击、振动、强磁场等严重干扰测试效果的时段进行荷载试验。

（6）静力试验应选择温度较为稳定的时间段进行，应尽量避开高温强光、强风、大浪、雨雪等恶劣环境条件。

4. 计算原则

（1）进行桥梁的交（竣）工验收荷载试验时，应依据竣工图文件建立计算模型，并根据试验对象的设计荷载等级确定试验控制荷载，按照现行规范规定对结构的动力参数、控制截面内力、应力（应变）、变位等效应进行计算。对加固或改建后桥梁的交（竣）工验收荷载试验，计算时应考虑新旧结构的相互作用及二次受力的影响。

（2）以目标荷载为控制荷载的桥梁进行荷载试验时，应依据桥梁几何尺寸、材料特性及结构实际状况等实测参数建立计算模型，根据控制荷载进行分级，由低级向高一级荷载加载试算，按相应的设计规范规定对结构的动力参数、控制截面内力、应力（应变）、变形等效应进行检算。当缺乏设计、施工等技术资料时，可参考同年代同类型桥梁设计（竣工）文件，由低一级向高一级荷载等级加载验算。

（3）按等效效应拟定等效试验荷载时，可按最不利截面在目标荷载作用下的内力、应力（应变）、位移、裂缝等与拟试验荷载相应值的比较，但不应使其他截面的相关结构反应超出范围。

（4）对于异型桥梁进行计算分析时，应考虑其空间力学效应。

（5）分析桥梁结构动力特性时应建立全桥整体空间结构计算模型。

二、仪器设备与测试方法

1. 一般规定

（1）试验测试设备应经过计量检定/标定，宜使用先进的测试设备。

（2）荷载试验前应对测试设备进行核查。

（3）选择测试设备应满足精度的要求，一般应优于预计测量值的 5%。

（4）测试设备应有满足试验需要的量程和动态范围。通常预计实测值处于测试设备量程的 15% ~ 85%。

（5）选择同类型或同规格测试设备是为了减少测试环节，提高测试工作的可靠性和可操作性。因此同次试验宜选用同种类型或规格的测试设备。

2. 静力参数测试

（1）应力（应变）测试（图 5-1-1）。

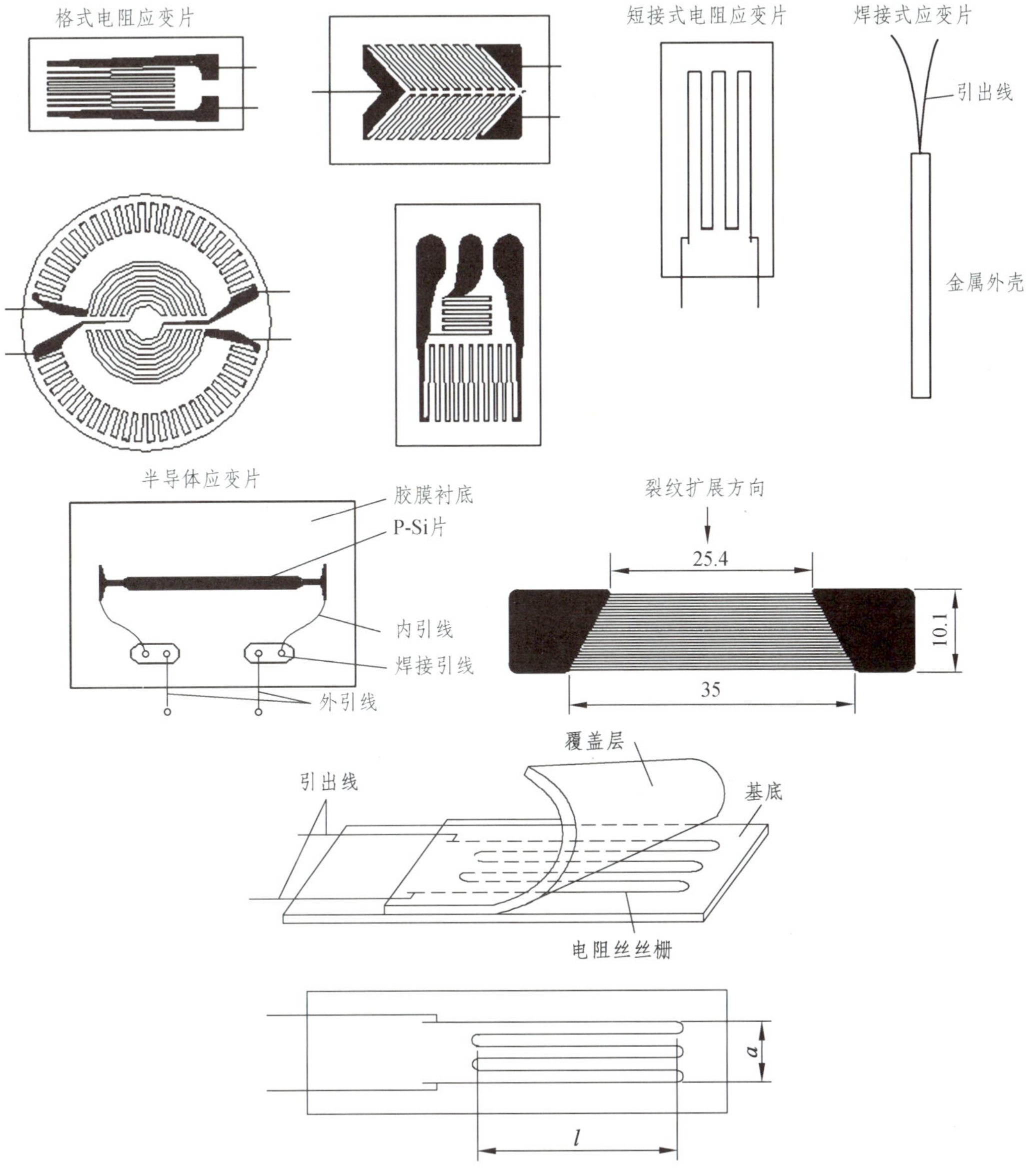

图 5-1-1　电阻应变片结构示意图

① 测试方法及设备。

a. 应变（应力）测量可采用机械式测试方法及设备、电阻式测量方法及设备、振弦式测试方法及设备、光纤式测试方法及设备。

b. 引伸计是机械式应变测试设备，采用这种方法测量应变时，可利用千分表 0.001 mm 的读数精度，将其装配成测试结构应变的千分表引伸计。

c. 采用电阻应变计测量方法，应将电阻应变计粘贴在被测构件上，通过电阻应变测量装置，测得应变（应力）值。

d. 采用振弦式应力（应变）测量方法，应预先标定“力-频率”关系曲线，再通过钢弦自振频率变化测得应变值。

e. 采用光纤式应力（应变）测量方法，应标定光纤光栅周期或纤芯折射率与力或应变的变化关系，再通过光纤光幅周期或纤芯折射率的变化得到应力（应变）值。

② 测试设备的检查与保护。

a. 试验用的测试设备均应在测试前进行检查，并按仪表本身的要求进行标定和必要的误差修正。安装完毕后应进行系统调试，并在条件允许的情况下，尽快进行荷载试验。

b. 试验现场测试设备应采取必要的保护措施。

c. 测试设备容易受到碰撞扰动的部位应加强保护设备、系保险绳或设置醒目的标志，以保证仪表正常工作。

d. 测试设备安装工作一般应在加载试验前完成并进行不少于 15 min 的稳定观测。

e. 应注意测试设备安装位置和方法是否正确。安装完毕应由有测试经验的人员进行检查，可利用过往车辆或进行预加载来观察测试设备工作是否正常。

③ 试验观测与记录。

a. 采用人工读表时，测读应准确、迅速，并记录在专门的表格上。记录表格的信息应包括：测试设备的编号，加载分级次数与每次读数，异常情况记录、记录人、复核人等必备信息。

b. 采用计算机自动采集系统读数记录时，应利用系统实时监测功能对控制点的应变或变形进行监控，对测试结果异常现象应及时查明原因并采取补救措施。

（2）变形测试（图 5-1-2）。

① 变形测试的方法与设备。

a. 变形测量可采用机械式仪器和基于电（声、光）原理的测仪器。

b. 桥梁测试中使用千分表、百分表和挠度计进行变形测量。

c. 连通管可用来测量桥梁结构挠度。

d. 高精度全站仪和精密水准仪为适合桥梁变形测试的光学（光电）测试设备。

e. 利用卫星定位系统进行变形测试可有效提高测试精度。

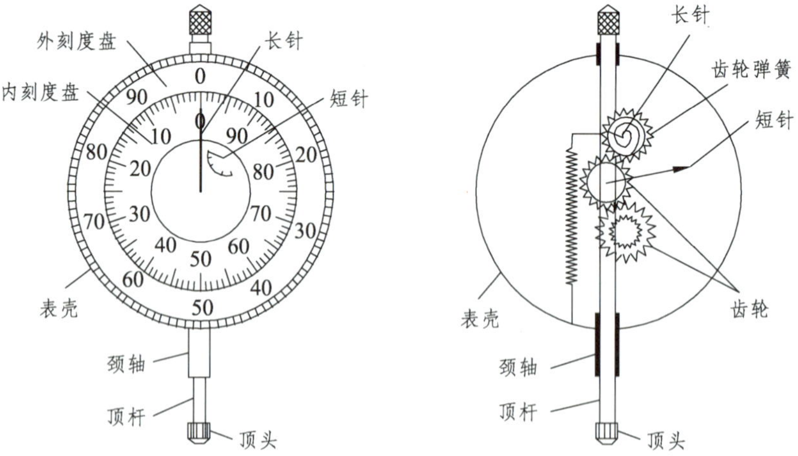

（a）百分表（或千分表）

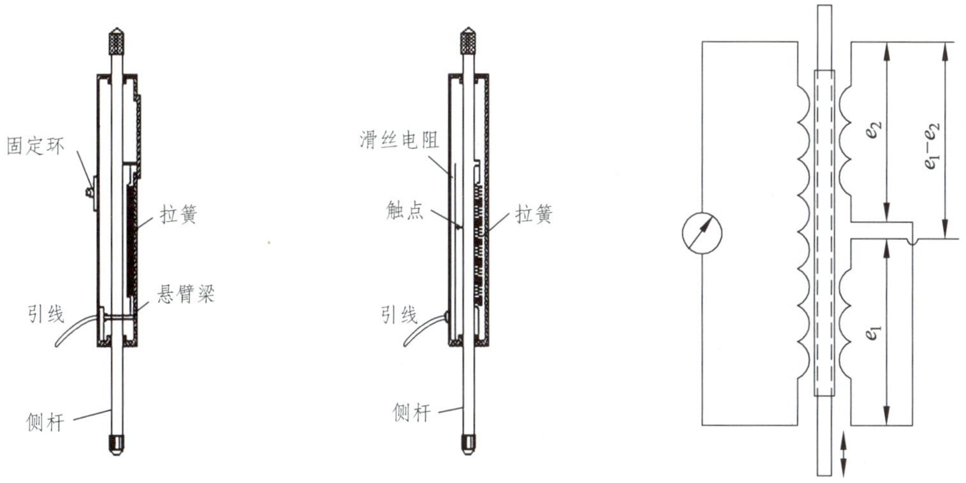

（b）电子百分表　（c）滑丝电阻式位移计　（d）线性差动电感式位移计

图 5-1-2　变形测试

② 测试设备的检查、安装与调试。

变形测量包括桥梁检测部位的垂直和水平变形等内容，凡需考虑要布置测点的位置，均应做必要的安装准备。

3. 裂缝测试

（1）应针对结构承受拉力较大部位及原有裂缝较长、较宽部位进行。

（2）宜测试荷载试验前结构上的既有裂缝和试验中出现的新裂缝。

（3）裂缝长度、分布和走向可直接观测得到。裂缝宽度可采用刻度放大镜、裂缝计及裂缝宽度探测仪进行测量，也可在被测裂缝处安装固定装置进行观测。必要时，也可采用取芯法或其他无损方法测量裂缝的深度。

4. 动力参数测试

自振特性参数包括结构的自振频率（自振周期）、阻尼比和振型。桥梁动力响应一般指桥梁在特定动荷载作用下的动应力、动挠度、加速度、动力放大系数、冲击系数。应测试结构自振特性参数和动力响应值。试验过程中，应观察结构的反应现象。自振特性参数的测试设备应包括测振传感器（拾振器）、放大器及记录仪等。测量时，应将测振传感器（拾振器）布设在被测结构理论振型的峰（谷）点、选择的固定参考点和各分界点上，用放大特性相同的多路放大器和记录特性相同的多路记录仪同时测记各测点的振动响应信号。桥梁振型测量时，通常先分析理论振型，测点数目要足以连接成曲线，且测点尽可能布置在控制断面上。拾振器数量有限时，通常将一个拾振器放在参考点上始终不动，分批搬动其他拾振器得到所有测点。振型测量前要把测振仪器系统放在参考点上标定，从而对标定以后的测振仪器系统（拾振器、导线，记录通道）进行变更。利用各通道的系统灵敏度，换算得到实测的幅值关系并归一化后，得到最大坐标值是 1 时的振型曲线。动力响应测试，应测试动位移、动应变、动力放大系数和冲击系数。动位移可采用位移传感器和测量放大器，或光电变形测量仪等进行测试；动应变可采用电阻应变计、动态应变仪或光纤光栅式应变计和调制解调器等进行测试；动力放大系数和冲击系数应由分析计算得出。

动载试验采用仪器设备见图 5-1-3，测试系统框图见图 5-1-4。

（a）　　　　（b）

图 5-1-3　智能信号自动采集处理和分析系统

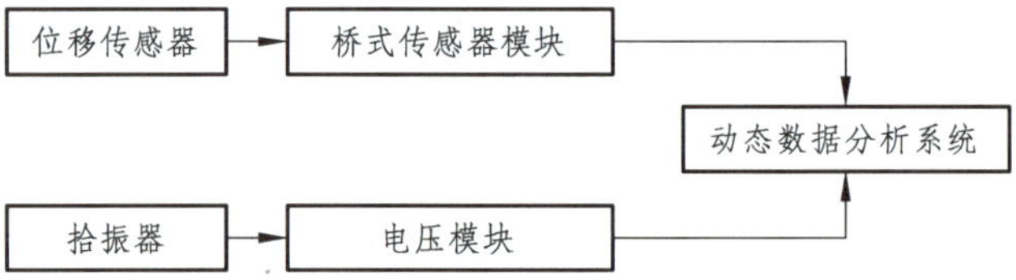

图 5-1-4　动态数据测试系统框图

荷载试验常用仪器设备见表 5-1-1。

表 5-1-1　荷载试验主要仪器设备

序号	设备仪器	用途
1	混凝土裂缝宽度测试仪	结构裂缝宽度测定
2	激光测距仪	距离、尺寸测量
3	50 m 钢卷尺	尺寸测量、定位放样
4	应变片	应力量测
5	百分表	挠度测量
6	桥梁挠度检测仪	挠度测量
7	精密水准仪	挠度测量
8	无线振动信号采集与分析系统	自振特性检测
9	动静态应变测试系统	冲击系数检测
10	数显温度计	温度测量
11	桥梁检测车	桥梁检测平台
12	加载车	试验加载

三、桥梁静载试验

1. 一般规定

（1）桥梁静载试验方案应在桥梁调查和检算的基础上制定，静载试验方案应包括测试截面试验工况、测试内容、试验荷载测点布置、试验过程控制和试验数据分析等内容。

（2）静载试验应保证桥梁结构整体及局部受力安全。

（3）静载试验应包括结构控制截面应力（应变）测试、变形测试及荷载试验现象观测等基本内容。缆索承重体系桥梁及梁拱组合结构桥梁还应包括索力及吊杆力测试。

（4）桥梁设计是由最不利工况控制的。最不利工况往往是偏载，偏载试验工况能够反映桥梁的实际内力及变形状态与设计状态的差异。考虑到桥梁运营荷载的随机性，为了反映一般情况下的桥梁受力特征，也要考虑中载试验工况。因此静载试验工况应包括中载工况和偏载工况；对横向支撑不对称的直桥、斜弯桥、异型桥等，应通过计算确定试验工况的加载位置及偏载的方向。

2. 测试截面及试验工况

（1）桥梁静载试验应按照桥梁结构的最不利受力原则确定测试截面及试验工况。

（2）梁桥、刚架桥、拱桥及缆索承重体系桥梁试验工况及测试控制截面见表 5-1-2。

（3）在确定组合体系桥梁试验工况时，应根据结构主要力学特征确定。

（4）斜桥斜交角大于 15°时，弯桥曲率半径小于 250 m，应增加最不利扭矩工况。

（5）异形桥梁可参考常规直线梁（板）桥并结合其荷载及受力特点确定最不利测试截面及相应试验工况。

（6）加固后桥梁应根据其最终结构体系受力特点按最不利受力的原则，并结合加固内容、范围确定测试构件，选择安全储备较低的截面作为测试截面，确定相应试验工况。

（7）多路（孔）加固后桥梁进行静载试验时，应优先选择加固前病害较为严重的桥路（孔）为静载试验对象。

（8）加固后桥梁当有下列情况时，应按相应原则增加试验工况和测试截面。

① 对于装配式组合梁（板）桥，当通过增大边梁进行加固改造时，应根据结构的对称性确定偏载工况。

② 当通过置换混凝土对构件进行加固时，应在混凝土置换区域内增加测试截面，并确定相应的试验工况。

③ 受力裂缝宽度超过规范限值且经过修补的测试构件，应在典型裂缝位置增加测试截面，并确定相应的试验工况。

（9）加宽后桥梁若其新旧结构自身刚度、承载能力或支撑条件存在差异，应对新旧结构及其横向联系按受力最不利原则确定试验工况和测试截面。

（10）加宽后桥梁新旧结构自身刚度、承载能力或支撑边界刚度存在差异，应针对新旧结构分别增设试验工况和测试截面。

（11）鉴定性荷载试验除执行以上规定外，还应根据结构损伤程度、损伤部位特征，增加测试截面并设置相应加载工况。常见桥梁静载试验工况测试截面见表 5-1-2。

表 5-1-2　常见桥梁静载试验工况及测试截面

桥型	试验工况		测试截面
简支梁桥	主要工况	跨中截面主梁最大正弯矩工况	跨中截面
	附加工况	① $L/4$ 截面主梁最大正弯矩工况； ② 支点附近主梁最大剪力工况	① $L/4$ 截面； ② 梁底距支点 $h/2$ 截面内侧向上45°斜线与截面形心线相交位置
连续梁桥	主要工况	① 主跨支点位置最大负弯矩工况； ② 主跨跨中截面最大正弯矩工况； ③ 边跨主梁最大正弯矩工况	① 主跨（中）支点截面； ② 主跨最大弯矩截面； ③ 边跨最大弯矩截面
	附加工况	主跨（中）支点附近主梁最大剪力工况	计算确定具体截面位置
悬臂梁桥	主要工况	① 墩顶支点截面最大负弯矩工况； ② 锚固孔跨中最大正弯矩工况	① 墩顶支点截面； ② 锚固孔最大正弯矩截面
	附加工况	① 墩顶支点截面最大剪力工况； ② 挂孔跨中最大正弯矩工况； ③ 挂孔支点截面最大剪力工况； ④ 悬臂端最大挠度工况	① 计算确定具体截面位置； ② 挂孔跨中截面； ③ 挂孔梁底距支点 $h/2$ 截面向上45°斜线与挂孔截面形心线相交位置； ④ 悬臂端截面
三铰拱桥	主要工况	① 拱顶最大剪力工况； ② 拱脚最大水平推力工况	① 拱顶两侧 1/2 梁高截面； ② 拱脚截面
	附加工况	① $L/4$ 截面最大正弯矩和最大负弯矩工况； ② $L/4$ 截面正负挠度绝对值之和最大工况	① 主拱 $L/4$ 截面； ② 主拱 $L/4$ 截面及 $3L/4$ 截面
两铰拱桥	主要工况	① 拱顶最大正弯矩工况； ② 拱脚最大水平推力工况	① 拱顶截面； ② 拱脚截面
	附加工况	① $L/4$ 截面最大正弯矩和最大负弯矩工况； ② $L/4$ 截面正负挠度绝对值之和最大工况	① 主拱 $L/4$ 截面； ② 主拱 $L/4$ 截面及 $3L/4$ 截面
无铰拱桥	主要工况	① 拱顶最大正弯矩及挠度工况； ② 拱脚最大负弯矩工况； ③ 系杆拱桥跨中附近吊杆（索）最大拉力工况	① 拱顶截面； ② 拱脚截面； ③ 典型吊杆（索）
	附加工况	① 拱脚最大水平推力工况； ② $L/4$ 截面最大正弯矩和最大负弯矩工况； ③ $L/4$ 截面正负挠度绝对值之和最大工况	① 拱脚截面； ② 主拱 $L/4$ 截面； ③ 主拱 $L/4$ 截面及 $3L/4$ 截面
门式刚架桥	主要工况	① 跨中截面主梁最大正弯矩工况； ② 锚固端最大或最小弯矩工况	① 跨中截面； ② 锚固端梁或立墙截面
	附加工况	锚固端截面最大剪力工况	锚固端梁截面

续表

桥型	试验工况		测试截面
斜腿刚架桥	主要工况	①跨中截面主梁最大正弯矩工况； ②斜腿顶主梁截面最大负弯矩工况	①中跨最大正弯矩截面； ②斜腿顶中主梁截面或边主梁截面
	附加工况	①边跨主梁最大正弯矩工况； ②斜腿顶最大剪力工况； ③斜腿脚最大或最小弯矩工况	①边跨最大正弯矩截面； ②斜腿顶中或边主梁截面或斜腿顶截面； ③斜腿脚截面
T形刚构桥	主要工况	①墩顶截面主梁最大负弯矩工况； ②挂孔跨中截面主梁最大正弯矩工况	①墩顶截面； ②挂孔跨中截面
	附加工况	①墩顶支点附近主梁最大剪力工况； ②挂孔支点截面最大剪力工况	①计算确定具体截面位置； ②挂孔梁底距支点 $h/2$ 截面向上45°斜线与挂孔截面形心线相交位置
连续刚构桥	主要工况	①主跨墩顶截面主梁最大负弯矩工况； ②主跨跨中截面主梁最大正弯矩及挠度工况； ③边跨主梁最大正弯矩及挠度工况	①主跨墩顶截面； ②主跨最大正弯矩截面； ③边跨最大正弯矩截面
	附加工况	①墩顶截面最大剪力工况； ②墩顶纵桥向最大水平位移工况	①计算确定具体截面位置； ②墩顶截面
斜拉桥	主要工况	①主梁中孔跨中最大正弯矩及挠度工况； ②主梁墩顶最大负弯矩工况； ③主塔塔顶纵桥向最大水平位移与塔脚截面最大弯矩工况	①中跨最大正弯矩截面； ②墩顶截面； ③塔顶截面（位移）及塔脚最大弯矩截面
	附加工况	①中孔跨中附近拉索最大拉力工况； ②主梁最大纵向飘移工况	①典型拉索； ②加劲梁两端（水平位移）
悬索桥	主要工况	①加劲梁跨中最大正弯矩及挠度工况； ②加劲梁 $3L/8$ 截面最大正弯矩工况； ③主塔塔顶纵桥向最大水平位移与塔脚截面最大弯矩工况	①中跨最大弯矩截面； ②中跨 $3L/8$ 截面； ③塔顶截面（位移）及塔脚最大弯矩截面
	附加工况	①主缆锚跨索股最大张力工况； ②加劲梁梁端最大纵向漂移工况； ③吊杆（索）活载张力最大增量工况； ④吊杆（索）张力最不利工况	①主缆锚固区典型索股； ②加劲梁两端（水平位移）； ③典型吊杆（索）； ④最不利吊杆（索）

3. 测试内容

（1）静力荷载试验的测试内容应反映桥梁结构内力及变形最不利控制截面的力学特征，试验过程应关注可能出现的异常现象。

（2）梁桥刚架桥、拱桥及缆索承重体系桥梁测试内容见表 5-1-3。

加固后的桥梁除上述的测试内容外，应增加以下测试内容：

① 采用粘贴钢板法（或其他板材）加固后的桥梁，应对补强材料的应力（应变）进行测试。

② 采用桥梁增大截面法加固补强后的桥梁，应按最不利受力原则对加固区域内的新旧结构进行应力（应变）测试。

③ 采用体外预应力法加固补强后的桥梁，应对受弯构件体外预应力钢束的偏心距进行测试，静载试验过程中，预应力钢束的偏心距变化幅度不宜超过 3%。

④ 加宽和加固后桥梁应观测新、旧结构的结合面开裂或剥离情况。

⑤ 鉴定性荷载试验除了应包含上述测试内容外，还应根据鉴定目的增加桥梁测试截面及测试内容。

表 5-1-3 常见桥梁静载试验测试内容

桥型	测试内容	
简支梁桥	主要内容	① 跨中截面挠度和应力（应变）； ② 支点沉降； ③ 混凝土梁体裂缝
	附加内容	① *L*/4 截面挠度； ② 支点斜截面应力（应变）
连续梁桥	主要内容	① 主跨支点斜截面应力（应变）； ② 主跨最大正弯矩截面应力（应变）及挠度； ③ 边跨最大正弯矩截面应力（应变）及挠度； ④ 支点沉降； ⑤ 混凝土梁体裂缝
	附加内容	主跨（中）支点附近斜截面应力（应变）
悬臂梁桥	主要内容	① 墩顶支点截面应力（应变）； ② 锚固孔最大正弯矩截面应力（应变）及挠度； ③ 墩顶沉降； ④ 混凝土梁体裂缝
	附加内容	① 墩顶附近斜截面应力（应变）； ② 挂孔跨中截面应力（应变）及挠度； ③ 挂孔支点附近斜截面应力（应变）； ④ 悬臂跨最大挠度； ⑤ 牛腿部分局部应力（应变）

<table>
<tr><th>桥型</th><th colspan="2">测试内容</th></tr>
<tr><td rowspan="2">三铰拱桥</td><td>主要内容</td><td>① $L/4$ 截面挠度和应力（应变）；
② 拱顶两侧 1/2 梁高处斜截面应力（应变）；
③ 墩台顶的水平位移；
④ 混凝土梁体裂缝</td></tr>
<tr><td>附加内容</td><td>① $L/4$ 截面挠度和应力（应变）；
② 拱上建筑控制截面的位移和应力（应变）</td></tr>
<tr><td rowspan="2">两铰拱桥</td><td>主要内容</td><td>① 拱顶截面应力（应变）和挠度；
② $L/4$ 截面挠度和应力（应变）；
③ 墩台顶水平位移；
④ 混凝土梁体裂缝</td></tr>
<tr><td>附加内容</td><td>① $L/4$ 截面挠度和应力（应变）；
② 拱上建筑控制截面的位移和应力（应变）</td></tr>
<tr><td rowspan="2">无铰拱桥</td><td>主要内容</td><td>① 拱顶截面应力（应变）和挠度；
② 拱脚截面应力（应变）；
③ 混凝土梁体裂缝</td></tr>
<tr><td>附加内容</td><td>① $L/4$ 截面挠度和应力（应变）；
② 墩台顶水平位移；
③ 拱上建筑控制截面的变形和应力（应变）</td></tr>
<tr><td rowspan="2">门式刚架桥</td><td>主要内容</td><td>①主梁最大正弯矩截面应力（应变）及挠度；
②锚固端最大或最小弯矩截面应力（应变）；
③支点沉降；
④混凝土梁体裂缝</td></tr>
<tr><td>附加内容</td><td>锚固端附近斜截面应力（应变）</td></tr>
<tr><td rowspan="2">斜腿刚架桥</td><td>主要内容</td><td>① 中跨主梁最大正弯矩截面应力（应变）及挠度；
② 主梁最大负弯矩截面应力（应变）；
③ 支点沉降；
④ 混凝土梁体裂缝</td></tr>
<tr><td>附加内容</td><td>① 边跨主梁最大正弯矩截面应力（应变）及挠度；
② 斜腿顶附近主梁或斜腿斜截面应力（应变）；
③ 斜腿脚最大或最小弯矩截面应力（应变）</td></tr>
<tr><td>T 形刚构桥</td><td>主要内容</td><td>① 墩顶支点截面应力（应变）；
② 挂孔跨中截面应力（应变）；
③ T 构悬臂端的挠度；
④ T 构墩身控制截面的应力（应变）；
⑤ 混凝土梁体裂缝</td></tr>
</table>

续表

桥型	测试内容	
	附加内容	① 墩顶支点斜截面应力（应变）； ② 挂梁支点截面附近或悬臂端附近斜截面应力（应变）
连续刚构桥	主要内容	① 主跨墩顶截面主梁应力（应变）； ② 主跨最大正弯矩截面应力（应变）及挠度； ③ 边跨最大正弯矩截面应力（应变）及挠度； ④ 混凝土梁体裂缝
	附加内容	① 墩顶支点截面附近斜截面应力（应变）； ② 墩身控制截面应力（应变）； ③ 墩顶纵桥向水平位移
斜拉桥	主要内容	① 主梁中孔最大正弯矩截面应力（应变）及挠度； ② 主梁墩顶支点斜截面应力（应变）； ③ 主塔塔顶纵桥向水平位移与塔脚截面应力（应变）； ④ 塔柱底截面应力（应变）； ⑤ 混凝土梁体裂缝； ⑥ 典型拉索索力
	附加内容	① 斜拉索活载张力最大增量； ② 加劲梁纵向漂移
悬索桥	主要内容	① 加劲梁最大正弯矩截面应力（应变）及挠度； ② 主塔塔顶纵桥向最大水平位移与塔脚截面应力（应变）； ③ 塔、梁体混凝土裂缝； ④ 最不利吊杆（索）力增量
	附加内容	① 主缆锚跨索股最大张力增量； ② 加劲梁梁端最大纵向漂移； ③ 吊杆（索）活载张力最大增量

4. 试验荷载

（1）静载试验时应根据试验目的选用不同的试验荷载。交（竣）工验收荷载试验，应以设计荷载作为控制荷载；否则，应以目标荷载作为控制荷载。

（2）确定静力荷载试验各测试项目的荷载大小和加载位置时，采用静力试验荷载效率进行控制。静力试验荷载效率按式（5-1-1）计算。

$$\eta_q = \frac{S_s}{S(1+\mu)} \tag{5-1-1}$$

式中：S_s——静载试验荷载作用下控制截面的内力计算值；

S——控制荷载作用下控制截面最不利内力计算值；

μ——按《公路桥涵设计通用规范》（JTG D60—2015）取用的冲击系数；

η_q——静力试验荷载的效率系数。

对于验收性荷载试验，荷载效率 η_q 宜介于 0.85 ~ 1.05 之间。对于鉴定性荷载试验，荷载效率 η_q 宜介于 0.95 ~ 1.05 之间。

工程实例：某桥采用公路-I 级对桥梁进行计算。采用 Midas civil 2019 建立梁格模型，该桥共计 462 个单元、301 个节点，采用 C50 混凝土，$E=3.45\times10^4$ MPa；1.40 m 高中梁抗弯截面惯性矩 $I=0.281$ m^4，抗扭截面惯性矩 $I=0.413$ m^4；1.40 m 高边梁抗弯截面惯性矩 $I=0.280$ m^4，抗扭截面惯性矩 $I=0.416$ m^4。

桥梁计算模型如图 5-1-5 所示，活载作用下的弯矩包络图（考虑冲击）如图 5-1-6 所示。

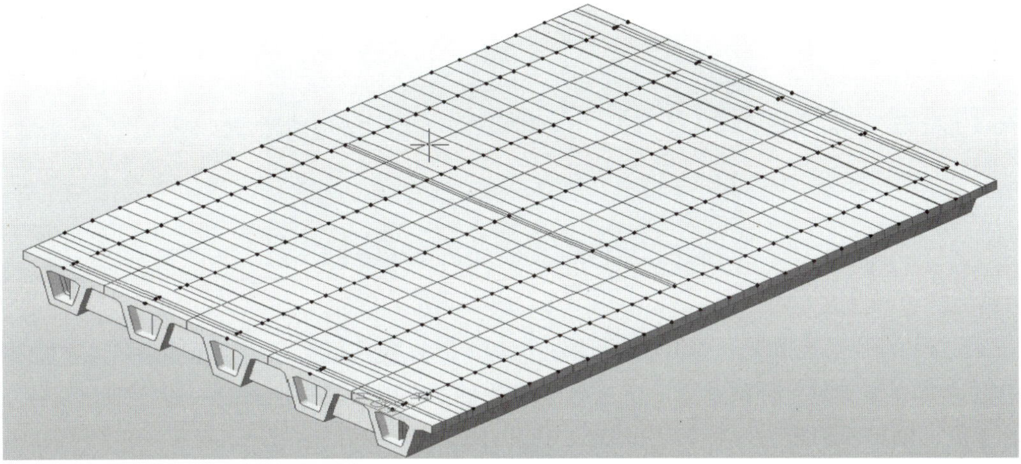

图 5-1-5　桥梁有限元模型

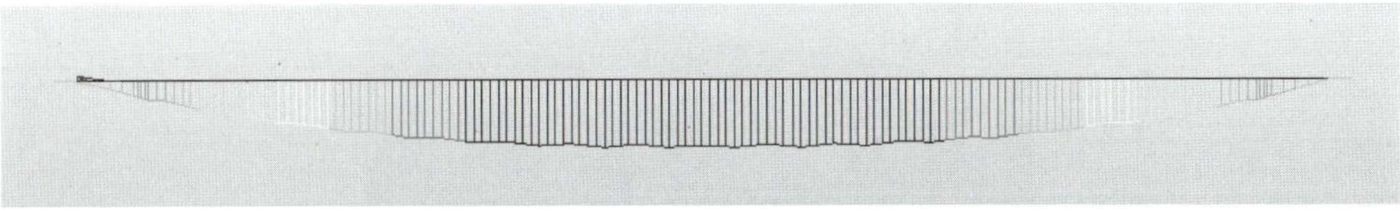

图 5-1-6　活载作用下弯矩包络图

各测试截面的具体测试内容见表 5-1-4。通过有限元模型根据实际车重进行计算，在汽车试验荷载布置方式作用下的工况静载效率系数见表 5-1-5。

表 5-1-4　各测试截面测试项目

截面编号	位置	测试项目
A—A	第 2 跨跨中	挠度、应变

表 5-1-5　各工况弯矩静载效率系数

项目		截面	弯矩/（kN·m）		加载效率	控制位置
			设计内力	试验内力		
工况一	主跨跨中最大正弯矩中载工况	A—A	1 343.00	1 403.24	1.04	2-3#梁
工况二	主跨跨中最大正弯矩偏载工况	A—A	1 686.32	1 730.56	1.03	2-1#梁

（3）静载试验加载设备可根据试验要求及具体条件选用。一般有以下两种加载方式：装载重物的可行式车辆（以下称为加载车）加载和重物加载。采用加载车加载时，建议采用三轴车载重车辆，如图 5-1-7 所示。采用重物加载时，一般按照控制荷载的着地轮迹先搭设承载架，再在承载架上堆放重物或设置水箱进行加载。当仅为满足控制截面内力要求时，也可直接在桥面上堆放重物或设置水箱进行加载。

图 5-1-7　试验加载

（4）试验前应采取可靠的方法对加载物或加载车辆称重，如图 5-1-8 所示。采用重物加载时，应根据加载分级情况，分别称量、记录各级荷载量；采用加载车加载时，应详细记录各车编号、车重、轴重和轴距。

图 5-1-8　加载车过磅

（5）为了保证桥面板局部承载安全，加载车单轴重大于 140 kN 时须验算桥面板的裂缝宽度和极限承载力。

5. 测点布置

（1）应变测点布置。

① 应变测点需根据测试截面及测试内容合理布置，并反映桥梁结构受力特征。

② 单向应变测点布置应体现左右对称、上下兼顾、重点突出的原则，应能充分反映截面的高度方向的应变分布特征。

③ 主要截面类型及单向应变测点布置见表 5-1-6。

表 5-1-6　主要截面应变测点布置

构件名称	主要截面类型		应变测点布置示意	备注
混凝土主梁	板式截面	整体式实心板	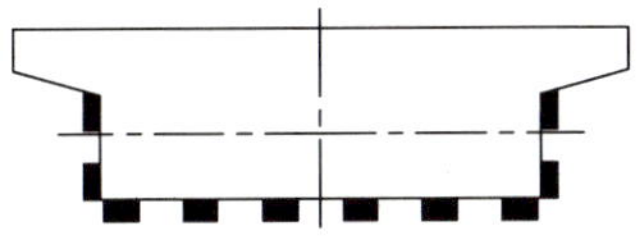	① 板底面测点不宜少于 5 个，对称布置；② 侧面测点不宜少于 2 个
		整体式空心板	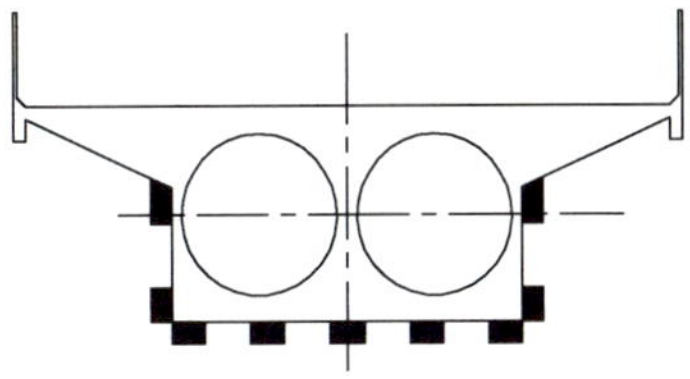	① 板底面测点不宜少于 5 个，对称布置；② 侧面测点不宜少于 2 个；③ 腹板对应位置宜布置测点
		装配式空心板	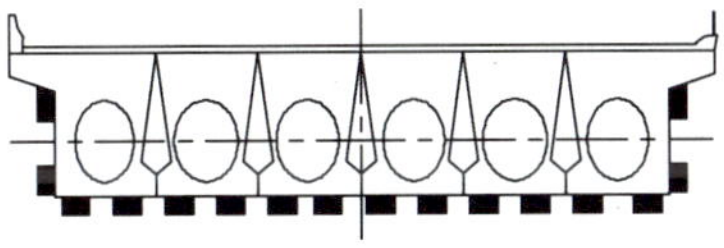	① 每片板底面测点不宜少于 2 个；② 侧面测点不宜少于 2 个
	梁式截面	钢筋混凝土 T 梁	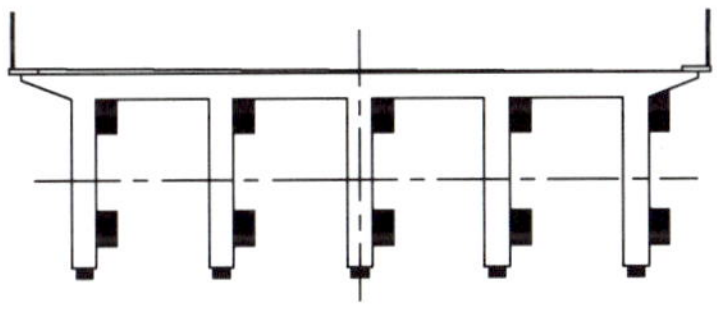	① 每片梁底面测点为 1～2 个；② 每片梁侧面测点不宜少于 2 个
混凝土主梁	梁式截面	预应力混凝土 T 梁	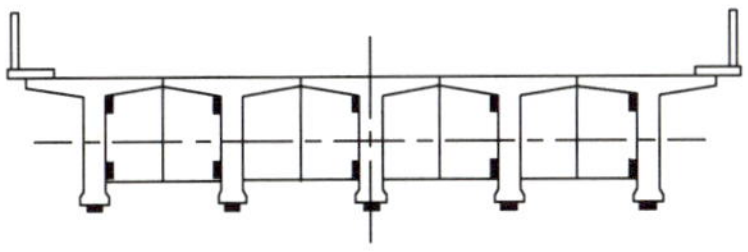	① 每片梁底面测点为 1～2 个；② 每片梁侧面测点不宜少于 2 个
		I 形梁	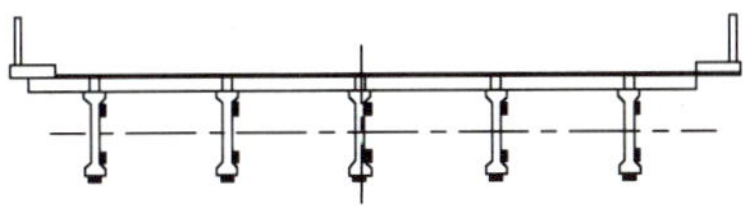	① 每片梁底面测点为 1～2 个；② 每片梁侧面测点不宜少于 2 个

续表

构件名称	主要截面类型		应变测点布置示意	备注
		π形梁	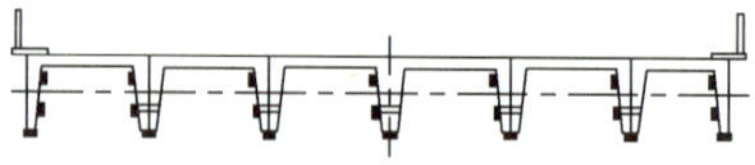	①每片梁底面测点为1～2个； ②每片梁侧面测点不宜少于2个
		分离式箱梁	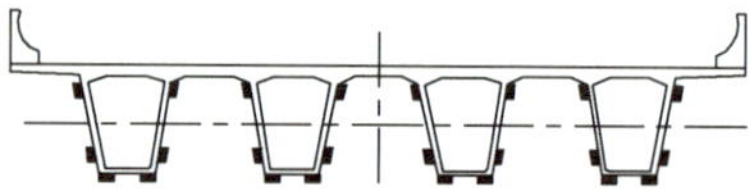	①每片梁底面测点为1～2个； ②单腹板侧面测点不宜少于2个
		整体式箱梁	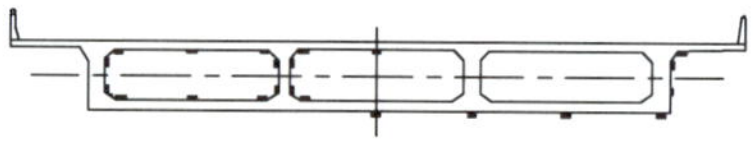	①在箱梁内布置测点时，每箱顶、底板不宜少于3个； ②单肋侧面测点不宜少于2个； ③当箱梁未预留检修孔时，测点布置于箱梁外侧
钢箱梁及钢混组合梁	钢箱梁		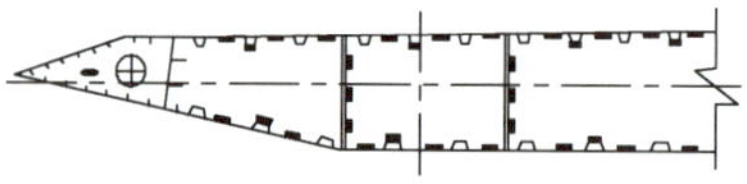	①在箱梁内布置测点时，每箱顶、底板不宜少于3个，边测点应贴近腹板布置； ②每腹板测点不宜少于3个； ③加劲肋有选择地进行测点布置
钢箱梁及钢混组合梁	钢混组合梁	π形梁	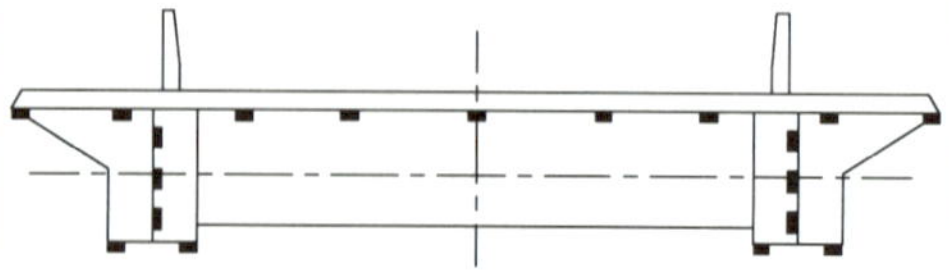	①单纵梁顶、底板测点不宜少于2个； ②单纵梁侧面测点不宜少于3个； ③混凝土下缘测点不宜少于5个，对称布置

续表

构件名称	主要截面类型		应变测点布置示意	备注
		I 形梁	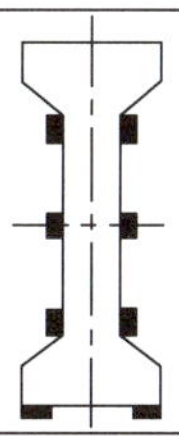	① 顶、底面测点不宜少于 2 个； ② 单侧面测点不宜少于 3 个
拱肋	钢筋混凝土	矩形		① 顶、底面测点不宜少于 2 个； ② 单侧面测点不宜少于 3 个
		箱形	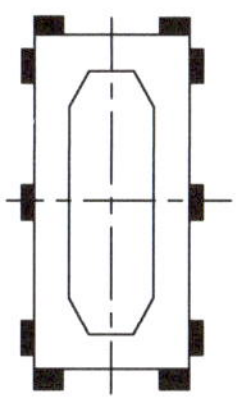	① 顶、底面测点不宜少于 2 个； ② 单侧面测点不宜少于 3 个
	钢管混凝土	单肢	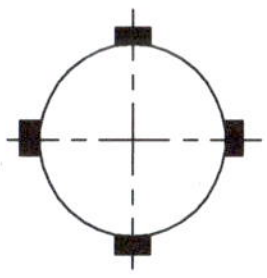	不宜少于 4 个，对称布置
		双肢	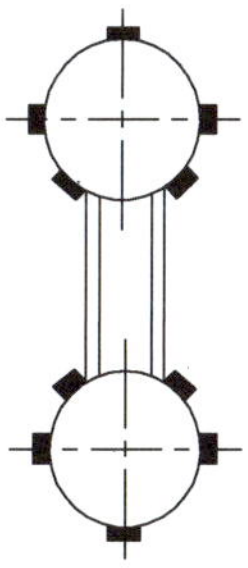	单肢不宜少于 5 个，钢管与缀板连接处宜布置测点，并准确测量其几何中心
拱肋	钢管混凝土	四肢	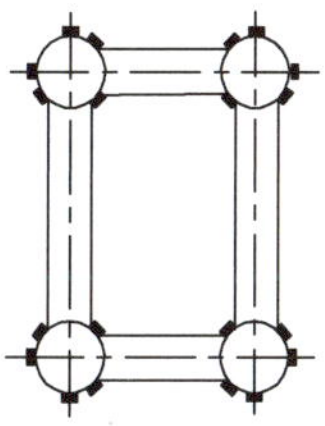	单肢不宜少于 5 个，钢管与缀板连接处宜布置测点，并准确测量其几何中心

构件名称	主要截面类型		应变测点布置示意	备注
	整体式板（箱）	整体式板	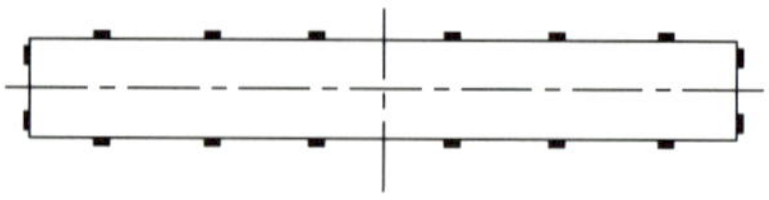	① 顶、底面测点不宜少于 5 个，对称布置； ② 单侧面测点不宜少于 2 个
	整体式板（箱）	整体式箱	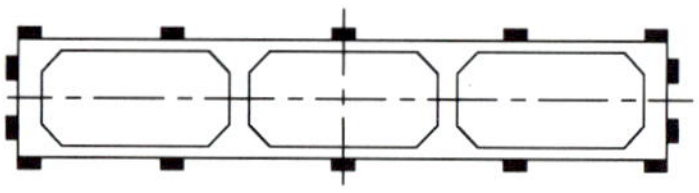	① 顶、底面测点不宜少于 5 个，对称布置； ② 侧面测点不宜少于 2 个； ③ 腹板对应位置应布置测点； ④ 当箱内布置测点时，同整体式箱梁
桥墩	圆形		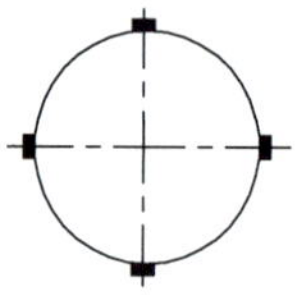	不宜少于 4 个，对称布置
桥墩	矩形		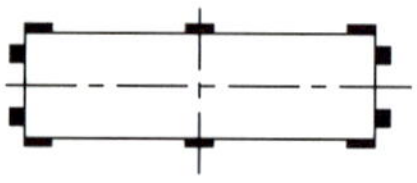	① 横桥向每侧不宜少于 3 个； ② 纵桥向每侧不宜少于 2 个
桥墩	箱形		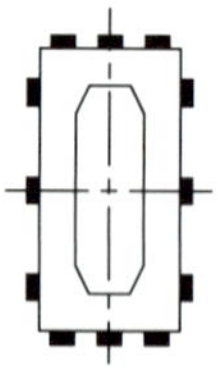	① 横桥向每侧不宜少于 3 个； ② 纵桥向每侧不宜少于 3 个
盖梁	矩形		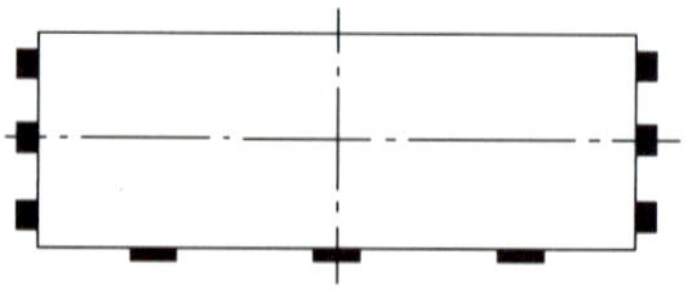	① 底板测点不宜少于 3 个； ② 单侧面测点不宜少于 3 个

④ 钢筋混凝土结构的受拉区应变测点宜布置在受拉区主钢筋上。

通常采用单向应变计（片）测试正应变（应力），采用应变花测试主应变（应力）。测试单向应变时，根据测试构件形状特点沿宽度及高度方向布置的应变测点可以反映应变沿构件截面的横向和高度方向的变化特征；腹（肋）板应变测点能够反映截面高度方向应变分布规律，顶缘应变测点布置于腹（肋）板最上缘。

测试截面确定后，应变测点的布置与截面形状关系密切。对于常见的受弯构件，主要针对最大受压及受拉区进行测试，至少要保证顶、底板应变测点的有效性。为了反映应变沿高度方向的变化规律，一般沿构件腹板或肋板的高度方向分布应变测点。

主梁外侧顶板通常不具备测点布置条件。此时，可以尽量贴近顶板或上翼缘板布置侧面顶缘应变测点，避免将测点布置在中性轴附近。

一般不在实腹式拱桥或空腹式拱桥跨中实腹段的拱肋上缘布置应变测点。

钢筋混凝土受弯构件承载时，当受拉区混凝土开裂时，混凝土应变测试结果会失真，钢筋应变测试结果较为可靠。测试时，通常局部凿除受拉区混凝土保护层，露出钢筋并布置钢筋应变片（计）进行测试，测试结束后及时修复混凝土保护层。

⑤ 主应变（应力）应采用应变花进行测试，其测点布置见表 5-1-7。

表 5-1-7　应变花测点布置

构件名称	主要测试内容	应变测点布置示意	测试位置
主梁	近支点附近主应力	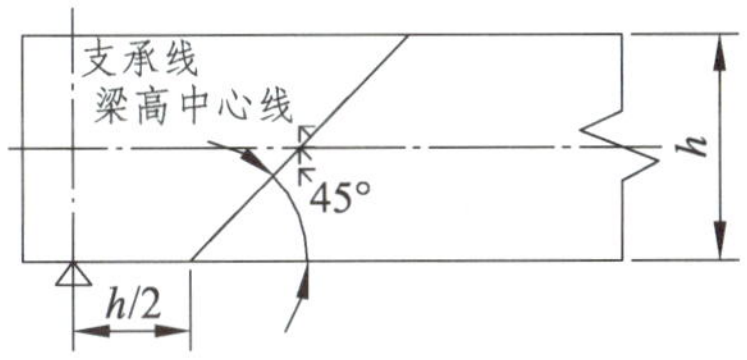	简支梁支点向桥跨方向 1/2 梁高处沿 45° 方向与主梁梁高中心线相交位置不宜少于 3 个应变花；其余构件主应力测试位置应经计算确定

（2）位移测点布置原则。

① 位移测点的测值应能反映结构的最大变位及其变化规律。

② 主梁竖向位移的纵桥向测点宜布置在各工况荷载作用下挠度曲线的峰值位置。

③ 竖向位移测点的横向布置应充分反映桥梁横向挠度分布特征，整体式截面不宜少于 3 个，多梁式（分离式）截面宜逐片梁布置。常见主梁竖向位移测点的横向布置见表 5-1-8。

表 5-1-8　主梁竖向位移测点布置

构件名称	主要截面类型		位移测点布置示意	备注
混凝土主梁	板式截面	整体式实心板	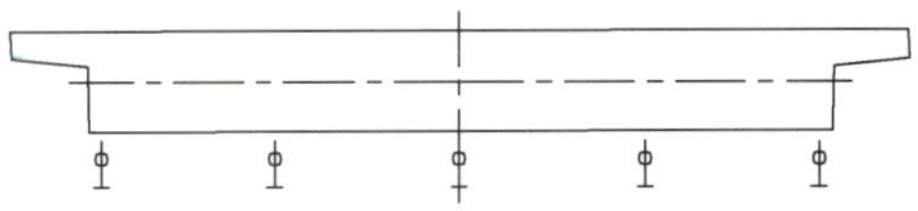	横桥向底面或桥面不宜少于 3 个

续表

构件名称	主要截面类型		位移测点布置示意	备注
		整体式空心板	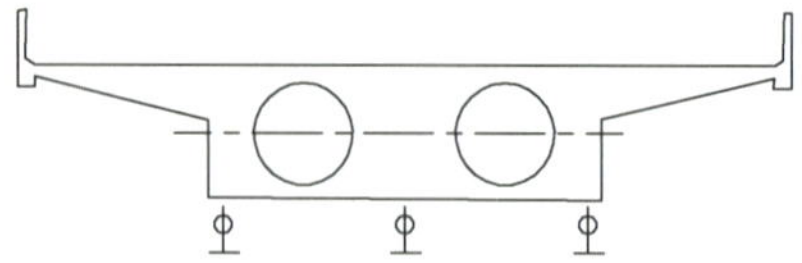	横桥向底面或桥面不宜少于3个
		装配式空心板	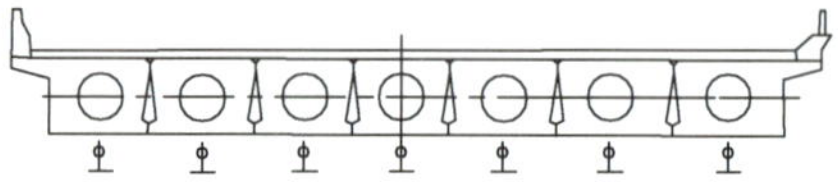	每片板底面不宜少于1个或桥面不宜少于3个
	梁式截面	钢筋混凝土T梁	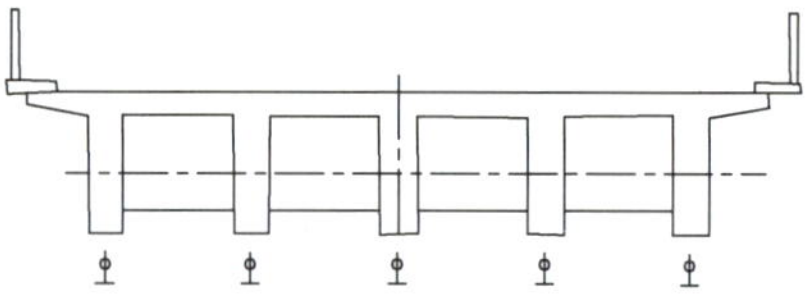	每片梁底面不宜少于1个或桥面不宜少于3个
		预应力钢筋混凝土T梁	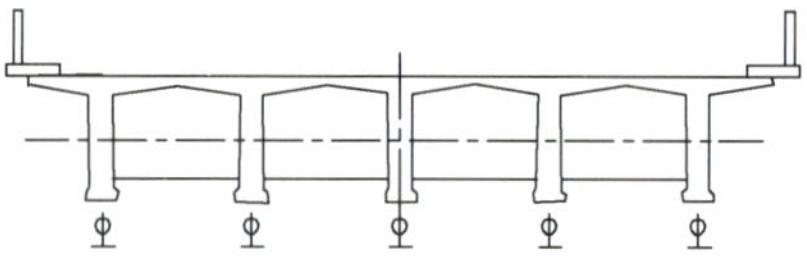	每片梁底面不宜少于1个或桥面不宜少于3个
		I型梁	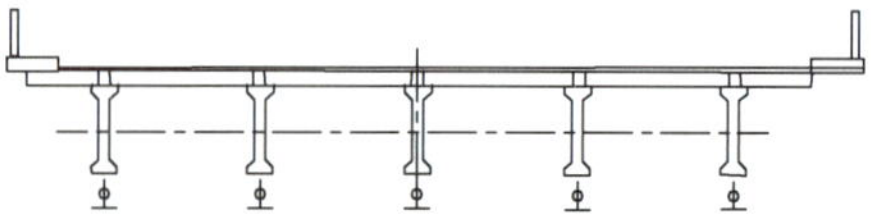	每片梁底面不宜少于1个或桥面不宜少于3个
混凝土主梁	梁式截面	π形梁	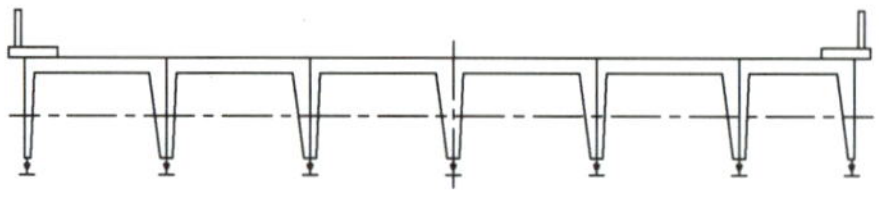	每片梁底面不宜少于1个或桥面不宜少于3个
		分离式箱梁	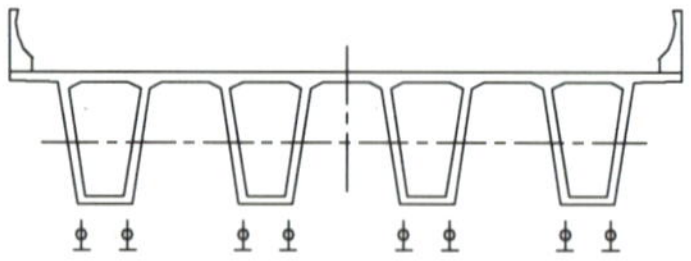	每片梁底面不宜少于1～2个或桥面不宜少于3个
		整体式箱梁	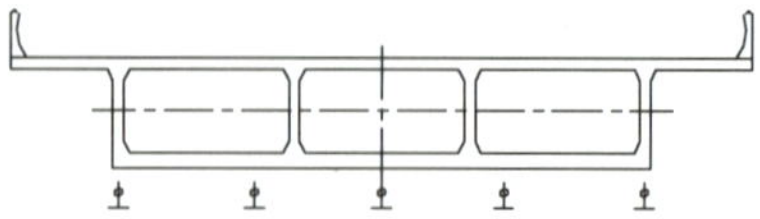	横桥向梁底面不宜少于3个或桥面不宜少于3个

续表

构件名称	主要截面类型	位移测点布置示意	备注
钢箱梁及钢混组合桥	钢箱桥	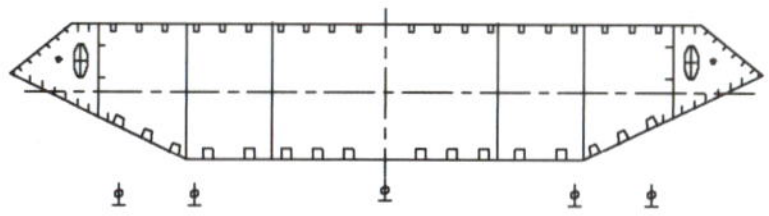	横桥向梁底面不宜少于 5 个或桥面不宜少于 3 个钢箱桥
	钢混组合桥	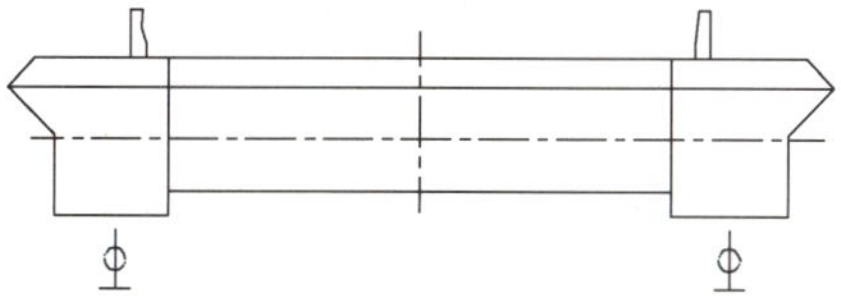	每片纵梁底面不宜少于 1 个或桥面不宜少于 3 个

6. 试验过程控制及记录

（1）静载试验加载程序。

① 预加载。

正式加载试验前，一般采用分级加载的第一级荷载或单辆试验车作为预加载。试验重车对桥梁进行预加载，按结构最不利受力特点，预加荷载分别对称停在各试验跨跨中，每个截面停留 30 min。预加载的目的为使结构能进入正常工作状态，同时检查整个试验、测试系统能否正常运行。

② 加载、卸载分级和重复加载。

正式加载试验时按分级加载，分级加载至少分成 3 级，每个主要加载工况均重复一次，但重复工况不进行分级加载，每个工况加载前，桥上车辆荷载必须驶离桥外。

③ 加载、卸载控制。

进行加载、卸载时，每个工况均要稳定读数和回零读数。加载、卸载的读数控制原则上均以挠度值控制，具体每个工况的加载稳定读数和卸载零恢复的读数控制方法和要求为：在每级加载后立即测读一次，计算其与加载前测读值之差值 S_g，然后每隔 2 min 测读一次，计算 2 min 前后读数的差值 ΔS 。按式（5-1-2）计算相对读数差值 m。

$$m=\frac{\Delta S}{S_g} \tag{5-1-2}$$

当 m 小于 1%或小于量测仪器的最小分辨值时即认为结构基本稳定，可进行各测点读数，记录所有测点读数。但当进行主要控制截面最大内力加载程序时荷载在桥上稳定时间应不小于 5 min，之后进入下一加载工况。卸载回零读数控制，原则上与加载读数一样。

静载加载试验正式开始后的流程参见图 5-1-9。

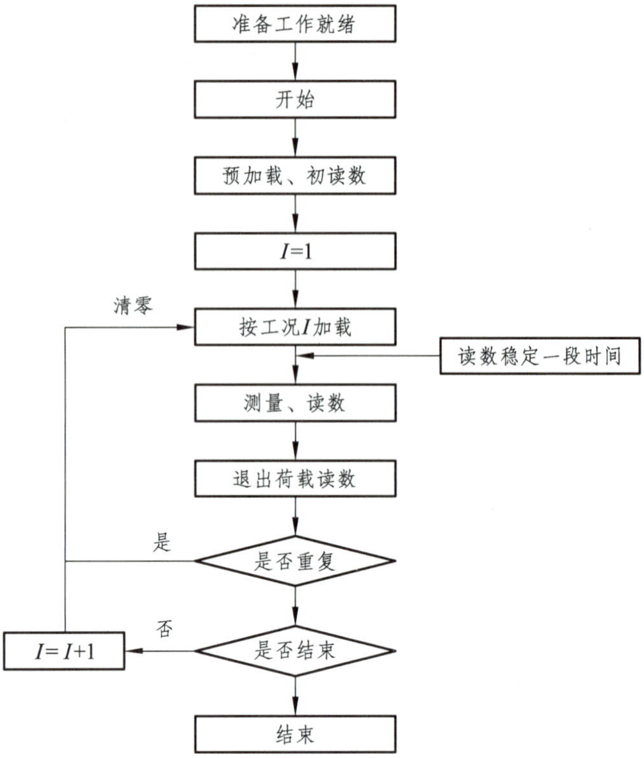

图 5-1-9　静载加载试验流程

④ 为了获取试验荷载与变位的相关曲线以及防止结构意外损伤，对主要控制截面试验荷载的施加应分级进行。加载级数应根据加载车辆数量而定，每辆加载车按一个分级荷载来施加，加载过程中应随时观测数据变化，防止出现意外。当试验过程中发生下列情况之一时，应停止加载：

a. 控制测点应变值已达到或超过计算的控制值。

b. 控制测点变形（或挠度）超过控制值。

c. 结构裂缝的长度、宽度或数量明显增加。

d. 实测变形分布规律异常。

e. 桥体发出异常响声或发生其他异常情况。

（2）试验观测与记录。

① 加载试验之前应对各测点进行不少于 15 min 的温度稳定观测。

② 测试数据记录可采用自动记录或人工记录的方式，观测记录应做好时间、温度、工况等记录。

③ 混凝土桥梁静力试验中，裂缝观测的重点是结构承受力较大部位及原有裂缝较长、较宽的部位。加载过程中应观测裂缝长度及宽度的变化情况，可直接在混凝土表面进行描绘记录，也可采用专门的表格记录。

7. 试验数据分析

（1）试验资料的整理。

① 试验资料的修正。

a. 测量修正值。试验数据分析时，应根据温度变化、支点沉降及仪表标定结果的影响对测试数据进行修正。当影响小于 1%时，可不修正。

b. 温度影响修正。当测试周期较长时，温度变化引起的结构内力和变形就会对测试结果产生影响。通常采取缩短加载时间，选择温度变化较稳定的时间段进行试验等办法，尽量减小温度对测试精度的影响。利用加载试验前进行的温度稳定性观测数据，建立温度变化和测点测值变化的关系曲线进行温度修正。荷载试验选取温度较为稳定的时间段进行荷载试验，并且在加载试验之前对测试系统进行不少于 15 min 的测试数据稳定性观测，建立温度变化和测点测值变化的关系曲线进行温度修正。

c. 支点沉降影响的修正。当支点沉降量较大时，应修正其对挠度值的影响。

② 确定静力荷载试验各测试项目的荷载大小和加载位置时，采用静力试验荷载效率进行控制。静力加载试验主要测点（即控制测点或加载试验效率最大部位测点）校验系数 η 按式（5-1-3）计算。

$$\eta = S_e/S_s \tag{5-1-3}$$

式中：S_e——试验荷载作用下量测的弹性变形（或应变）值；

S_s——试验荷载作用下的理论计算变形（或应变）值。

③ 根据量测到的测点应变，当结构处于线弹性工作状态时可以利用胡克定律计算测点的应力。

④ 采用实测变形（或应变）最大值 S_{emax} 与横向各测点实测变形（或应变）平均值 S_e，按式（5-1-4）计算实测横向不均匀增大系数 ξ。

$$\xi = S_{emax}/S_e \tag{5-1-4}$$

⑤ 试验曲线绘制。

a. 列出各加载工况下主要测点实测变形（或应变）与相应的理论计算值的对照表，并绘制出其关系曲线，如图 5-1-10 所示。

b. 绘制各加载工况下主要控制点的变形（或应变等）与荷载的关系曲线。

c. 绘制各加载工况下控制截面应变（或挠度）分布图、沿纵桥向挠度分布图、截面应变沿高度分布图等。

⑥ 受力裂缝描述。

a. 当裂缝数量较少时，可根据试验前后观测情况及裂缝观测表对裂缝状况进行描述。

b. 当裂缝发展较多时应选择结构有代表性部位描绘主要受力裂缝展开图，图上应注明各加载阶段（或工况）的裂缝长度和宽度的发展。

（2）试验结果评定。

① 结构工作状况评定。

a. 校验系数。校验系数 η 包括应力（应变）校验系数及变形校验系数。如果主要测点静力荷载试验校验系数大于 1 应判定桥梁承载能力不满足要求。

b. 实测值与理论值的关系曲线。测点实测变形（或应变）与其理论值呈线性关系，则说明结构处于良好的线弹性工作状况。

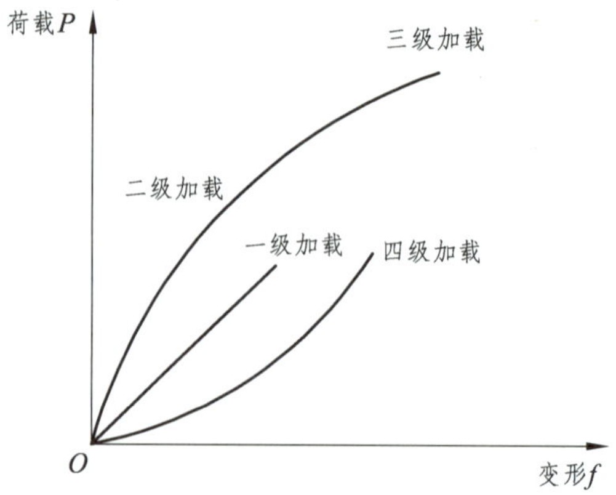

（a）

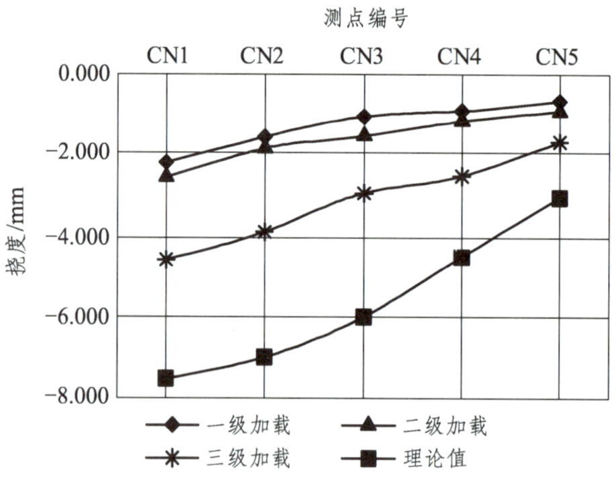

（b）

图 5-1-10　常见荷载-变形曲线的类型

c. 截面应变分布状况。实测的结构或构件主要控制截面应变沿高度分布图应符合平截面假定。

d. 残余变形（应变）。主要控制测点的相对残余变形（或应变）S_p/S_t越小，说明结构越接近弹性工作状况，一般要求 S_p/S_t不大于 20%。当 S_p/S_t大于 20%时，表明桥梁承载能力不满足要求。

② 混凝土桥梁裂缝及其扩展情况的评定分析。

a. 试验荷载作用下新桥裂缝扩展宽度不应超过现行行业标准《公路钢筋混凝土及预应力混凝土桥涵设计规范》的容许值，且卸载后裂缝闭合宽度小于扩展宽度的 2/3。

b. 试验前后在用桥梁裂缝宽度不应大于表 5-1-9 规定的允许值。

③ 在试验荷载作用下，桥梁基础不能发生不稳定沉降变位，否则桥梁不能满足正常使用的要求。

表 5-1-9 裂缝限值

<table>
<tr><th>结构类别</th><th colspan="2">裂缝部位</th><th colspan="2">允许最大裂缝宽度/mm</th><th>其他要求</th></tr>
<tr><td rowspan="5">钢筋混凝土梁</td><td colspan="2">主筋附近竖向裂缝</td><td colspan="2">0.25</td><td></td></tr>
<tr><td colspan="2">腹板斜向裂缝</td><td colspan="2">0.30</td><td></td></tr>
<tr><td colspan="2">组合梁结合面</td><td colspan="2">0.50</td><td>不容许贯通结合面</td></tr>
<tr><td colspan="2">横隔板与梁体端部</td><td colspan="2">0.30</td><td></td></tr>
<tr><td colspan="2">支座垫石</td><td colspan="2">0.50</td><td></td></tr>
<tr><td rowspan="3">全预应力混凝土梁</td><td colspan="2">梁体竖向裂缝</td><td colspan="2">不容许</td><td></td></tr>
<tr><td colspan="2">梁体横向裂缝</td><td colspan="2">不容许</td><td></td></tr>
<tr><td colspan="2">梁体纵向裂缝</td><td colspan="2">0.20</td><td></td></tr>
<tr><td rowspan="3">A 类预应力混凝土梁</td><td colspan="2">梁体竖向裂缝</td><td colspan="2">不容许</td><td></td></tr>
<tr><td colspan="2">梁体横向裂缝</td><td colspan="2">不容许</td><td></td></tr>
<tr><td colspan="2">梁体纵向裂缝</td><td colspan="2">0.20</td><td></td></tr>
<tr><td rowspan="3">B 类预应力混凝土梁</td><td colspan="2">梁体竖向裂缝</td><td colspan="2">0.15</td><td></td></tr>
<tr><td colspan="2">梁体横向裂缝</td><td colspan="2">0.15</td><td></td></tr>
<tr><td colspan="2">梁体纵向裂缝</td><td colspan="2">0.20</td><td></td></tr>
<tr><td rowspan="3">砖、石、混凝土拱</td><td colspan="2">拱圈横向</td><td colspan="2">0.30</td><td>裂缝高度小于截面高度一半</td></tr>
<tr><td colspan="2">拱圈纵向</td><td colspan="2">0.50</td><td>裂缝长度小于跨径的 1/8</td></tr>
<tr><td colspan="2">拱波与拱肋结合处</td><td colspan="2">0.20</td><td></td></tr>
<tr><td rowspan="7">墩台</td><td colspan="2">墩台帽</td><td colspan="2">0.30</td><td rowspan="7">不允许贯通墩台身截面一半</td></tr>
<tr><td rowspan="5">墩台身</td><td rowspan="2">经常受侵蚀性水影响</td><td>有筋</td><td>0.20</td></tr>
<tr><td>无筋</td><td>0.30</td></tr>
<tr><td rowspan="2">常年有水，但无侵蚀性影响</td><td>有筋</td><td>0.25</td></tr>
<tr><td>无筋</td><td>0.35</td></tr>
<tr><td>干沟或季节性有水河流</td><td colspan="2">0.40</td></tr>
<tr><td colspan="2">有冻结作用部分</td><td colspan="2">0.20</td></tr>
</table>

注：表中所列容许最大缝宽适用于一般条件。对于潮湿和空气中含有较多腐蚀性气体等条件下的缝宽限值应要求更严格。

四、桥梁动载试验

桥梁结构的动力试验是研究桥梁结构的自振特性和车辆动力荷载与桥梁结构的联合振动特性，其测试数据是判断桥梁结构运营状况和承载特性的重要指标。移动荷载之所以对公路和桥梁设计非常重要，是因为它是影响公路和桥梁使用寿命的主要因素之一。动载对桥面产生附加的动压力和动应变，尽管其作用机理还不是十分清楚，但它会加速桥面的损坏，因此研究动荷载对桥梁设计和维护都有很重要的意义。

桥梁结构振动周期（或频率）与结构的刚度有着确定的关系，在设计时亦要避免引起桥跨结构共振的强迫振动振源（车辆）的频率与桥跨结构自振频率相等或相近，引起过大的共振振幅，危及桥梁的使用安全。

1. 动载试验的目的及内容

通过动载试验主要达到以下目的：

（1）通过动力特性试验，了解桥跨结构的固有振动特性及其在长期使用荷载阶段的动力性能；

（2）通过动载试验研究和理论计算分析，对桥梁承载能力及其工作状况做出综合评价；

（3）为桥梁维护提供依据，指导桥梁的正确使用和养护、维修。

自振特性测试方法是测试环境随机荷载激振而引起的桥跨结构微幅振动响应，并通过计算机记录并实施 FFT 信号处理分析出频域响应结果。行车激励试验采用车辆以特定速度往返通过桥跨结构，测定桥跨结构在运行车辆荷载作用下的动力响应。由动态挠度仪测试主梁的动挠度。

桥梁结构在正常运营条件下，经常作用在桥梁结构上的动力荷载是各类车辆荷载，在桥梁的动载试验中，首先应考虑采用车辆荷载作为试验荷载，以便确定桥梁在使用荷载作用下的动力特性研究。对需要考虑风荷载或地震荷载的桥梁，应结合桥梁的结构形式做近一步的研究。

动载试验主要通过在桥梁上适当位置布置拾振器和动态应变计，用动态测试系统对结构在环境激励作用下的振动信号和跑车试验的激励信号进行采集，据此对结构进行分析和评价。动载试验测试主要包括以下内容：

（1）车辆准备及动力测点布置；

（2）动测仪器的安装及动测系统调试；

（3）环境激励试验、跑车试验及数据采集；

（4）测试数据的分析整理。

2. 动载试验项目

动载试验项目主要包括脉动试验和强迫振动试验两部分，主要测试桥梁结构的自振频率、结构阻尼等自振特性，跨中最大竖向振幅、冲击系数等行车响应参数。

（1）脉动试验。

脉动试验是通过在桥上布置高灵敏度的拾振器，长时间记录结构在环境激励（如风、水流、地模态等）下引起的振动，然后进行频谱分析，求出结构自振特性的一种方法。图 5-1-11 所示为脉动曲线。

对环境激励下桥梁的响应信号进行多次功率谱的平均分析，并利用各个测点的幅值和相位关系，可得到桥梁的各阶自振频率和振型值，利用半功率带宽法确定各阶模态阻尼比，从而获得桥梁的自振特性，并将实测值与计算值或规范值进行比较和分析，对桥梁的动力特性进行评估。

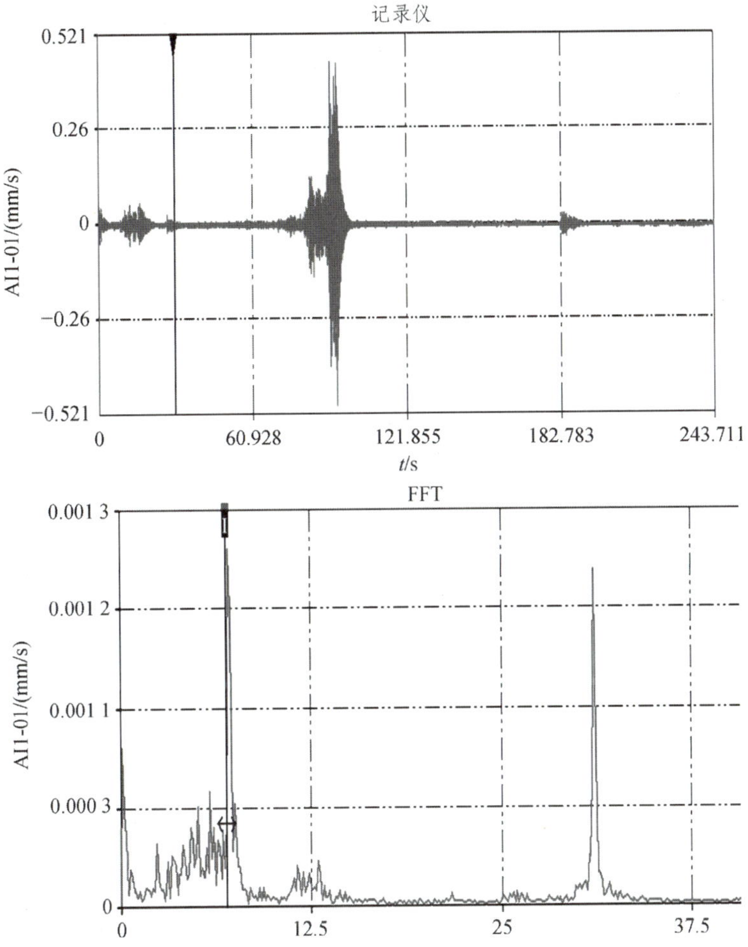

图 5-1-11　脉动曲线

（2）强迫振动试验。

强迫振动试验是利用试验车辆在桥上跑车、跳车，对桥梁施以动力荷载，测量桥梁特征位置的强迫振动时程曲线、动挠度等，对测得的桥梁动力响应值进行分析，获得桥梁的动力响应特性及舒适度指标，并对它们进行评估。

① 跑车试验。

跑车试验采用一辆（多辆）双后轴载重汽车以 10 ~ 40 km/h 的车速匀速驶过试验桥跨，测量梁体各测点振幅、冲击系数和强迫振动频率。试验时，每 10 km/h 为一级，每个速度重复一次。

② 跳车试验。

跳车试验是模拟汽车越过障碍物的试验。试验时，在桥梁试验跨跨中截面位置放置 10 cm 高的三角垫木，让一辆（多辆）载重汽车的前轮在试验桥跨跨中截面位置以 15 km/h 跳车，测量梁体各测点的振幅和梁体在竖向冲击荷载下的强迫振动频率、阻尼比。

3. 动载试验数据处理

（1）频率分析。

对模态试验的加速度时程曲线进行频谱分析，从而获得该桥结构 1 ~ 3 阶自振频率。当采用跳车激振法进行模态测试时，通常按式（5-1-5）对实测结构自振频率进行修正。

$$f_0 = f\sqrt{\frac{M_0 + M}{M_0}} \tag{5-1-5}$$

式中：f_0——结构的自振频率；

f——有附加质量影响的实测自振频率；

M_0——桥梁结构在激振处的换算质量；

M——附加质量。

（2）阻尼分析。

桥梁结构的阻尼参数可通过波形分析法得到，但波形分析法只适合单一频率的自振信号，对于多阶自振信号叠加的波形应首先分离为单一频率的自振信号，再根据式（5-1-6）计算阻尼参数。

$$\bar{D} = \frac{1}{2\pi n}\ln\frac{A_i - A_i'}{A_{i+n} - A_{i+n}'} \tag{5-1-6}$$

式中：$\bar{D}$——阻尼比均值；

A_i——参与计算的首波峰值；

A_i'——参与计算的首波波谷值；

A_{i+n}——参与计算的尾波峰值；

A_{i+n}'——参与计算的尾波波谷值。

（3）冲击系数测试。

本次行车试验冲击系数采用应变时程曲线进行积分处理，将处理后得到的应变时程曲线进行计算，计算方法如式（5-1-7）所示。

$$\mu = \frac{f_{\mathrm{d\,max}}}{f_{j\,\mathrm{max}}} - 1 = \frac{f_{\mathrm{d\,max}}}{\dfrac{f_{\mathrm{d\,max}} + f_{\mathrm{d\,min}}}{2}} - 1 = \frac{f_{\mathrm{d\,max}}}{f_{\mathrm{d\,max}} - \dfrac{f_{\text{p-p}}}{2}} - 1 \tag{5-1-7}$$

式中：$f_{\mathrm{d\,max}}$——最大动应变幅值；

$f_{j\,\mathrm{max}}$——取波形振幅中心轨迹的顶点值，或通过低通滤波求取；

$f_{\mathrm{d\,min}}$——与 $f_{\mathrm{d\,max}}$ 对应的波谷值；

$f_{\text{p-p}}$——应变动态分量的峰-峰值。

4. 动载试验评定

满足以下条件时，桥梁动力特性可判定为满足设计要求：

（1）振动频率实测值大于理论计算值表明实际刚度大于理论刚度。

（2）阻尼比应在常规桥梁的正常值范围内。

（3）实测冲击系数小于理论计算值，表明桥梁行车条件良好。

通过荷载试验评价桥梁的承载能力时，只有静载试验评定及动载试验评定同时满足规范要求，才能保证桥梁的承载能力安全储备满足营运要求。

第二节 基于试验检测承载能力评定（按照 JTG/T J21—2011）

基于试验检测进行桥梁结构承载能力检测评定时，应认真做好桥梁缺损状况调查评估和质量状况检测评定工作。

基于桥梁结构或构件的检测评判需确定承载能力检算系数、恶化系数和截面折减系数以及活载影响修正系数的合理取值，其检测流程如图 5-2-1 所示。

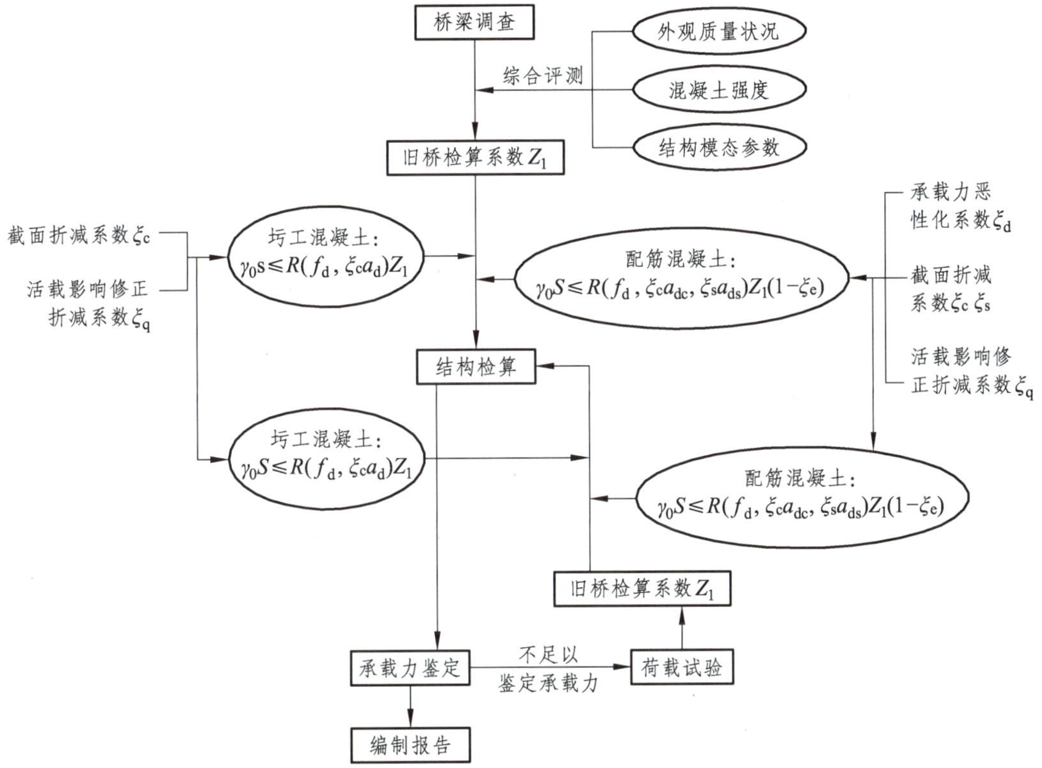

图 5-2-1 基于试验检测承载能力评定方法

在一般检查的基础上，有重点地选择下列检测内容进行桥梁详细检查：

（1）桥梁几何形态参数测定；

（2）桥梁结构恒载变异状况调查；

（3）桥梁结构构件的材质强度检测与评定；

（4）混凝土中钢筋锈蚀电位的检测；

（5）混凝土中氯离子含量的测定；

（6）混凝土电阻率的检测；

（7）混凝土碳化状况的检测；

（8）混凝土结构钢筋分布状况的调查；
（9）桥梁结构固有模态参数的测定；
（10）索结构索力的测量；
（11）桥梁墩台与基础变位情况调查；
（12）地基与基础的检验。
桥梁承载能力评定主要包括以下内容：
（1）结构或构件的强度与稳定性评定；
（2）地基与基础的评定；
（3）结构或构件的刚度评定；
（4）结构或构件的开裂状况评定。

桥梁结构的承载力主要包括以上四个方面，分别满足桥梁承载能力极限状态和正常使用极限状态的要求。因此可根据桥梁技术状况的不同，有选择地对以上几个方面做出评定。

一、圬工桥梁承载能力评定

圬工桥梁承载能力极限状态评定主要是引入检算系数、截面折减系数和活载修正系数分别对结构抗力效应和荷载效应进行修正，并通过比较以判定结构或构件的承载能力状况。

（1）圬工桥梁承载能力极限状态，应根据桥梁检测结果按式（5-2-1）进行计算评定。

$$\gamma_0 S \leqslant R(f_d,\ \xi_c a_d) Z_1 \qquad (5\text{-}2\text{-}1)$$

式中：γ_0——结构的重要性系数；
S——荷载的效应函数；
R——抗力效应函数；
f_d——材料强度设计值；
a_d——结构的几何尺寸；
Z_1——承载能力验算系数；
ξ_c——截面折减系数。

（2）抗力效应值应按《公路桥涵设计通用规范》（JTG D60—2015）进行，Z_1、ξ_c应按《公路桥梁承载能力检测评定规程》（JTG/T J21—2011）的规定取值。

（3）圬工桥梁正常使用极限状态，宜按现行公路桥梁设计和养护规范进行计算评定。

二、配筋混凝土桥梁承载能力评定

配筋混凝土桥梁承载能力极限状态评定，采用引入桥梁检算系数、承载能力恶化系数、截面折减系数和活载修正系数分别对极限状态方程中的结构抗力效应和荷载效应进行修正，并通过比较判断结构或构件的承载能力状况。

（1）配筋混凝土桥梁的极限承载能力，应根据桥梁检测结果按式（5-2-2）进行计算评定。

$$\gamma_0 S \leqslant R(f_d, \xi_c a_{dc}, \xi_s a_{ds}) Z_1 (1-\xi_e) \qquad (5\text{-}2\text{-}2)$$

式中：S——荷载效应函数；

R_d——结构抗力函数；

γ_0——结构重要性系数；

f_d——材料强度设计值；

a_{dc}——构件混凝土几何参数设计值；

a_{ds}——构件钢筋几何参数设计值；

Z_1——承载能力检算系数；

ξ_e——承载能力恶化系数；

ξ_c——配筋混凝土结构的截面折减系数；

ξ_s——钢筋的截面折减系数。

（2）桥梁正常使用极限状态是指桥跨结构或构件达到正常使用或耐久性指标的某项规定限值。根据桥梁是否能够满足当前运营状况及正常使用的条件，对桥梁的整体技术状况做出评价。对已有桥梁正常使用极限状态的评定一般进行下列三项校核：

① 限制应力。

$$\sigma_d < Z_1\sigma_L \tag{5-2-3}$$

式中：σ_d——计入活载影响修正系数的截面应力计算值；

σ_L——应力限值；

Z_1——承载能力检算系数。

② 荷载作用下变形。

$$f_d < Z_1 f_L \tag{5-2-4}$$

式中：f_d——计入活载影响修正系数的短期荷载变形计算值；

f_L——变位限值；

Z_1——承载能力检算系数。

③ 各类荷载组合作用下的裂缝宽度应满足条件：$\delta_d < [\delta]$。

三、钢结构承载能力评定

对于钢结构，采取引入检算系数修正容许应力和容许变形的方式给出相应的限值取值，按设计规范给出的计算公式进行承载力计算评定。

（1）钢结构桥梁结构构件的强度、总体稳定性和疲劳强度按现行公路桥梁设计规范执行，其应力限值取值为 $Z_1[\sigma]$。

（2）钢结构荷载作用下的变形应按式（5-2-5）计算评定。

$$f_{d1} < Z_1[f] \tag{5-2-5}$$

式中：f_{d1}——计入活载影响修正系数的荷载变形计算值；

$[f]$——容许变形值；

Z_1——承载能力检算系数。

四、拉吊索承载能力评定

拉吊索强度应按式（5-2-6）计算评定。

$$\frac{T_j}{A} \leqslant Z_1[\sigma] \tag{5-2-6}$$

式中：T_j——计入活载影响修正系数的计算索力；

A——索的计算面积；

$[\sigma]$——容许应力限值；

Z_1——承载能力检算系数。

五、桥梁地基评定

（1）经久压实的桥梁地基土，在墩台与基础无异常变位的情况下可适当提高其承载能力，最大提高系数不得超过 1.25。

（2）当桥头填土经久压实时，填土内摩擦角 ϕ 可根据土质情况适当放大 5°～10°，但提高后的最大取值不得超过 50°。

六、分项检算系数确定

（1）圬工及配筋混凝土桥梁，应综合考虑桥梁结构或构件表观缺损状况、材质强度和桥梁结构自振频率等的检测评定结果，确定承载能力检算系数 Z_1。按式（5-2-7）计算确定结构或构件承载能力检算系数评定标度 D。

$$D = \sum \alpha_j D_j \tag{5-2-7}$$

式中：α_j——某一项检测指标的权重值，$\sum_{j=1}^{3} \alpha_j = 1$，按表 5-2-1 的规定取值；

D_j——结构或构件某项检测指标的评定标度，按《公路桥梁承载能力检测评定规程》（JTG/T J21—2011）的有关规定取值。

表 5-2-1　承载力检算系数检测指标权重

检测名称	缺损情况	材质强度	自振频率
权重 α_j	0.4	0.3	0.3

（2）根据结构或构件承载能力检算系数评定标度，宜按表 5-2-2 确定桥梁承载能力检算系数 Z_1 值，特殊情况下可采用专家调查确定。

表 5-2-2　圬工及配钢筋混凝土桥梁承载能力检算系数 Z_1

承载能力检算评定标度 D	受弯	轴心受压	轴心受拉	偏心受压	偏心受拉	受扭	局部承压
1	1.15	1.2	1.05	1.15	1.15	1.10	1.15
2	1.10	1.15	1.00	1.10	1.10	1.05	1.10
3	1.00	1.05	0.95	1.00	1.00	0.95	1.00
4	0.9	0.95	0.85	0.90	0.90	0.85	0.90
5	0.8	0.85	0.75	0.80	0.80	0.75	0.80

注：① 小偏心受压取用承载能力检算系数 Z_1。

② 检算系数 Z_1 值，可按承载能力检算系数评定标度 D 线性内插。

（3）钢结构桥梁承载力检算系数 Z_1 宜按表 5-2-3 取值。

表 5-2-3　钢结构桥梁承载力检算系数 Z_1

缺损情况评定标度	性状描述	Z_1
1	焊缝完好，各节点铆钉、螺栓无松动；构件表面完好，无明显损伤，防护层略有老化、污垢	(0.95，1.05]
2	焊缝完好，少数节点有个别铆钉、螺栓松动变形；构件表面有少量锈迹，防护涂层油漆变色、起泡剥落，面积在 10%以内	(0.90，0.95]
3	少数焊缝开裂，部分节点有铆钉、螺栓松动变形；构件表面有少量锈迹，防护涂层油漆明显老化变色并伴有大量起泡剥落，面积为 10%～20%。个别次要构件有异常变形，行车稍感震动或者与摇晃	(0.85，0.90]
4	焊缝开裂，并造成截面削弱。联结部位铆钉、螺栓松动变形，10%～30%已损坏。构件表面锈迹严重，截面损失在 3%～10%以内，防护涂层油漆明显老化、变色并普遍起泡剥落，面积在 50%以上。个别主要构件有异常变形，行车有明显振动或摇晃并伴有异常声音	(0.80，0.85]
5	焊缝开裂严重，造成截面削弱在 10%以上。联结部位 30%以上铆钉、螺栓已损坏；构件表面锈迹严重，截面损失在 10%以上，材质特性明显退化，防护涂层油漆完全失效。主要构件有异常变形，行车振动或摇晃显著并伴有不正常移动	≤0.80

（4）拉吊索承载能力检算系数 Z_1 宜按表 5-2-4 取值。

表 5-2-4　拉吊索承载能力检算系数 Z_1

缺损状况评定标度	性状描述	Z_1
1	表面防护完好，锚头无积水，锚下混凝土无裂缝	(1.00，1.10]
2	表面防护基本完好，有细微裂缝，锚头无锈蚀，锚固区无裂缝	(0.95，1.00]
3	表面防护有少量裂缝，伴有少量锈迹，锚头有轻微锈蚀，锚固区有细小裂缝	(0.90，0.95]
4	表面防护普遍开裂，并伴有部分脱落，锚头锈蚀，锚固区有明显的受力裂缝	(0.85，0.90]
5	表面防护普遍开裂，并有大量脱落，钢索裸露，钢索锈蚀严重，锚头积水锈蚀，锚固区有明显的受力裂缝，裂缝宽度大于 0.2 mm	≤0.85

（5）配筋混凝土桥梁承载能力恶化系数应按下列规定确定。

承载能力恶化系数 ξ_e 是考虑评定期内桥梁结构质量状况进一步衰退恶化产生的不利影响，通过承载能力恶化系数 ξ_e 来反映这一不利影响可能造成的结构抗力效应的降低。

① 依据检测结果，按表 5-2-5 的规定确定构件恶化状况评定标度 E。

表 5-2-5　钢筋混凝土桥梁结构或构件恶化状况评定标度 E

序号	检测指标	权重 α_j	综合评定方法
1	缺损状况	0.32	恶化状况评定标度 E 按下式计算： $E=\sum_{j=1}^{7}E_j\alpha_j$ 式中：E_j ——结构或构件某项检测评定指标的评定标度，按《公路桥梁承载能力检测评定规程》(JTG/T J21—2011）第 4、5 章的有关规定确定； α_j ——某项检测评定指标的权重
2	钢筋锈蚀电位	0.11	
3	混凝土电阻率	0.05	
4	混凝土碳化情况	0.20	
5	钢筋保护层厚度	0.12	
6	氯离子含量	0.15	
7	混凝土强度	0.05	

注：对混凝土电阻率、混凝土碳化状况、氯离子含量三项检测指标，按《公路桥梁承载能力检测评定规程》(JTG/T J21—2011）规定不需要进行检测评定时，其评定标度值应取 1。

② 根据恶化状况评定标度 E 及桥梁所处的环境条件，按表 5-2-6 确定钢筋混凝土桥梁的承载能力恶化系数 ξ_e。

表 5-2-6　钢筋混凝土桥梁承载能力恶化系数 ξ_e 值

恶化状况评定 E	环境条件			
	干燥不冻无侵蚀	干、湿交替不冻无侵蚀性介质	干、湿交替冻无侵蚀性介质	干、湿交替冻有侵蚀性介质
1	0.00	0.02	0.05	0.06
2	0.02	0.04	0.07	0.08
3	0.05	0.07	0.10	0.12
4	0.10	0.12	0.14	0.18
5	0.15	0.17	0.20	0.25

注：恶化系数可按结构或构件恶化状况评定标度值线性内插。

（6）截面折减系数（ξ_c、ξ_s）的确定。

圬工与钢筋混凝土桥梁结构或构件的截面折减系数依据材料风化、碳化、物理与化学损伤三项检测指标的评定标度，按式（5-2-8）计算确定结构或构件截面损伤的综合评定标度 R。

$$R=\sum_{j=1}^{N}R_j\alpha_j \tag{5-2-8}$$

式中：R_j——某项检测指标的评定标度，按表 5-2-7、表 5-2-8 确定；

α_j——某项检测指标的权重值，按表 5-2-9 的规定确定；

N——对砖、石结构，取 N=2；对混凝土及钢筋混凝土结构，取 N=3。

依据截面损伤的综合评定标度，按表 5-2-10 确定截面折减系数 ξ_c。

表 5-2-7　圬工与钢筋混凝土桥梁材料风化评定标准

评定标度	性状描述	
1	微风化	手搓构件表面，无砂粒滚动摩擦的感觉，手掌上粘有构件附着粉末无砂粒。构件表面直观较光洁
2	弱风化	手搓构件表面，有砂粒滚动摩擦的感觉，手掌上附着物大多为材料粉末，砂粒较少。构件表面砂粒附着不明显或略显粗糙
3	中度风化	手搓构件表面，有较强的砂粒滚动摩擦的感觉或粗糙感，手掌上附着物大多为砂粒，粉末较少。构件表面明显可见砂粒附着或明显粗糙感
4	较强风化	手搓构件表面，有强烈的砂粒滚动摩擦的感觉或粗糙感，手上附着物基本为砂粒，粉末很少。构件表面可见大量砂粒附着或有轻微剥落
5	严重风化	构件表面可见大量砂粒附着，且构件部分表层剥离或混凝土已露出粗骨料

表 5-2-8　圬工与钢筋混凝土桥梁物理与化学损伤评定标准

评定标度	性状描述
1	构件表面完好，局部有轻微剥落
2	构件表面剥落面积在 5%以内；或损伤最大深度与截面损伤发生部位构件最小尺寸之比小于 0.02
3	构件表面剥落面积在 5%~10%以内；或损伤最大深度与截面损伤发生部位构件最小尺寸之比小于 0.04
4	构件表面剥落面积在 10%~15%以内；或损伤最大深度与截面损伤发生部位构件最小尺寸之比小于 0.10
5	构件表面剥落面积在 15%~20%以内；或损伤最大深度与截面损伤发生部位构件最小尺寸之比大于 0.10

表 5-2-9　材料风化、碳化及物理与化学损失权重值

结构类别	检测指标名称	权重值 α_j
砖石结构	材料风化	0.20
	物理与化学损化	0.80
混凝土及钢筋混凝土结构	材料风化	0.10
	混凝土碳化	0.35
	物理与化学损化	0.55

表 5-2-10　圬工与钢筋混凝土桥梁截面折减系 ξ_c

截面损伤综合评定标度 R	截面折减系数	截面损伤综合评定标准	截面折减系数
$1 \leqslant R < 2$	(0.98，1.00)	$3 \leqslant R \leqslant 4$	(0.85，0.93)
$2 \leqslant R < 3$	(0.93，0.98)	$4 \leqslant R \leqslant 5$	≤0.85

钢筋混凝土结构中，发生腐蚀的钢筋截面折减系数 ξ_s，宜按表 5-2-11 确定。

表 5-2-11　配筋混凝土钢筋截面折减系数 ξ_s

评定标度	性状描述	截面折减系数
1	沿钢筋出现裂缝，宽度小于限值	(0.98，1.00)
2	沿钢筋出现裂缝，宽度大于限值，或钢筋锈蚀引起混凝土发生层离	(0.95，98)
3	钢筋锈蚀引起混凝土剥落，钢筋外露，表面有膨胀薄锈层或坑蚀	(0.90，0.95)
4	钢筋锈蚀引起混凝土剥落，钢筋外露，表面膨胀性锈层显著，钢筋断面损失在 10%以内	(0.80，0.90)
5	钢筋锈蚀引起混凝土剥落，钢筋外露，出现锈蚀剥落，钢筋断面损失在 10%以上	≤0.80

（7）活载影响修正系数（ξ_q）的确定。

活载影响系数是考虑了实际桥梁所承受的汽车荷载与标准汽车荷载之间的差异，在桥梁的运营过程中，特别是在一些有特殊意义的路线上的桥梁，如在矿区以及港口地区，经常有一些大吨位的车辆通过，而且超载现象也很严重。而我们对桥梁承载能力评定的一个主要目的就是看它是否能满足当前状态下的交通荷载。因此我们在评定桥梁承载能力时，有必要对其荷载特征进行分析，找出与标准荷载的差异，研究这种差异对桥梁承载能力的影响。

引入活载影响修正系数的目的：对于频繁通行大吨位车、超重运输严重及交通量严重超限的重载交通桥梁应考虑实行运营荷载状况对结构承载能力所造成的不利影响。在进行荷载效应组合时可引入活载影响修正系数 ξ_q 适当地提高汽车检算荷载效应，以反映桥梁实际承受荷载情况。

依据实际调查的典型代表交通量、大吨位车辆混入率和轴荷分布情况，可按式（5-2-9）确定活载影响修正系数 ξ_q。

$$\xi_q=\sqrt[3]{\xi_{q1}\xi_{q2}\xi_{q3}} \tag{5-2-9}$$

式中：ξ_{q1}——典型代表交通量影响修正系数，按表 5-2-12 确定；

ξ_{q2}——大吨位车辆混入影响修正系数，按表 5-2-13 确定；

ξ_{q3}——轴荷分布影响修正系数，按表 5-2-14 确定。

表 5-2-12　交通量影响修正系数 ξ_{q1}

Q_m/Q_d	ξ_{q1}	Q_m/Q_d	ξ_{q1}
$1<Q_m/Q_d\leqslant 1.3$	[1.0，1.05）	$1.7<Q_m/Q_d\leqslant 2.0$	[1.10，1.20）
$1.3<Q_m/Q_d\leqslant 1.7$	[1.05，1.10]	$2.0<Q_m/Q_d$	[1.20，1.35）

注：Q_m 为典型代表交通量；Q_d 为设计交通量。

表 5-2-13　大吨位车辆混入影响修正系数 ξ_{q2}

α	ξ_{q2}	α	ξ_{q2}
$\alpha<0.3$	[1.0，1.05）	$0.5\leqslant\alpha<0.8$	[1.10，1.20）
$0.3\leqslant\alpha<0.5$	[1.05，1.10）	$0.8\leqslant\alpha<1.0$	[1.20，1.35）

注：α 为大吨位混入率。

表 5-2-14　轴荷分布影响修正系数 ξ_{q3}

β	ξ_{q3}	β	ξ_{q3}
$\beta<3\%$	1.00	$15\%\leqslant\beta<30\%$	1.30
$3\%\leqslant\beta<15\%$	1.15	$\beta\geqslant 30\%$	1.40

注：β 为实际调查轴荷载分布中轴重超过 14 t 所占的百分比。

活载影响系数用于考虑实际桥梁所承受的汽车荷载与标准汽车荷载之间的差异，主要根据桥梁运营荷载的调查统计情况，从典型代表交通量、大吨位车辆混入率和轴荷分布情况方面进行综合修正确定。

七、工程实例

某大桥位于省道 S321 平吉-八大河线 K146+760 处，建成于 2014 年 12 月，桥面铺装采用水泥混凝土。桥梁全长 190.0 m，跨径组合为 6×30 m；桥梁全宽 12.75 m，行车道宽 11.75 m。该桥上部结构为预应力钢筋混凝土 T 梁，下部结构桥台为重力式 U 形桥台，桥墩为双柱式桥墩，桥台基础为扩大基础，桥台为扩大基础，桥墩为桩基础。设计荷载为公路-Ⅱ级，根据检测结果引入桥梁检算系数 Z_1、承载能力恶化系数 ξ_e、截面折减系数 ξ_c 和 ξ_s 等，评估主梁的承载能力。

1. 检算系数 Z_1 的确定

根据桥梁外观检测结果和构件材质状况检测结果确定承载能力检算系数，如表 5-2-15 所示。

表 5-2-15　承载能力检算系数 Z_1

检测指标	权重	检测指标的评定标度值	构件技术状况评定值	受弯构件检算系数 Z_1
外观质量	0.4	3	1.8	1.15
混凝土强度	0.3	1		
结构模态参数	0.3	1		

2. 承载能力恶化系数 ξ_e 的确定

承载能力恶化系数 ξ_e 是考虑评定基准期内桥梁结构质量状况进一步衰退恶化产生的不利影响，通过承载能力恶化系数 ξ_e 来反映这一不利影响可能造成的结构抗力效应的降低。该桥处于干湿交替、不冻且无侵蚀性介质的环境，承载能力恶化系数 ξ_e 的确定如表 5-2-16 所示。

表 5-2-16　承载能力恶化系数 ξ_e

序号	检测指标名称	权重 α_j	评定标度	恶化状况评定标度 E	承载能力恶化系数 ξ_e
1	缺损状况	0.32	3	1.76	0.035
2	钢筋锈蚀电位	0.11	1		
3	混凝土电阻率	0.05	1		
4	混凝土碳化状况	0.20	1		
5	钢筋保护层厚度	0.12	2		
6	氯离子含量	0.15	1		
7	混凝土强度	0.05	1		

3. 截面折减系数 ξ_c

依据材料风化、碳化、物理与化学损伤三项检测指标的评定标度，计算确定结构或构件截面损伤的综合评定标度 R。截面折减系数如表 5-2-17 所示。

表 5-2-17　截面折减系数 ξ_c

检测指标	权重	检测指标的评定标度值	构件技术状况评定值 R	截面折减系数 ξ_c
风化	0.10	1	1.0	1.0
碳化	0.35	1		
物理与化学损伤	0.55	1		

该桥主梁材料处于微风化状态，手搓构件表面，无沙粒滚动摩擦的感觉，手掌上附着物大多为构件材料粉末，无砂粒，构件表面直观较光滑。该桥主梁表面较好，局部表面有轻微剥落，物理与化学损伤评定标度为 1。

4. 钢筋截面折减系数 ξ_s 的确定

根据外观检测结果，该桥主梁沿钢筋出现裂缝，宽度小于限值，钢筋截面折减系数 ξ_s 取 1.0。

5. 结　论

根据检测，可得主梁检算系数 Z_1=1.15、承载能力恶化系数 ξ_e=0.035、截面折减系数 ξ_c=1.0、ξ_s=1.0。经承载验算表明该桥主梁承载能力退化较少，建议日常及时正常保养与维修，以避免承载力进一步退化。

第六章

桥梁维修技术

桥梁建设交工使用后，不可避免会受到车辆荷载、船舶撞击、自然环境等的影响，以及桥梁材质的劣化，从而导致结构表观产生不同程度的缺陷，轻微的表观缺陷可能暂时不会影响桥梁的正常使用，但如果放任表观缺陷发展而不去处理，长此以往就有可能导致结构的破坏，影响桥梁的正常使用，乃至带来更严重的后果，因此桥梁营运后，通过定期或不定期进行桥梁的维修与养护，可有效遏制表观缺陷的进一步发展，消除安全隐患、降低风险，延长桥梁结构的耐久性，从而充分发挥桥梁的社会效益与经济效益。

第一节　结构表层缺陷修补

随着过桥交通量日益增大以及超载车辆、雨水、天气等因素的不断作用，桥梁构件会出现不同类型的病害，需对桥梁进行维修设计，以确保桥梁的运营安全。桥梁修补离不开修补材料，桥梁结构的修补材料种类繁多，性能各异，施工工艺及技术要求也不同。最常采用修补常见的材料如图 6-1-1 所示。

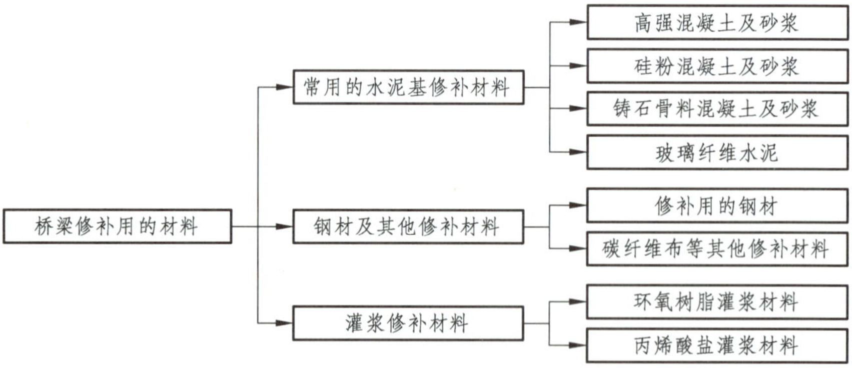

图 6-1-1　常用桥梁修补材料

一、混凝土结构表层缺陷修补

混凝土结构表层的主要缺陷有：蜂窝、麻面、露筋、孔洞、层隙、磨损、表面腐蚀、老化、剥落、表面裂缝、掉角、模板走样、接缝不平、构件变形等。常用的方法有混凝土修补、水泥砂浆修补、改性环氧砂浆（混凝土）修补，见表 6-1-1。

表 6-1-1　混凝土结构表层缺陷常用维修方法

序号	缺陷类别	方法描述
1	蜂窝、空洞以及较大范围的破损等缺陷	可以采用新鲜混凝土进行修补。新鲜的混凝土要求达到良好级配、良好的和易性。维修方法可采用直接浇注、喷射、压浆、涂抹等。混凝土修补完成后，要进行最后处理，特别要注意新老混凝土交界面（缝）的处理；最后要注意和加强养护
2	小面积的缺陷、损坏深度较浅部位	采用环氧砂浆（水泥砂浆）人工涂抹的方法进行修补。而大面积混凝土表层缺陷和破损则采用高压喷浆修补法
3	钢筋锈蚀类	维修方法和步骤为：凿除松脱、剥离等已损坏部分的混凝土，涂以环氧胶液等黏结剂；立模、混凝土浇筑，喷浆、涂抹施工；对新喷涂或浇注的环氧混凝土进行表面处理；对于因锈蚀而出现微裂缝的部位，可以采用粘贴两层玻璃纤维布的方法进行修补

1. 表层缺陷清除

在对缺陷进行修补前，需清理混凝土并凿毛，凿毛后清除混凝土表面水泥浮尘、砂粒及疏松的混凝土块，要求无水渍、无油渍、无灰尘和其他污物，凿毛后要求表面干燥、坚固、密实，常用的方法有人工凿除、气动工具凿除、高速射水清除。

（1）人工凿除：对于浅层或损坏面积较小的构件，一般可采用手工工具凿除。

（2）气动工具凿除：对于损坏面积较大，且有一定深度的缺陷，如内部蜂窝、空洞，一般可以采用气动工具凿除，对于个别部位不能满足要求的，再用手工工具补凿，直到满意为止。

（3）高速射水清除：对于浅显损坏层且面积较大的缺陷，可用高速水流冲射法除去混凝土损坏部分。

以上方法可以根据实际情况斟酌采用。

2. 混凝土修补

用混凝土材料进行缺陷修补，应采用比原结构强度指标高一级的混凝土，混凝土粗骨料的粒径一般不宜大于 15 mm。在施工条件受限时可采用自密实混凝土。

3. 水泥砂浆修补

（1）桥梁构件表面出现深度较浅、小面积缺陷的修补，可采用水泥砂浆人工涂抹法进行修补，修补材料主要采用普通水泥砂浆或专用修补材料。

（2）桥梁构件表面出现大面积浅层缺陷及破损时，可采用喷浆修补法。

4. 采用改性环氧砂浆（混凝土）修补

（1）涂抹改性环氧砂浆（混凝土）修补前，应先在已凿毛的混凝土表面涂一层改性环氧基液，使旧混凝土表面充分浸润。

（2）立模浇筑改性环氧混凝土的工艺要求与浇筑普通混凝土基本相同，但应防止扰动已涂刷的改性环氧基液；浇筑时应充分插捣，反复压抹平整。

（3）改性环氧砂浆施工温度宜为（20±5）°C，高温或寒冷季节应采取有效措施控制施工温度。

（4）施工工艺。

① 清理表层缺陷及凿毛：清理混凝土表层缺陷，凿毛采用密集型凿毛，凿毛后清除混凝土表面水泥浮尘、砂粒及疏松的混凝土块，要求无水渍、无油渍、无灰尘和其他污物，凿毛后要求表面干燥、坚固、密实。

② 清除钢筋铁锈和灰尘，除锈后立即对钢筋进行防锈处理。

③ 涂抹环氧树脂基液：涂刷时，可用人工涂刷或喷枪喷射，应力求薄而均匀，在钢筋与凹凸不平的部位，应反复多刷几次但厚度不能超过 1 cm；已涂刷基液的表面，应注意保护，以防杂物、灰尘落上；涂刷基液后，须等待 30 ~ 60 min，待基液中的气泡清除后，再进行下一步操作。

④ 涂抹环氧砂浆：涂抹时应摊铺均匀（每层厚度不宜超过 1.0 cm，底层厚度应在 0.5 cm 以内）。

⑤ 养护：养护期前 3 天，不应有水浸泡或其他冲击，养护期间严禁桥上通车。

5. 钢筋锈蚀除锈

混凝土表层缺陷处理前应对生锈钢筋进行除锈，缺陷处理后宜在修补范围及周边涂刷渗透型阻锈剂。

（1）凿除松脱、剥离等已损坏部分的混凝土，使钢筋全部露出。

（2）人工除锈：用喷砂枪、刮刀和钢丝刷等工具，先用铲刀铲除、刮刀刮干净再用钢丝刷清理表面。人工除锈劳动强度大，除锈效率低，一般为 0.2 ~ 0.5 m^2/h，难以去除氧化皮等污物，除锈效果不佳，难以达到规定的清洁度和粗糙度。

（3）机械除锈：用小型风动或电动除锈，主要以电或压缩空气为动力，装配适当的除锈装置，进行往复或旋转运动，以适应各种场合的除锈要求。例如角向磨光机、钢丝刷、齿型旋转除锈器等，属于半机械化设备，工具轻巧、机动性大，能较彻底去除生锈、旧涂层等，效率可达 1 ~ 2 m^2/h，但不能去除氧化皮，表面粗糙度较小。

（4）化学除锈：将除锈剂喷涂在钢筋表面，可浸透到各个细微缝隙中进行化学反应出去铁氧化物，同时在钢筋表面形成具有耐腐蚀性能的防护膜，又可形成一种高分子复合结构与金属紧密结合在一起，膜层均匀全面，可提高钢筋与混凝土的黏结力。新浇筑混凝土采用阻锈剂溶液时，混凝土拌和物的搅拌时间应延长 1 min；采用阻锈剂粉剂时，应延长 3 min。

6. 质量验收

桥梁混凝土缺陷修补完成后表面应平整，无裂缝、脱层、起鼓、脱落等，修补处表面应和原结构表面色泽基本保持一致。修补后平整度允许偏差值应符合表 6-1-2 要求。

表 6-1-2　平整度允许偏差值

项目	允许偏差	检查方法与频率
梁体平整度/mm	5	钢尺丈量
阴阳角/（°）	5	尺量

二、砌体结构表层缺陷修补

砌体结构表层缺陷主要有抹灰层、砌缝脱落、砌体表面麻面、起皮、起鼓、粉化和剥落等。为了防止其进一步恶化，需进行及时修补，常见的修补方法如下：

1. 勾缝修补

砌缝砂浆的脱落、松散，需要重新进行勾缝修补。勾缝时，可用手凿或风动凿子凿去已破损的灰缝，深度 3 ~ 5 cm，用压力水彻底冲洗干净，再用 M10 以上的水泥浆重新勾缝。采用的方法是：用抹子把砂浆填入缝内，再用勾缝器压紧形成勾缝，切去飞边使其密实。常用勾缝形式如图 6-1-2 所示。

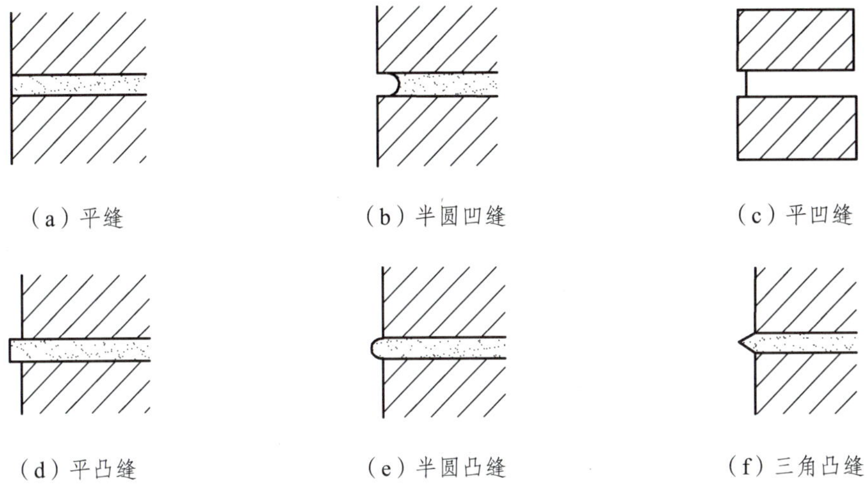

图 6-1-2　常用勾缝形式

2. 砖石表面风化修补

对于砌体表面风化、剥落蜂窝、麻面，可以采用抹喷一层 M10 以上水泥砂浆进行防护，其防护步骤是：清理风化、剥落的表面；凿毛暴露的完好面；用水冲洗干净表面并保持湿润；然后再分别抹浆或喷浆，一般每层厚度 10 ~ 15 mm。

3. 砌体表面破损修补

当砌体表面出现局部损伤，脱落不太严重时，可以将破损的部分清除，凿毛清洗，再用 M10 水泥砂浆分层填补至需要的厚度，并将其抹平。如果损坏深度和范围较大时，可以在新旧结构结合处设置牵钉，必要时挂钢筋网，立模板浇筑混凝土。

4. 镶面石修补

镶面石局部破损，可以个别更换。如果破损面较大，则要在原结构上安置带倒钩的套扣，加强与新镶面的承托。

第二节　结构裂缝修补

桥梁裂缝的修补目的在于使结构恢复因开裂而降低的功能，保证结构的耐久性。一般较细较短的裂缝，对梁的强度影响不大。当裂缝较多且宽度较大时，梁的刚度会相应降低，同时钢筋受有害介质的侵蚀，结构物的寿命也会缩短。桥梁裂缝处理应根据不同构件、不同部位、不同的裂缝形态选择适当的修补方法、修补材料和修补顺序。常用维修方法如图 6-2-1 所示。

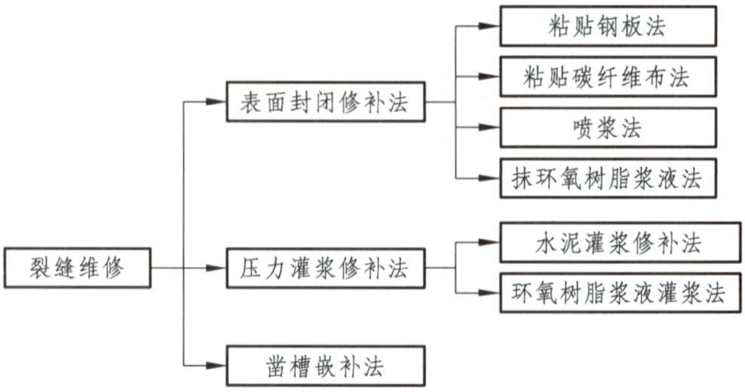

图 6-2-1　常用裂缝修补方法

裂缝修补前应进行裂缝调查及标注。首先对裂缝进行全面的调查，现场核实裂缝数量、长度、宽度等，并对裂缝编号，做好记录，绘制裂缝分布图。

一、裂缝表面封闭修补法

对宽度小于 0.15 mm 的裂缝，进行表面封闭处理。对外表颜色较深的原封缝物均要清除干净，采用裂缝修补材料涂刷或用改性环氧胶泥适当加压刮抹，要求颜色与原混凝土颜色相近，表面平整。

封闭处理裂缝的施工工艺：

① 扩缝：为取得较好的封闭效果，先将细小的裂缝凿成 V 形槽。V 形槽顶宽 20 ~ 25 mm，槽深 15 ~ 20 mm，槽面应尽量平整。

② 清渣、吹风：用钢丝刷清除槽内及其周边的松脱物，凿去浮渣，再用高压空气将 V 形槽吹干净，使槽内混凝土面无灰尘、油污。

③ 涂刷清胶（环氧胶液）：为了提高环氧胶泥与混凝土之间的黏结力，在封闭裂缝之前，用毛刷蘸上配制好的补缝清胶，沿 V 形槽口内均匀涂刷一层清胶。在垂直方向可静力灌注，使部分清胶灌入裂缝中。

④ 环氧胶泥封闭：待清胶半干时，用配制好的环氧胶泥封缝并压实抹平。

二、压力灌浆修补法

对宽度为 0.15 ~ 0.50 mm 的裂缝进行压力灌浆处理，灌浆胶应采用优质 A 级环氧灌缝胶。选用黏度适宜的灌浆胶，确保裂缝之间的胶体能均匀密实地渗透进去。无论产品本身或施工时都不得掺加任何溶剂。裂缝灌注胶的性能应不低于国家标准，其要求的基本性能指标，主要设计指标要求如表 6-2-1 所列。

表 6-2-1　裂缝灌注胶的性能指标要求

性能项目		试验方法标准	性能指标
胶体性能	钢-钢拉伸抗剪强度标准值/MPa	GB/T 7124—1995	≥10
	拉伸强度/MPa	GB/T 2568—1995	≥20
	受拉弹性模量/MPa	GB/T 2568—1995	≥1 500
	抗弯强度/MPa	GB/T 2570—1995	≥30，且不得呈脆性（碎裂状）破坏
	抗压强度/MPa	GB/T 2569—1995	≥50
不挥发物含量（固体含量）/%		GB/T 2793	≥99
可灌注性		现场试灌注固化后取芯样检查	在产品使用说明规定压力下能注入宽度为 0.1 mm 的裂缝

注浆工艺流程如图 6-2-2 所示。

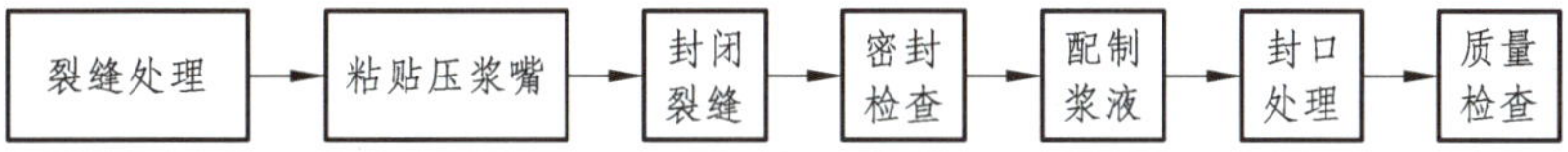

图 6-2-2　注浆工艺流程

（1）裂缝处理：用刮刀、扁铲沿裂缝将黏附在混凝土表面上的灰浆、尘土铲去，并沿缝开凿 V 形槽，继而用高压空气吹干净。若有油污，则用丙酮清洗。

（2）粘贴压浆嘴：将压浆嘴粘贴面用砂纸擦亮，清洗干净，并检查开关是否完好，然后在裂缝表面每隔 20 cm 左右骑缝粘贴压浆嘴。原则上，缝窄应密，缝宽可稀，但每条裂缝至少要有一个进浆孔和一个排气孔。

（3）封闭裂缝：用环氧胶泥（或水泥砂浆）将压浆嘴及裂缝表面封闭密实，使裂缝形成一个密闭性的空缝。

（4）密封检查：为保证密闭空缝的密闭性及承受灌浆压力作用，应检查封缝的密封效果。检查方法：待封缝的环氧胶泥或水泥砂浆固化后，沿缝涂一层肥皂水，并从压浆嘴向缝中通入压缩空气，若无冒泡现象，表示密封效果良好，否则应予修补。

（5）配制浆液：灌浆材料应当黏结力强，可灌性好。因此，树脂类材料（特别是环氧树脂）较水泥类材料应用得普遍。水泥类材料一般仅用于宽度大于 2 mm 的裂缝灌浆。环氧树脂黏结强度高，在现场根据气温和裂缝的部位、宽度、走向选用合适的浆液配方，配制压力灌浆液。

（6）压力灌浆：将浆液倒入压浆罐，盖好盖子，用扳手拧紧螺栓，不得漏气。打开空气压缩机送气阀，待压浆罐内压力达到要求时（一般压力为 0.25 ~ 0.35 MPa），打开出浆阀门进行灌浆，直到把裂缝压满，并持续加压 段时间以后，方可对下一条裂缝压浆。

（7）压浆后的封口处理：压浆完成后，关上压浆嘴的阀门，待缝内浆液初凝而不外流时，可拆下压浆嘴，清除其上的浆液，以备重复使用。待浆液固化后，再用环氧胶泥将压浆口封闭，并抹平。

（8）压浆质量检查：压浆密实情况，可用超声波法测定灌浆前后声波速度的变化，并结合进浆量，确定灌浆的密实程度，也可采用向缝中通入压缩空气或压力水检验。如没有达到预期效果，还需钻孔埋管进行补灌。

三、凿槽嵌补法

对宽度大于 0.50 mm 的裂缝，采用凿槽嵌补法进行修补。先在裂缝上口凿一宽 1 ~ 2 cm，深约 0.5 cm 的 V 形槽，槽面应尽量平整；再用钢丝刷或竹刷刷净缝口，凿去浮渣，用手持式风箱吹清缝内灰砂并烘干混凝土表面；在裂缝外用蘸有丙酮或二甲苯的纱头洗擦一边，保持槽内混凝土面无灰尘、油污等；在裂缝周围涂一层环氧浆液，若裂缝较深，在垂直方向可静力灌注（环氧浆液可灌入 0.5 mm 的细缝中）；最后嵌入环氧砂浆（水泥砂浆），用刮刀将其平面与原混凝土面齐平；待环氧砂浆硬化后（常温 20 ~ 25 °C 时，需 6 ~ 7 d），即可应用。操作过程中，施工人员应做好防火、防毒工作。

四、裂缝修复质量检验与验收

（1）表面封缝材料固化均匀、平整，不出现裂缝，无脱落。

（2）当注入裂缝的胶黏剂达到 7 d 固化期时，应采用取芯法对注浆效果进行检验。芯样检验应采用劈裂抗拉强度测定方法。当检验结果符合下列条件之一时为符合设计要求：

① 沿裂缝方向施加劈力，其破坏应发生在混凝土内部（即内聚破坏）；

② 破坏虽有部分发生在界面上，但这部分破坏面积不大于破坏面总面积的 15%。

第七章

桥梁加固技术

近 30 年来，我国交通运输的快速发展，对桥梁承载力提出了更高的要求，许多桥梁迫切需要改造或加固。需要加固的桥梁大多是由于主梁截面承载能力不足（截面尺寸偏小或配筋偏少），不能适应交通运输发展的要求。

目前旧桥加固方法和技术种类繁多，但基本原则是相同的。归纳起来就是遵循力学的基本原理，在确保结构安全的前提下进行加固。其加固设计应遵循的基本原则为：

（1）必须对原桥进行翔实的现状调查、具体的病害分析与结构状态评定。

（2）尽量不改变原建筑结构原则，若改变原有的桥梁结构，新的结构替代原有结构的承载能力时只替换有限的结构。

（3）加固设计应与施工方法紧密结合，保证新增结构与原结构连接可靠，协同工作。

（4）应按现行公路桥梁设计规范进行设计，加固改造后的桥梁在使用荷载下，原有结构与新增结构的强度、刚度及裂缝宽度限值等均应符合规范要求。

（5）无论使用何种加固方法，都应考虑功效快、投资低、不影响交通、技术上具有可操作性、能够持久耐用的要求。

目前旧桥加固常用的方法有增大截面加固方法、粘贴钢板加固方法、粘贴碳纤维复合材料加固方法、体外预应力加固方法、改变结构体系加固方法等，如图 7-0-1 所示。

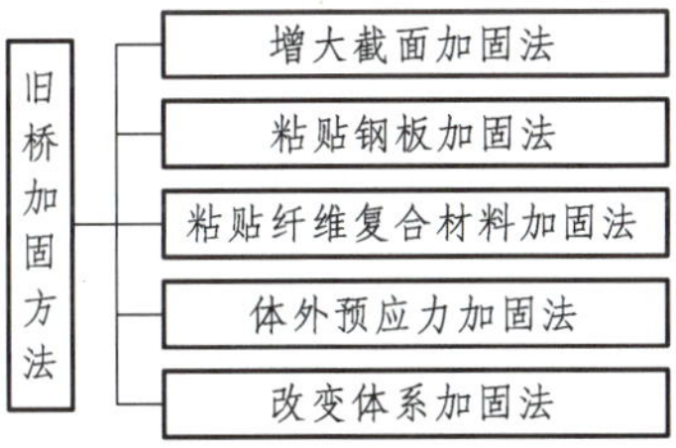

图 7-0-1　旧桥加固技术方法

第一节　增大截面加固技术

为了提高桥梁结构的抗弯承载力、抗剪承载力和刚度，提高受压构件正截面承载力和刚度，可以采用增大构件截面的方法进行加固。

一、增大截面法加固原理

增大截面加固法提高承载力的途径有增大构件截面和增加配筋两种，用以提高构件的强度、刚度、稳定性和抗裂性如图 7-1-1、图 7-1-2 所示。

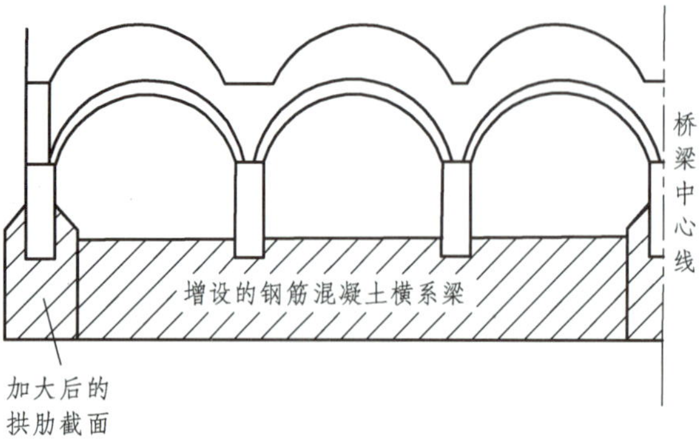

图 7-1-1　增加截面加固

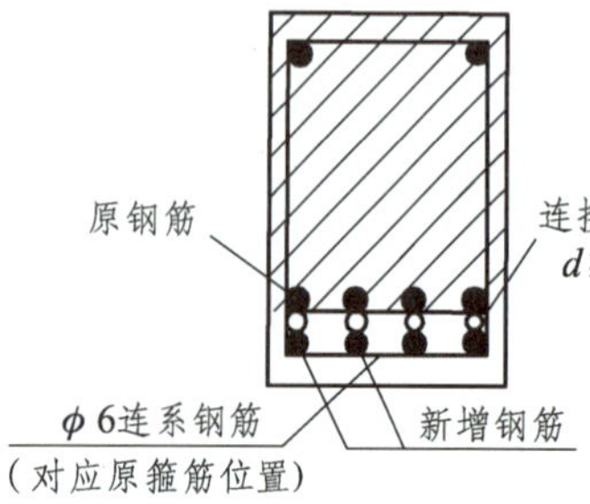

图 7-1-2　增加配筋加固

二、增大截面法加固优缺点

（1）加固后主梁的承载能力、刚度、稳定性得到明显提高，加固效果较好。

（2）施工工艺成熟可靠。

（3）加大构件截面会增加结构恒载，对原桥梁墩台基础有一定影响。

（4）施工工期长、养护周期较长，加固期间需适当中断交通。

（5）若对梁底增大尺寸，会减小桥下净空，影响结构空间的利用率。

三、增大截面法施工工艺

（1）新浇混凝土强度级别宜比原构件混凝土强度提高一级，钢筋混凝土受弯构件不应低于 C20，受压构件不应低于 C15，预应力混凝土构件不应低于 C30。

（2）新浇混凝土层的最小厚度，对板不宜小于 100 mm；对梁和受压构件不宜小于 150 mm。

（3）构件结合面的处理：应凿除原构件混凝土缺陷部分，构件结合面凿毛凹凸差不宜小于 6 mm，并露出粗骨料。

（4）若增设主筋时，对原有钢筋应除锈，当受力钢筋需焊接时，施焊前应采取措施避免烧伤混凝土。

（5）在原结构上植筋，新增钢筋骨架应与锚筋连成整体。

（6）外包混凝土的支架、模板应满足强度、刚度和稳定性的要求。当外包混凝土体积较大时，应对支架进行预压，浇筑过程中逐步卸载。

第二节 粘贴钢板加固技术

一、粘贴钢板加固原理

粘贴钢板加固法是指采用胶粘剂将钢板粘贴到原结构上，保证钢板与混凝土能够共同受力，提高结构承载力的一种加固方法。粘贴钢板法常用于加固混凝土受弯、受拉和受压构件。钢板与结构的共同作用，可提高其刚度，限制裂缝开展，提高梁的承受能力，达到补强效果，如图 7-2-1 所示。

（a）

（b）

（c）

图 7-2-1 粘贴钢板加固法

二、粘贴钢板法优缺点

（1）对原结构损伤较小。

（2）施工工艺成熟，施工质量易于控制。

（3）施工工期短，经济性较好。

（4）钢板所占空间小，加固工程几乎不增大原结构物的尺寸，不影响桥下净空。

（5）对交通影响不大，但对工程质量要求很高。

（6）对黏结剂的质量及耐久性要求较高。

（7）加固钢板需进行严格的防锈处理，后期养护要求高。

（8）粘贴钢板法对提高桥梁刚度效果不显著。

三、粘贴钢板法施工工艺

钢板粘贴依据采用黏结剂的不同，其施工工艺也有所不同。若黏结剂为液状时（或钢板厚度大于 5 mm），采用灌注法。黏结剂为胶状时（或钢板厚度小于 5 mm），采用涂抹法。

1. 灌注法

先将钢板固定在混凝土上，将钢板与混凝土边缘密封后再向钢板与混凝土的间隙中压注流体状结构胶。

2. 涂抹法

在钢板及混凝土表面涂刮膏状建筑结构胶，在结构胶凝胶硬化前将钢板和混凝土黏合固定，施工较简单，但粘贴钢板厚度不能太厚（不超过 5 mm，最好为 2 ~ 3 mm），且单块钢板面积较小，配胶、涂胶、固定等施工操作要求在胶的可操作时间（约为 40 min）内全部完成。

3. 粘贴钢板法施工步骤

（1）混凝土表面处理。

混凝土面应凿除粉饰层、油垢、污物，然后用角磨机打磨除去 1 ~ 2 mm 厚表层，较大凹陷处用找平胶修补平整，打磨完毕用压缩空气吹净浮尘，最后用棉布蘸丙酮拭净表面，待粘贴面完全干燥后备用。

（2）钢板表面处理。

钢板粘贴面应用角磨机进行，除锈处理，直至打磨出现光泽，使用前若洁净仅用干布擦拭即可，否则可用棉布蘸丙酮拭净表面，待完全干燥后备用。

（3）加压固定及卸荷系统准备。

加压固定系统宜采用千斤顶加压固定系统，也可采用膨胀螺栓固定系统，如图 7-2-2 所示。

（4）涂胶和粘贴。

将配好的胶黏剂均匀地涂抹在清洁的混凝土和钢板条黏结面上，如图 7-2-3 所示。立面涂胶应自上而下地进行。钢板黏结面上的抹胶可中间厚两边薄，板的中央涂抹胶的厚度为 3 ~ 5 mm。将钢板平稳对准螺栓孔并迅速拧紧螺帽，使钢板与混凝土紧密黏合，清除挤出的多余胶黏剂。钢板加压的顺序应由中间向两边对称进行。钢板厚度大于 5 mm 时，采用压力注胶黏结，先用封边胶将钢板周围封闭，留出排气孔，在钢板低端粘贴注浆嘴并通气试漏后，以不小于 0.1 MPa 的压力压入胶黏剂，当排气孔出现浆液后停止加压，并用封边胶封堵，再以较低压力维持 10 min 以上。

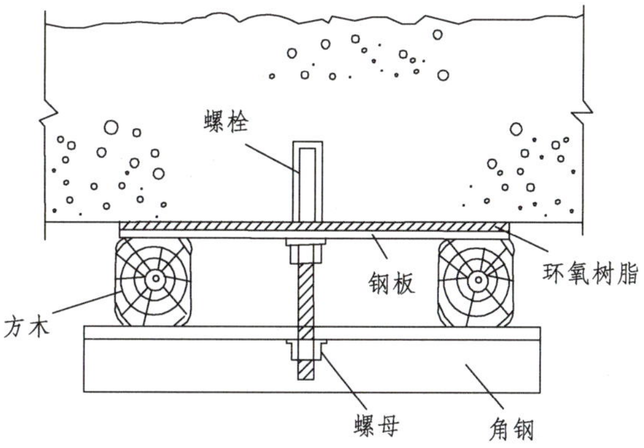

图 7-2-2　加压固定及卸荷系统

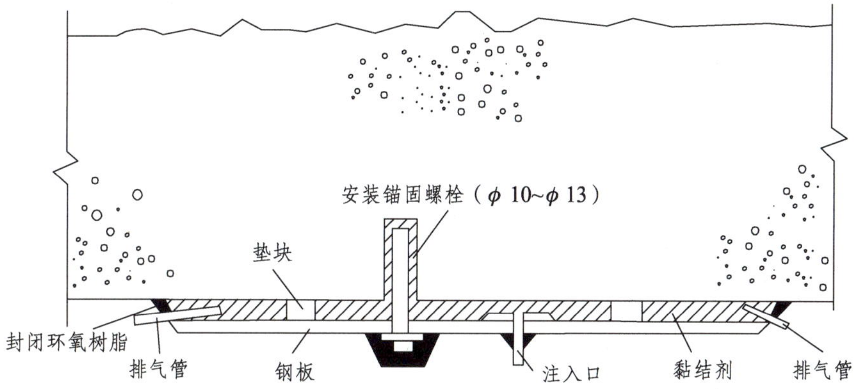

图 7-2-3　涂胶和粘贴

（5）维护。

加固后钢板宜采用 20 mm 厚的 M15 水泥砂浆抹面保护，也可采用涂防锈漆保护，以避免钢材的腐蚀。

（6）检验。

钢板的有效黏结面积应不小于 95%，可采用以下三种方法检查：敲击检测法、超声波检测法和红外线检测法。检验时可用小锤轻击粘贴钢板，从音响判断粘贴效果，也可采用超声仪检测。若锚固区有效黏结面积少于 90%，非锚固区有效黏结面积少干 70%，应剥离钢板，重新粘贴。锚栓的植入深度应符合设计要求，钻孔深度偏差不应大干 5 mm，目测钢板边缘的溢胶色泽应均匀，胶体应固化。

第三节　体外预应力加固技术

一、体外预应力加固原理

体外预应力结构的概念最早产生于法国，体外预应力体系是后张预应力体系的重要的分支之一，是一种使用完全位于构件主体截面以外的预应力束来对构件施加预应力的结构体系，该方法通过对旧桥结构主动施加外力，以达到改善结构的受力状况，如图 7-3-1 所示。

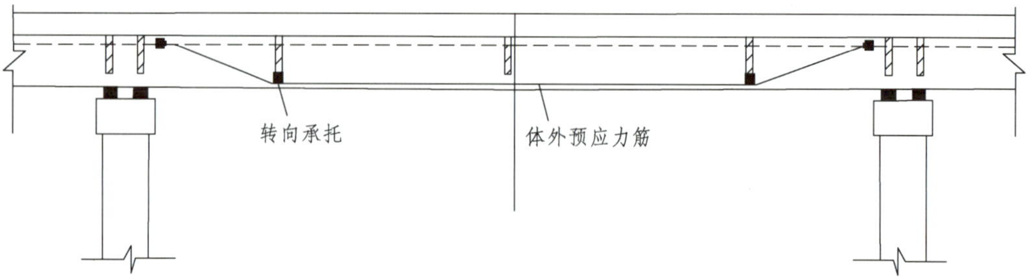

图 7-3-1　体外预应力加固

二、体外预应力加固优缺点

（1）预应力布置灵活，根据桥梁病害可以全桥加固也可以进行局部加固。
（2）锚固构件尺寸小，自重增加少，可大幅提高结构承载能力。
（3）体外索可调可换，便于使用期间进行维护。
（4）体外索布置在截面外，防腐、保护相对较困难，易受外界影响。
（5）锚固及转向区域容易产生应力集中，局部应力大，对锚固施工要求高。
（6）体外索张拉力较小，不能充分发挥体外索强度高的优点，对锚具及夹片的要求很高。
（7）体外预应力筋的变形和混凝土的变形不一致，容易造成预应力损失。

三、体外预应力加固施工工艺

体外预应力体系有 4 个基本组成部分：体外预应力束、体外束锚固系统、体外束转向装置和体外束防腐系统，如图 7-3-2 所示。体外预应力混凝土结构是一种采用体外预应力体系的混凝土结构。

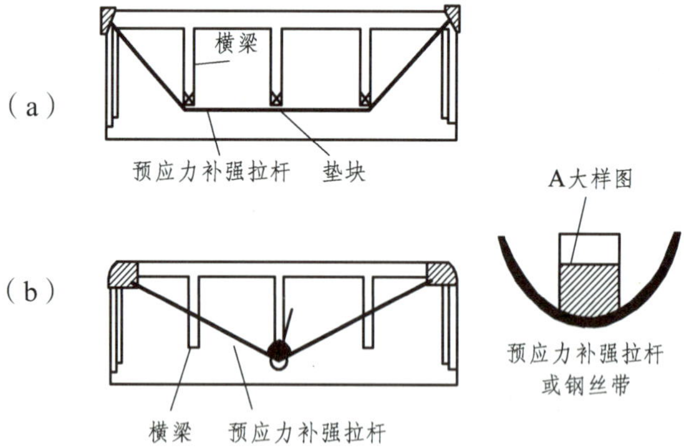

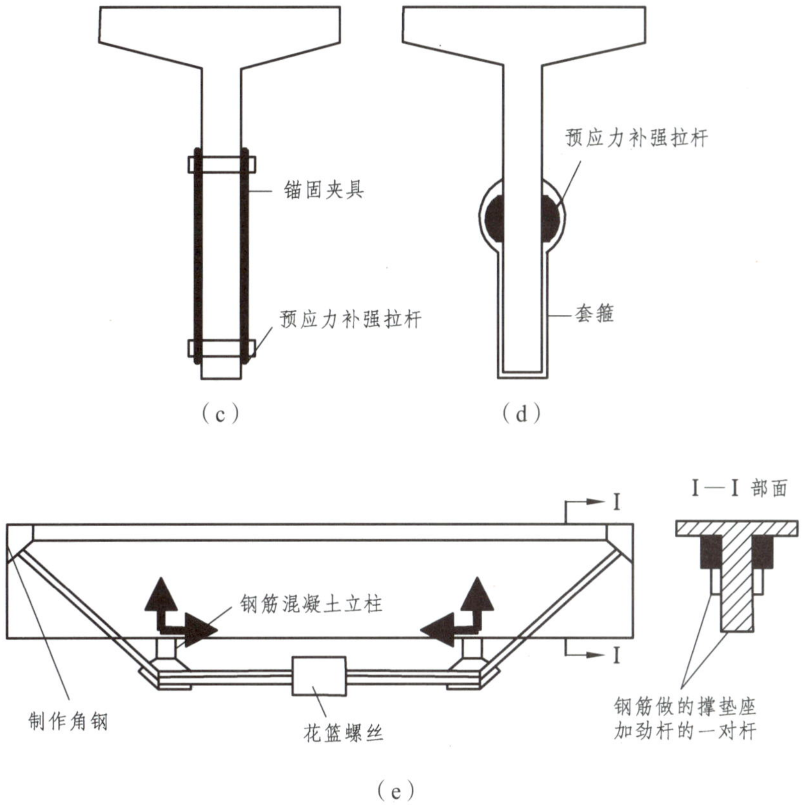

图 7-3-2 体外预应力加固施工工艺示意图

1. 预应力筋加工与运输

（1）预应力所用的粗钢筋、钢绞线等预应力材料在下料安装之前要密封包裹，防止锈蚀。

（2）运输过程中要防止钢材之间相互碰撞而变形损坏。预应力材料必须保持清洁，在存放和搬运过程中应避免机械损伤和锈蚀。如材料进场后需长时间存放，必须安排人员定期进行外观检查。仓储保管时，仓库应干燥、防潮、通风良好、无腐蚀性气体和介质；室外保管时，时间不宜超过 6 个月，不得直接堆放在地面上，必须采取下面垫以枕木并在其上用防雨布覆盖等有效措施，防止雨露和各种腐蚀性气体、介质的影响。

（3）钢绞线、精轧螺纹钢筋应采用切断机或砂轮锯切断，不得采用电弧切割。预应力筋的下料长度应通过计算确定，计算时应考虑张拉设备所需的工作长度、冷拉伸长值、弹性回缩值、张拉伸长值和外露长度等因素。

2. 安装及张拉

（1）按设计要求增设转向装置或齿板，并安装锚具。

（2）对称、均衡张拉至设计吨位。

3. 施工监控

在控制张拉力和伸长量的同时，应对旧桥主要断面的应变及整体挠度进行监控。

4. 齿板、转向块（板）及滑块

（1）齿板。

按照设计图纸进行放样，确定齿板纵向位置。探测出底板原预应力筋位置与新增齿板位置有冲突时，可经设计人员同意后调整齿板横向位置。然后凿除底板混凝土保护层，漏出新鲜混凝土面，将混凝土碎渣清理干净，使底板纵向和横向钢筋外露，并用钢刷除去钢筋上的锈迹。按照设计要求在底板植筋，等到植筋胶固化后，绑扎齿板钢筋，调整锚具位置及角度，并将齿板钢筋和原底板钢筋焊接成整体。立模浇筑齿板混凝土，等到齿板混凝土强度达到设计强度后才能张拉预应力束。

（2）转向块。

新浇混凝土转向块与梁体间接缝处必须人工凿毛处理，需要植筋时可参照相关规范的要求。为减少体外索水平筋（束）在活载作用下发生振动，应沿其纵向设置水平筋（束）减振装置。

（3）滑块。

滑块可用钢材或混凝土浇筑成型，对于后者需预留孔道，以穿入水平预应力钢筋。水平滑块的钢垫板需粘贴在梁的底面。当在水平滑块上设置聚四氟乙烯滑板时，可将其预先粘贴在钢垫板上或滑块的顶面上。水平预应力钢筋的定位座可粘贴在跨中梁底位置上。

5. 防腐与防护

体外预应力筋张拉结束后，应按设计要求进行防腐处理。当体外预应力筋采用成品索，自身带有防腐功能时，可不采取防腐措施。

第四节 粘贴碳纤维复合材料加固技术

一、粘贴碳纤维复合材料加固原理

碳纤维复合材料因其质轻、耐腐蚀、片材很薄、抗拉强度高而被广泛应用，粘贴碳纤维复合材料加固法适用于梁、板的加固，可提高梁、板的抗弯承载力，对刚度的提高效果相对较差，也可用于加固钢筋混凝土受压柱等，如图 7-4-1 所示。

二、粘贴碳纤维复合材料加固优缺点

（1）可用于受拉主筋或箍筋配筋较低的构件，对梁和板抗弯、抗剪性能不足时有一定的效果；

（2）碳纤维片强度高，质量轻，对恒载影响较小；

（3）可提高构件的抗裂性，可制约裂缝的发展；

（4）碳纤维粘贴操作简单，对结构损伤较小；

（5）对混凝土墩柱的抗剪、抗压补强及抗震延性补强效果明显。

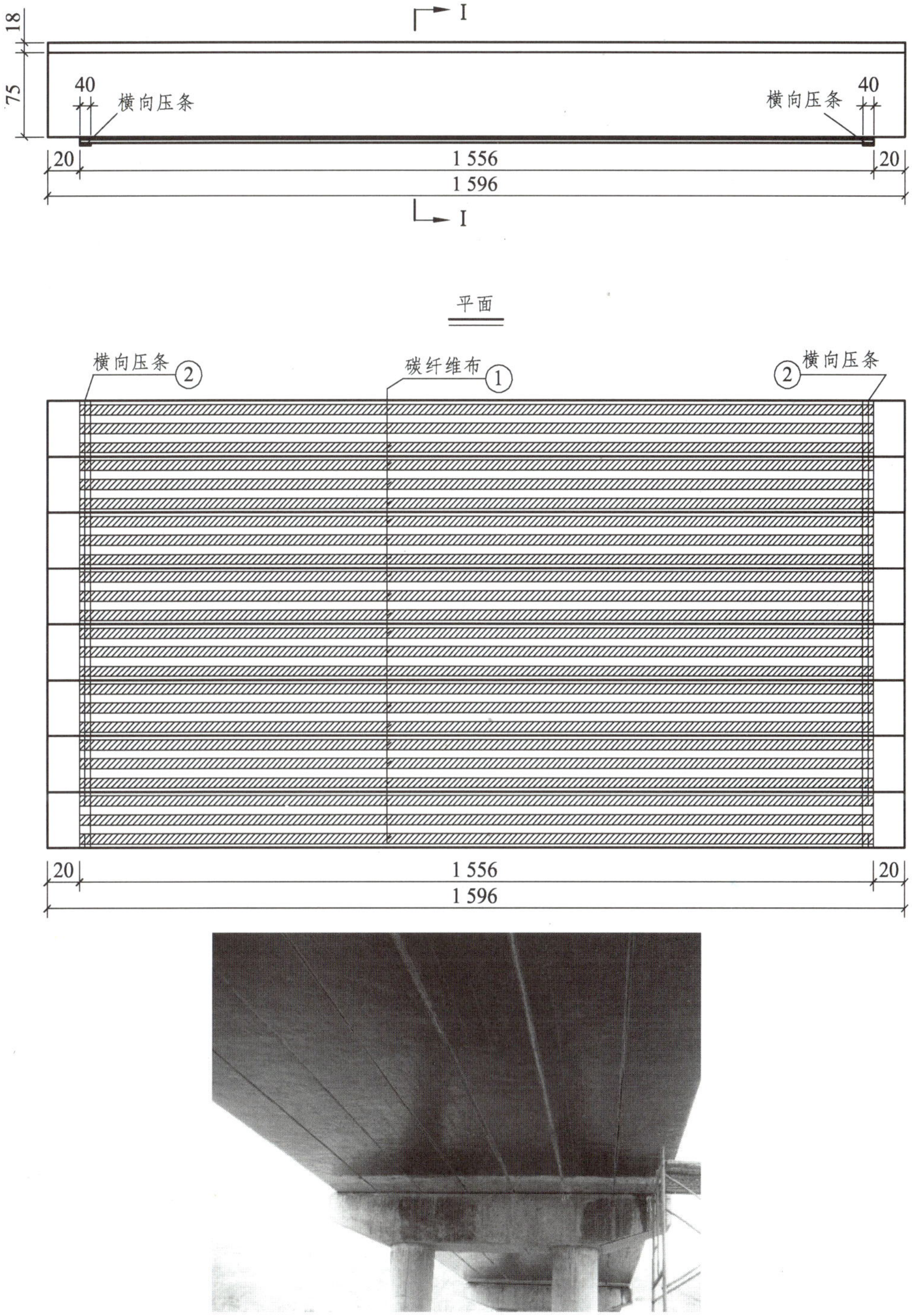

图 7-4-1　碳纤维布的应用

三、材料规定

（1）采用碳纤维复合材料加固受压柱时，原构件混凝土强度等级不得低于 C25。

（2）纤维复合材料宜粘贴呈条带状，非围束时板材不宜超过 2 层，布材不宜超过 3 层。

四、粘贴碳纤维复合材料加固施工工艺

1. 底层处理

（1）将混凝土表面剥落、疏松蜂窝、腐蚀等劣化部分清除，并进行清洗、打磨，待表面干燥后，用修补材料将混凝土表面凹凸部位修复平整。如果有毛刺，应用砂纸打磨。找平面用手触摸感觉干燥后，才能进行下一工序的施工。

（2）粘贴处阳角应打磨成圆弧状，阴角以修补材料填补成圆弧倒角，圆弧半径不应小于 25 mm。

2. 涂刷底胶

（1）调制好的底胶应及时使用，用一次性软毛刷或特制滚筒将底胶均匀涂抹于混凝土表面，不得漏刷、流淌或有气泡。待底胶固化后检查涂胶面，如涂胶面上有毛刺，应用砂纸打磨平顺，如胶层被磨损，应重新涂刷，固化后方可进行下一道工序。

（2）底胶固化后应尽快进行下一道工序，若涂刷时间超过 7 d，应清除原底胶，用砂轮机磨除，重新涂抹。

3. 粘贴材料

（1）雨天或空气潮湿条件下不宜施工。对玻璃纤维复合材料，相对湿度不宜大于 80%。如确需在潮湿的构件上施工，必须烘干构件表面或采用专门的胶黏剂。

（2）纤维复合材料粘贴宜在 5 ~ 35 °C 环境温度条件下进行，胶黏剂的选用应满足使用环境温度的要求。

（3）在待加固的混凝土表面按照设计图纸放样，确定纤维复合材料各层的位置。

（4）按照设计尺寸裁剪纤维复合材料，纤维复合材料搭接长度不宜小于 100 mm，搭接位置宜避开主要受力区。裁剪的纤维布材必须呈卷状妥善摆放并编号。已裁剪的纤维复合材料应尽快使用。

（5）粘贴纤维复合材料前，应对混凝土表面再次拭擦，确保粘贴面无粉尘。混凝土表面涂刷胶黏剂时，应做到胶体不流淌，胶体涂刷不出控制线，涂刷均匀。

（6）粘贴立面纤维复合材料时，应按照由上到下的顺序进行。用滚筒将纤维复合材料从一端向另一端滚压，除去胶体与纤维复合材料之间的气泡，使胶体渗入纤维复合材料，浸润饱满。选用的滚筒应在滚压过程中不产生静电作用。

（7）当采用多条或多层纤维复合材料加固时，在前一层纤维布表面用手指触摸感到干燥后，立即涂胶黏剂粘贴后一层纤维复合材料。

（8）最后一层纤维复合材料施工结束后，在其表面均匀涂抹一层浸渍树脂（面层防护），自然风干。

（9）对于受弯构件宜在受拉区沿轴向平直粘贴纤维复合材料进行加固补强，并在主纤维方向的断面端部进行锚固处理。

第五节 改变结构体系加固技术

改变结构体系加固法是采用一定的技术措施改变原结构受力体系，降低截面控制内力，提高桥梁整体承载能力的一种加固方法。

一、增加支点

改变结构体系加固法按设计位置修建新桥墩，并对支点处梁体进行加固补强。新建桥墩与梁体固结，应按设计布置钢筋或预应力筋。固结部位与梁的接触面均应进行凿毛，清除浮渣，洒水湿润，并用干硬性混凝土浇筑。

该方法适用于桥下净空有利用空间的梁、板、桁架等结构的加固。按支承结构与原结构的连接形式不同分为固结法和铰支法两种，按照支承结构的竖向刚度大小分为刚性支撑和弹性支撑，如图 7-5-1 所示。

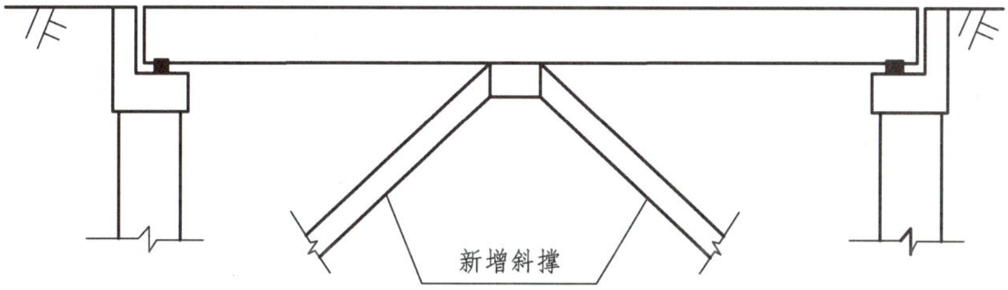

图 7-5-1 增设支点体系

二、简支变连续

简支变连续采用预应力时，可在梁顶凿槽布设波纹管道，按设计要求焊接梁端的连接钢筋，安装预应力束和锚具，待连接混凝土达到设计强度后进行张拉。

当双支座改为单支座时，墩顶新支座安装一般与接缝底模安装同时进行。

浇筑连接缝处混凝土，混凝土骨料粒径不宜大于 20 mm，混凝土浇筑宜选择在温度较低时间段进行。

三、改桥为涵

对于跨径较小的桥梁，在不影响通航和排洪能力的情况下，可采用桥下增设涵洞填实的方法进行加固，如图 7-5-2 所示。涵洞的形式可采用圆管涵、拱涵等形式。

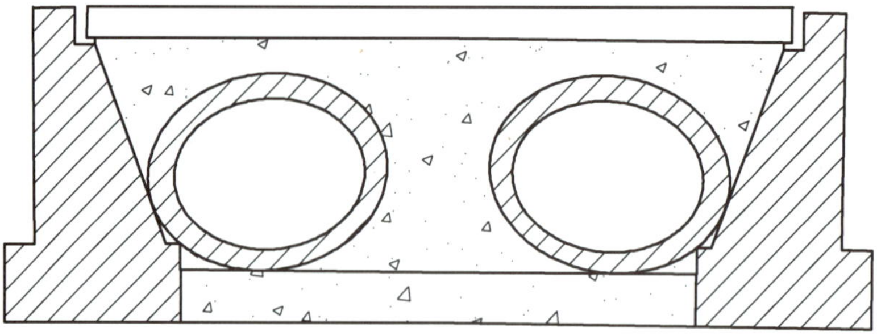

图 7-5-2　改桥为涵洞

第六节　墩台基础加固技术

墩台基础由于超载车辆以及自然因素的影响，会使基础产生沉陷、墩台出现倾斜和过大的裂缝，为确保行车安全，延长桥梁使用寿命，需及时进行加固处理。

桥梁基础常用的加固方法有：扩大基础加固法、增补桩基法和人工地基加固法等。墩台身常用加固法有：套箍或护套加固墩台法、支撑法或增建挡土墙加固法等，见表 7-6-1、表 7-6-2。

表 7-6-1　墩台基础加固

加固方法	方法描述	方法示意图
扩大基础加固法	扩大桥梁基础底面积的方法，称为扩大基础加固法。此法适用于基础承载力不足或埋置太浅，而墩台又是圬工或混凝土刚性实体式基础时的情况	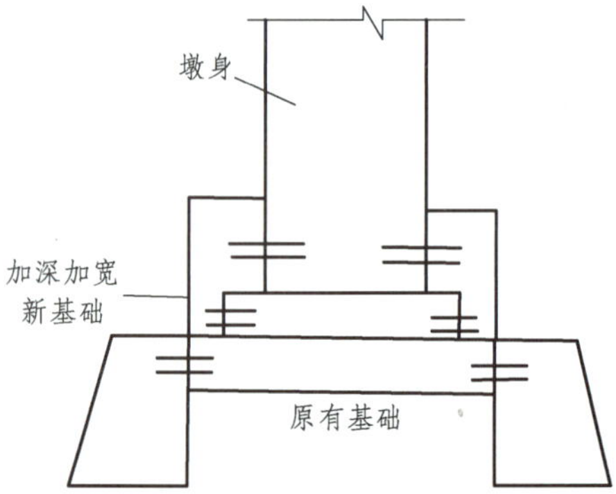
增补桩基加固法	在桩式基础的周围补加钻孔桩或打入钢筋混凝土预制桩并扩大原承台，以此提高基础承载力、增加基础稳定性。这种加固法称为增补桩基加固法	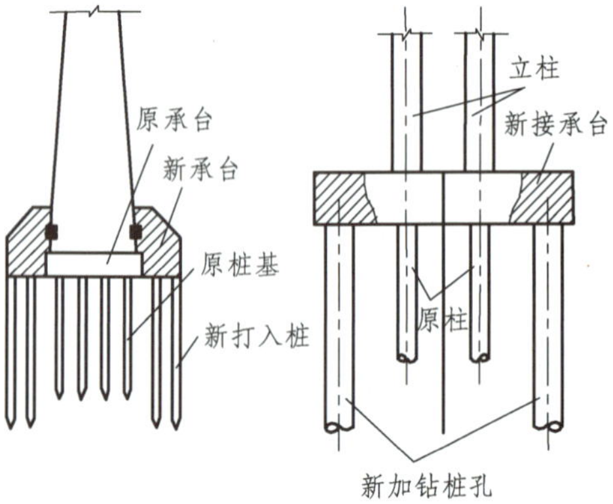

续表

加固方法	方法描述	方法示意图
人工地基加固法	当基础下面的地基土松软，不能承受很大荷载，或上层土虽好，但深层土质不良引起基础沉陷时，可采用人工地基加固方法，以改善提高基础的承载能力。人工地基加固方法很多，一般常用的有砂桩法、树根桩法、高压喷射注浆法和灌浆法等	—
钢筋混凝土套箍或护套加固法	如桥梁墩台出现贯通裂缝，为防止裂缝继续发展，使之能正常使用，可用钢筋混凝土围带或钢筋进行加固	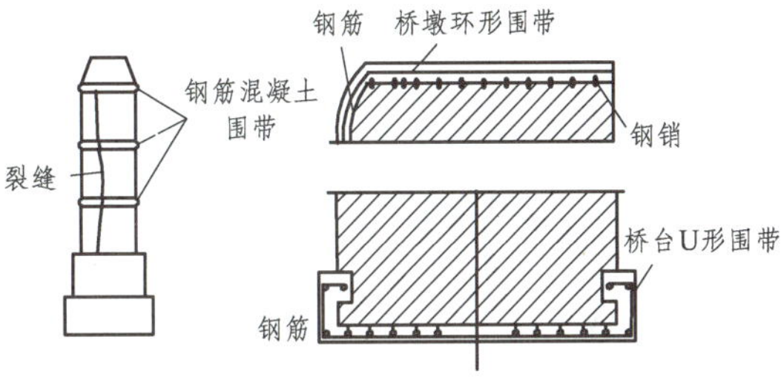

表 7-6-2　桥台滑移倾斜处理

加固方法	方法描述	方法示意图
支撑法加固	当埋置式桥台因墩台尺寸不足，难以承受台后壁的土压力而往桥孔方向产生倾斜或滑移时，可采用修筑撑壁法进行加固。对于单孔小跨径桥台，为防止桥台滑移，可在两台之间加建水平支撑，如整跨浆砌片石撑板，或用钢筋混凝土支撑梁进行加固	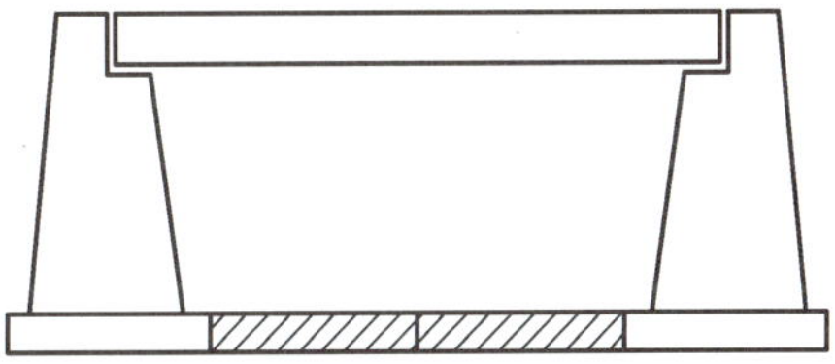 浆砌片石撑板或钢筋混凝土支撑架
新建辅助挡土墙加固	对于因桥台后壁水平土压力太大而引起的桥台倾斜，应设法减少桥台后壁的土压力，可在台背加建一挡土墙，以增强挡土能力	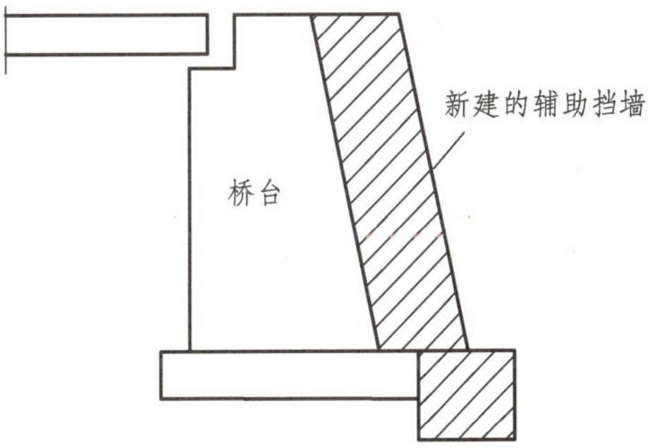

续表

加固方法	方法描述	方法示意图
减轻荷载法	筑于软土地基上的桥台，常由于填土较高，而受到较大侧向土压力作用。从而使桥台产生前移，以致发生倾斜。此时，一般可更换台背填土，减小土压力，即采用减轻桥台基础所受荷载的方法进行加固	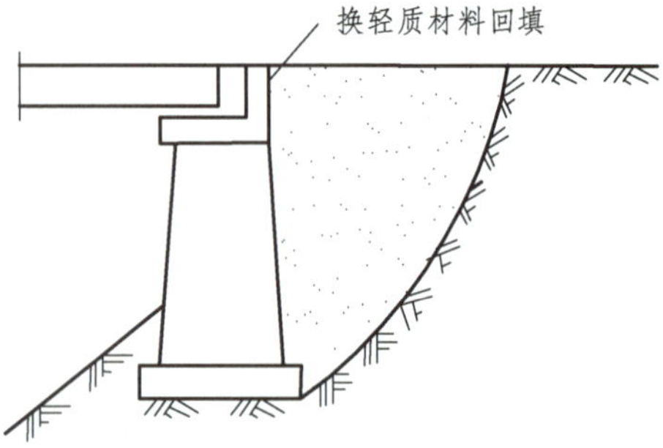

第七节 支座更换技术

桥梁支座属于主要部件，是连接桥梁上部结构和下部结构的重要部件，支座可将桥梁上部结构的反力和变形（位移和转角）可靠地传递给桥梁下部结构，从而使结构的实际受力情况与计算的理论图式相符合，支座一旦出现病害将影响桥梁的使用安全。因此更换梁支座是桥梁加固的一项重要内容之一。支座更换工艺流程：搭建顶升承载平台→顶升系统及临时支座设施的布设→预顶→分步顶升→拆除原墩顶支座→安放新支座→千斤顶分步落梁→拆除顶升装置。

1. 搭建顶升承载平台

搭建顶升承载平台的方法如图 7-7-1 ~ 图 7-7-7 所示。

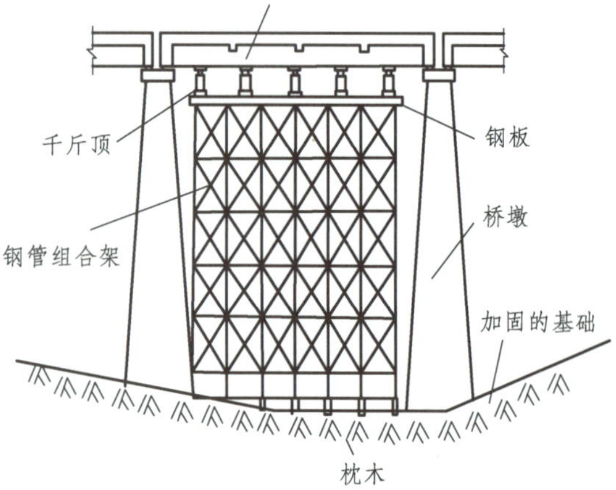

图 7-7-1　枕木满布式支架法

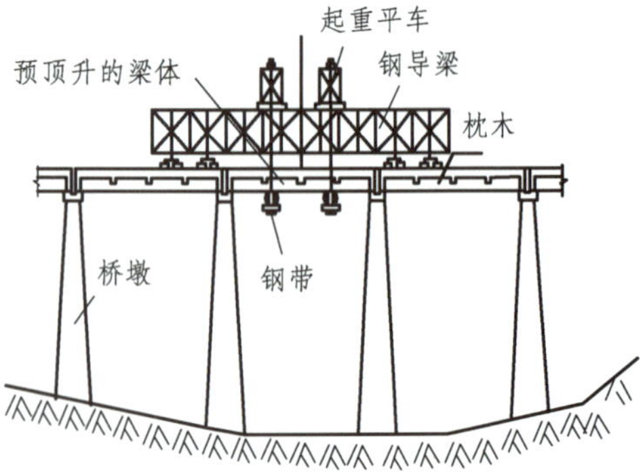

图 7-7-2　桥面钢导梁法

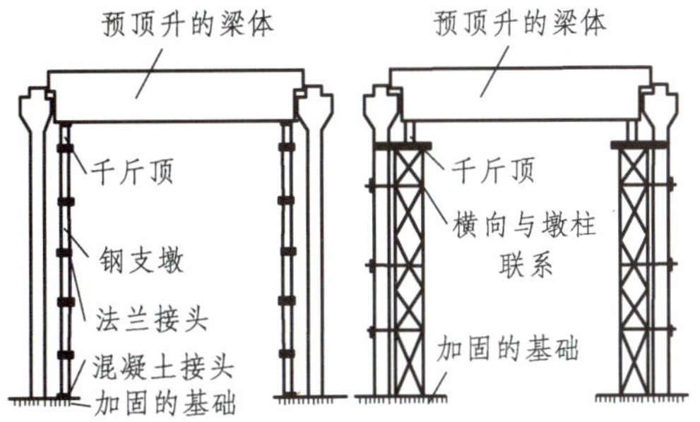

图 7-7-3　端部整体顶升法

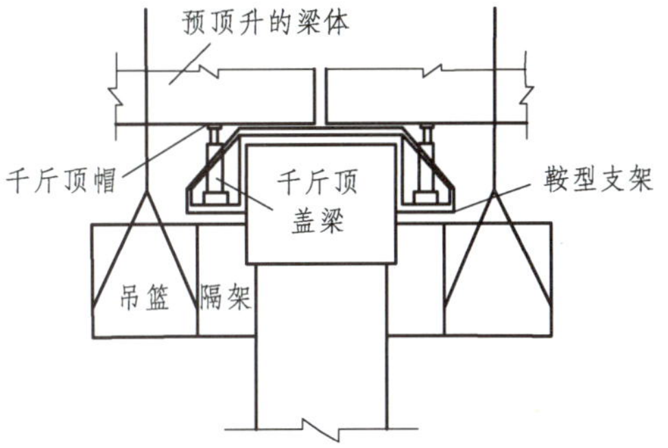

图 7-7-4　鞍形支架法

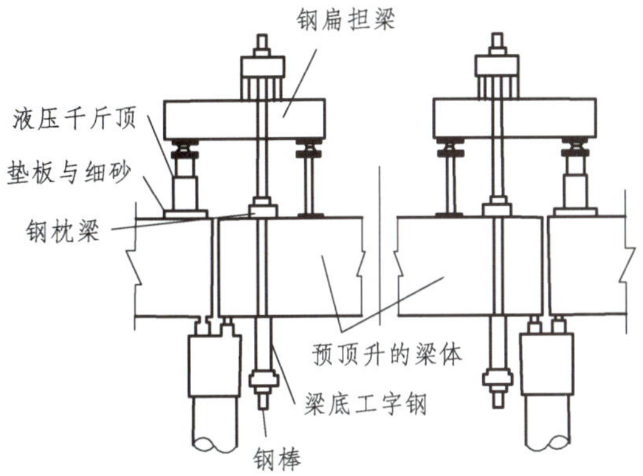

图 7-7-5　钢扁担梁法

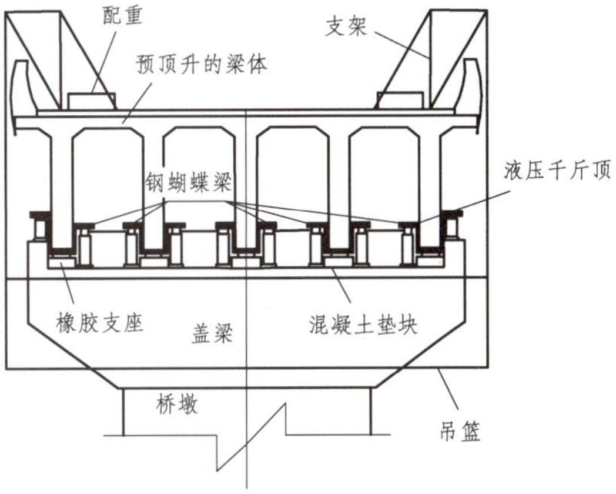

图 7-7-6　蝴蝶梁法

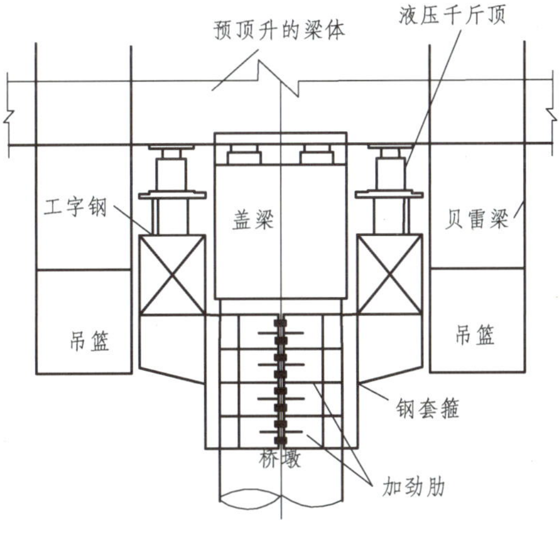

图 7-7-7　钢套箍法

2. 顶升系统及临时支座设施的布设

千斤顶布设于钢立柱的预设顶升点上，为保证梁体顶升的同步性、安全性，在千斤顶顶部加设刚性横梁，保证横向板底受力均匀一致。横梁顶部须按梁纵坡铣刨，安装就位后保证横梁竖直。横梁与板底接触面加垫 1 cm 橡胶垫，保证接触面密贴。横梁在纵桥向按桥墩位置对称布置。接通高压油路，调试液压控制系统的输油管道，检查油管密封情况。

3. 预　顶

正式顶升前必须进行预顶，保证临时立柱、千斤顶、刚性横梁等装置在稳定状态下工作。对临时立柱、支座位置、传力系统检查合格后，即可正式进行顶升。预顶加力须分级缓慢加力，预顶须消除临时立柱、千斤顶、刚性横梁等装置的变形。

4. 分步顶升

读取液压表、限位器、千分表的数据，并以此时的数据作为初始的“零”状态数据，并将限位器、千分表的数据重新调零。全部顶升系统须进行实时监控。当顶升到位后，必须马上停止顶升，采集各项位移数据，将各分点油压锁死，以临时垫块替换钢板作为临时支撑。需要注意的是，在整个顶升过程中，千斤顶须缓慢加力。

5. 拆除原墩顶支座

在顶升系统保持恒定压力及临时支撑的稳定性满足要求后，将原板式支座沿梁顺桥向纵向取出，清理支座放置位置及周围杂物，并除去防震锚栓及套筒。

6. 安放新支座

板式支座在更换前，先检查新制板式支座与被更换板式支座的型号是否相符。在支座就位后，检查支座的平面安放位置和相关的技术指标，并加以调整，安装好防震锚栓及套筒。

7. 千斤顶分步落梁

由技术人员对重新安装及更换的支座进行检查，在各项指标符合要求后，拆除临时支撑，开始缓慢落梁，当支座完全受力后，落梁完成。

8. 拆除顶升装置

由人员观察支座的动向及梁体的变化，采集位移数据及新支座的残余值，并与原测量值进行校核，如有异常及时调整。检查无误后，拆除顶升系统装置及保护装置。恢复墩台处地面原貌。

第八章

隧道检查与评定

我国公路隧道建设总数和通车里程数呈逐年上升趋势，增长尤其快速，隧道越来越长，隧道平均密度越来越高。截至 2013 年，全国隧道数量及通车里程如图 8-0-1 所示。

我国 20 世纪 60 年代以前修建的公路隧道大多未做防水处理，渗漏水问题突出。近年来一些新建的公路隧道，虽然进行了防排水设计，但由于施工质量普遍不高，也存在较严重的渗漏水病害。公路隧道内以内燃机动车为主，废气、有害气体排放量大，通风不良引起的洞内空气污染问题普遍存在。另外，由于照明设计或运营管理不善，隧道内部亮度及照度达不到规范要求，导致交通事故，进而诱发灾难性的火灾事故。

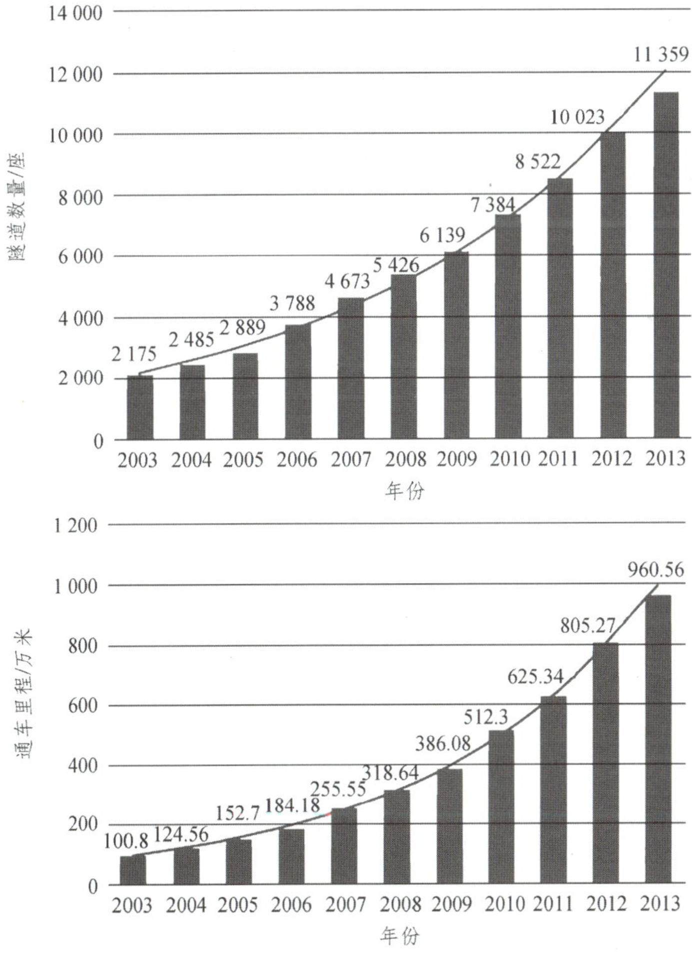

图 8-0-1　全国隧道数量及通车里程

为保持隧道土建结构、机电设施及其他设施的正常使用，需进行定期检查、清洁维护、检查评定、保养维修等工作。

第一节 隧道检查

一、隧道检查总体要求

（1）公路隧道养护应贯彻“预防为主，防治结合”的方针，加强预防性养护，保持公路隧道及其附属设施良好的技术状况。

（2）推广应用先进的养护技术、机械装备和科学的管理方法，提高养护技术水平。

（3）公路隧道养护工作应重视资源节约和环境保护。

（4）公路隧道养护工程按照工程性质、规模大小和技术的难易程度，分为小修保养、中修工程、大修工程、改造工程等四类。

二、隧道检查养护等级

根据公路等级、隧道长度、交通量大小，公路隧道养护等级可分为 3 个等级，分级标准可按表 8-1-1、表 8-1-2 执行。

表 8-1-1　公路隧道养护等级（高速公路、一级公路）

单车道年平均日交通量/[pcu/（d·ln）]	L>3 000	3 000≥L>1 000	1 000≥L>500	L≤500
≥10 001	Ⅰ级	Ⅰ级	Ⅰ级	Ⅱ级
5 001 ~ 10 000	Ⅰ级	Ⅰ级	Ⅱ级	Ⅱ级
≤5 000	Ⅰ级	Ⅱ级	Ⅱ级	Ⅲ级

表 8-1-2　公路隧道养护等级（二级公路及以下）

单车道年平均日交通量/[pcu/（d·ln）]	L>3 000	3 000≥L>1 000	1 000≥L>500	L≤500
≥10 001	Ⅰ级	Ⅱ级	Ⅱ级	Ⅲ级
5 001 ~ 10 000	Ⅱ级	Ⅱ级	Ⅲ级	Ⅲ级
≤5 000	Ⅱ级	Ⅲ级	Ⅲ级	Ⅲ级

三、隧道检查方式及频率

1. 检查方式

土建结构的养护工作分为日常巡查和结构检查（经常检查、定期检查、应急检查和专项检查）。

2. 检查频率

（1）日常巡查：日常巡查频率宜不少于 1 次/d，雨季、冰冻季节和极端天气，应加强日常巡查的频率。日常巡查可采用人工和信息化相结合的手段巡查，主要是对隧道洞口、衬砌、路面是否处在正常工作状态、是否妨碍交通安全等进行检查。

（2）经常检查：按照公路隧道的养护等级，土建结构的经常检查频率不低于表 8-1-3 规定的频率，且在雨季、冰冻季节和极端天气，应提高经常检查的频率。经常检查以定性判断为主，通过经常检查，及早发现早起缺损、显著病害和其他异常情况，确定对策措施。经常检查可采用人工和信息化相结合，配合简单工具检查。

表 8-1-3　公路隧道经常检查频率

检查分类	养护等级		
	Ⅰ	Ⅱ	Ⅲ
经常检查	1 次/月	1 次/2 月	1 次/季度

（3）定期检查：定期检查的周期应根据隧道技术状况确定，宜每年 1 次，最长不得超过 3 年 1 次。当经常检查中发现重要结构分项技术状况评定值为 3 或 4 时，应立即开展一次定期检查。定期检查宜安排在春季或秋季进行。新建隧道应在交付使用 1 年后进行首次定期检查。通过定期检查，系统掌握结构的技术状况和功能状况，为制定养护工作计划提供依据。

（4）应急检查：当隧道受到异常事件或突发事件影响，发生异常情况时，应进行应急检查。

（5）专项检查：当定期检查状况值为 3 或 4 的项目，且产生的原因及详细情况不明时，为掌握隧道缺损或病害的详细资料，为隧道实施处治提供依据，应进行专项检查。例如结构变形检查、裂缝检查、漏水检查、材质检查、衬砌及围岩状况检查以及荷载状况检查。

四、隧道定期检查方法及内容

隧道定期检查需要配备必要的检查工具或设备，进行目测或量测检查。检查时，应尽量靠近结构，依次检查各个结构部位，注意发现异常情况和原有异常情况的发展变化；对有异常情况的结构，应在其适当位置做出标记；此外，检查结果记录宜量化。

（1）检查采用步行及辅助车辆，配备必要的检查工具或设备、进行目测或量测检查。检查时，尽量靠近结构，依次检查各个结构部位，注意发现异常情况和原有异常情况的发展变化。对有异常情况的结构，在其适当位置做出标记。此外，检查结果记录量化。

（2）采用皮尺和裂缝宽度观测仪等量测设备，对洞口、洞门、衬砌、路面、排水系统等进行外观检查，包含路面开裂、衬砌裂缝形态和分布、混凝土外观缺陷、渗漏水及检修道、内装病害等。

（3）为便于描述病害位置，隧道检查时，隧道单洞内检查以小桩号往大桩号行车方向为正方向，隧道以小桩号侧入口处为隧道里程桩号起点，并以此为基础确定隧道内的左、右侧。

隧道土建结构定期检查内容如表 8-1-4 所示。

表 8-1-4 隧道土建结构定期检测内容及方法

检查内容		抽检频率	检查方法
洞口	山体滑坡、岩石崩塌的征兆及其发展趋势；边坡、碎落台、护坡道的缺口、冲沟、潜流涌水、沉陷、塌落等及其发展趋势	100%	目测、结合仪器观测
	护坡、挡土墙的裂缝、断缝、倾斜、鼓肚、滑动、下沉的位置、范围及其程度，有无表面风化、泄水孔堵塞、墙后积水、地基错台、空隙等现象及其程度	100%	目测、结合仪器观测
洞门	墙身裂缝的位置、宽度、长度、范围或程度；结构倾斜、沉陷、断裂范围、变位量、发展趋势；洞门与洞身连接处环向裂缝开展情况、外倾趋势；混凝土起层、剥落的范围和深度，钢筋有无外露、受到锈蚀；墙背填料流失范围和程度	100%	目测、结合仪器观测
衬砌	衬砌裂缝的位置、宽度、长度、范围或程度，墙身施工缝开裂宽度、错位量；衬砌表层起层、剥落的范围和深度；衬砌渗漏水的位置、水量、浑浊 、冻结状况	100%	目测、结合仪器观测
路面	路面拱起、沉陷、错台、开裂、溜滑的范围和程度；路面积水、结冰等范围和程度	100%	目测、结合仪器观测
检修道	检修道毁坏、盖板缺损的位置和状况；栏杆变形、锈蚀、缺损等的位置和状况	100%	目测、结合仪器观测
排水系统	结构缺损程度，中央管井盖、边沟盖板等完好程度，沟管开裂漏水状况；排水沟（管）、水井等淤积堵塞、沉沙、滞水、结冰等状况	100%	目测、结合仪器观测
吊顶及各种预埋件	吊顶板变形、缺损的位置和程度；吊杆等预埋件是否完好，有无锈蚀、脱落等危及安全的现象及其程度；漏水（挂冰）范围及程度	100%	目测、结合仪器观测
内装饰	表面脏污、缺损的范围和程度；装饰板变形、缺损的范围和程度等	100%	目测、结合仪器观测
标志、标线、轮廓标	外观缺损、表面脏污状况，连接件牢固状况、光度是否满足要求等	100%	目测、结合仪器观测

机电设施定期检查内容见表 8-1-5。

表 8-1-5 机电设施定期检查内容

分项设施	检查内容
供配电设施	高压断路器柜、高压互感器与避雷器柜、高压计量柜、高压隔离开关和负荷开关柜、电力变压器、箱式变电站、电力电容器柜、低压开关柜、配电箱、插座箱、控制箱、综合微机保护装置、直流电源、UPS 电源、EPS 电源、自备发电设备
	防雷装置、接地装置、变电所铁构件
	电力线缆、电缆桥架

续表

分项设施	检查内容
照明设施	电力线缆、电缆桥架
	照明线路
通风设施	轴流风机及离心风机、射流风机
消防设施	双/三波长火焰探测器、视频型火灾报警装置、火灾报警控制器、电动机、气体灭火设施、消防车、消防摩托车
	点型感温探测器、光纤光栅感温火灾探测系统、液位检测器、消火栓及灭火器、阀门、手动报警按钮、水泵接合器、水泵、消防水池、电光标志
	线型感温光纤火灾探测系统、水喷雾灭火设施、给水管
监控与通信设施	亮度检测器、能见度检测器、CO 检测器、风速风向检测器、车辆检测器、摄像机、编解码器、视频矩阵、监视器、硬盘录像机、视频交通事件检测器、本地控制器、横通道控制箱、光端机、路由器、交换机
	大屏幕投影系统、地图板、有线广播、紧急电话、横通道门、可变信息标志、可变限速标志、车道指示器、交通信号灯、监控室设备
	光缆、电缆

其他工程设施定期检查内容见表 8-1-6。

表 8-1-6　其他工程设施检查内容

分项设施	检查内容
电缆沟	是否完好，有无杂物、积尘、积水
设备洞室	是否完好，有无渗漏水、杂物、积尘，标志是否齐全、清晰
洞外联络通道	隔离设施是否完好，标志是否齐全、清晰，路面有无隆起、积水
洞口限高门架	结构是否完好，标志是否齐全、清晰，门架有无变形，净空误差是否满足限高要求
洞口绿化	树木是否妨碍行车，有无树木枯死、草皮失养，整体绿化效果是否美观
消音设施	是否完好，是否具备消音功能
减光设施	结构是否完好，标志是否齐全清晰，减光效果是否正常
污水处理设施	是否渗漏，有无杂物、泥沙沉积
洞口雕塑、隧道铭牌	表面是否脏污，是否存在破损
房屋设施	承重构件有无变形、裂缝、松动；非承重墙体有无渗漏、破损；屋面排水是否通畅、有无渗漏；楼地面、门窗是否完好；顶棚有无变形；水卫、电照等设备是否完好，能否正常使用

隧道典型构件如表 8-1-7 所示。

表 8-1-7　隧道典型构件

构件	现场照片
洞口	
洞门	
衬砌	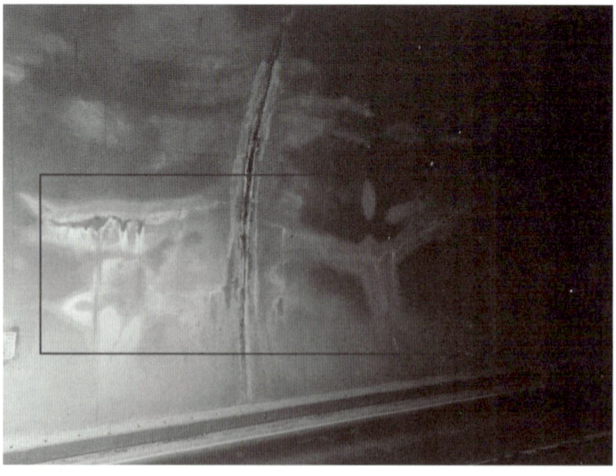

续表

构件	现场照片
路面	
检修道	
排水系统	

构件	现场照片
吊顶及各种预埋件	
内装饰	
标志、标线、轮廓标	

五、隧道实体检查方法及内容

1. 裂缝检测

（1）检测内容。

裂缝的位置、发展方向、宽度、长度、深度、开裂范围和程度。

（2）检测设备。

钢尺、读数显微镜、裂缝观测仪、超声波测定仪、记号笔等。

（3）检测方法。

裂缝宽度检测：采用裂缝宽度观测仪、读数显微镜在裂缝表面对裂缝进行检测。

裂缝深度检测：用超声波检测仪对裂缝深度进行探查。根据超声波在衬砌混凝土中的传播速度，得出行程时间曲线；然后，超声波发射器位置固定，使接收器沿衬砌某一方向移动，根据裂缝位置处超声波传播时间的变化（如延迟时间等），即可计算出裂缝深度。

根据被测结构的实际情况，可以采用单面平测法和对穿斜测法。当裂缝部位具有两个互相平行的测试表面时，采用斜测法。此法直观、可靠，条件具备时优先选用。

2. 渗漏水检测

（1）检测内容。

渗漏水位置、水量、浑浊、冻结及原有防排水系统的状态；漏水的水温、pH 检测，有必要可以进行水质化学分析。

（2）检测设备。

秒表、计量容器、pH 试纸。

（3）检测范围。

渗漏水检测主要针对渗漏水较严重的区段进行。

3. 地质雷达探测

（1）检测内容。

① 衬砌厚度、衬砌背后的回填密实度，以及空洞或欠密实区的位置和大小等情况；

② 钢支撑的位置、深度及布置情况；

③ 围岩含水及导水情况。

（2）检测要求。

① 探测深度：衬砌外表面向围岩深处 4.0 m 内。

② 钢支撑、钢筋网：检查是否按设计要求布置。

③ 拱背空洞：提供空洞的起止桩号、深度和充填情况。

④ 围岩含水、导水情况：提供其分布范围，并对相关情况进行分析。

六、隧道养护

（1）土建结构的保养维修应包括经常性或预防性的保养和轻微缺损部分的维修等内容，恢复和保持结构的正常使用状况。

（2）应对土建结构经常检查和定期检查发现的一般性异常和技术状况值为 2 以下的状况，

进行保养维修。

（3）应及时清除洞口边仰坡上的危石、浮土，保持洞口边沟和边仰坡上截（排）水沟的完好、畅通，修复存在轻微损坏的洞口挡土墙、洞门墙、护坡、排水设施和减光设施等结构物的开裂、变形，维护洞口花草树木。冬季应清除边仰坡上的积雪和挂冰。

（4）当明洞上边坡出现危石或有崩塌可能时，应及时清除，也可采取保护性开挖等措施。明洞顶的填土厚度和地表线，应保持原设计状态。当遇边坡塌方形成局部堆积，或遇暴雨、洪水导致原填土大量流失时，应及时采取措施调整到原有状态，避免产生严重偏压导致明洞结构变形、损坏。明洞的防水层失效或损坏时，应及时修复。

（5）应及时清除半山洞内的雨雪、杂物以及洞顶坠落的石块，并保持边沟畅通。应及时修复、添补缺损的护栏、护墙。

（6）对无衬砌隧道出现的碎裂、松动岩石和危石，应按照“少清除，多稳固”的原则进行处理；对围岩的渗漏水，应开设泄水孔接引水管，将水导入边沟排出；冬季应及时清除洞顶挂冰。

（7）对有衬砌隧道出现的衬砌起层、剥离，应及时清除；应及时修补衬砌裂缝，并设立观测标记进行跟踪观测；对衬砌的渗漏水应接引水管，将水导入边沟；冬季应及时清除洞顶挂冰等。

（8）应及时清除隧道内外路面上的塌（散）落物和堆积物。应及时修复、更换损坏的管井盖或其他设施盖板。当路面出现渗漏水时，应及时处理，将水引入边沟排出，防止路面积水或结冰。

（9）横通道内严禁存放任何非救援用物品，应及时清除散落杂物，修复轻微破损结构；应定期保养横通道门，保证横通道清洁、畅通。

（10）应及时清除斜（竖）井内可能损伤通风设施或影响通风效果的异物；应保持井内排水设施完好、水沟（管）畅通；应对井内的检查通道或设施进行保养，防止其锈蚀或损坏。

（11）应清理送（排）风口的网罩，清除堵塞网眼的杂物；应定期保养风道板吊杆，防止其锈蚀或损坏；应及时修复风口或风道的破损，更换损坏的风道板。

（12）应保持隧道内外排水设施完好，发现破损或缺失应及时修复；排水管堵塞时，可用高压水或压缩空气疏通。应及时清理排水边沟、中心排水沟、沉沙池等排水设施中的堆积物，不定期检查排水沟盖板和沟墙，及时修复破损、翘曲的盖板。寒冷地区应及时清除排水沟内结冰堵塞。排水的金属管道应定期做好防腐处理。

（13）吊顶和内装饰应保持完好和整洁美观，当有破损、缺失时，应及时修补恢复，不能修复的应及时更换。各种预埋件和桥架应保持完好、坚固、无锈蚀，当有缺损时，应及时更换或加固。

（14）应保持人行道或检修道平整、完好和畅通，人行道或检修道不得积水，当道板有破损、翘曲或缺失时，应及时进行修复和补充；应定期保养人行道或检修道护栏，护栏应保持完好、清洁、坚固、无锈蚀，立柱正直无摇动现象，横杆连接牢固，当有缺损时，应及时修复。

（15）寒冷地区隧道尚应进行下列保养维护：

① 寒冷地区隧道的防冻保温设施应做好保养维护，当有损坏时，应及时维修，保证其正常使用功能。

② 洞口设有防雪设施的隧道，应做好防雪设施的保养维护，并在大雪降临前完成设施的

维修加固；冬季应及时清除洞口处积雪。

（16）隧道的交通标志应保持外观完整、信息清晰准确，保持位置、高度和角度适当，保证交通信息传递无误，并应符合下列规定：

① 应及时修补变形、破损的标牌，修复弯曲、倾斜的支柱，紧固松动的连接构件。

② 对锈蚀损坏、老化失效的标志，应及时更换，缺失的应及时补充。

③ 对损坏的限高及限速设施应及时维修。

（17）隧道的交通标线应保持完整、清洁和醒目，并应符合下列规定：

① 对破损严重和脱落的标线应及时补划。

② 应及时紧固松动的路标，发现损坏或丢失的，应及时修复或补换。

（18）隧道轮廓标应保持完整、清洁和醒目，当有损坏时，应及时修复或更换。

第二节 隧道技术状况评定

依据《公路隧道养护技术规范》（JTG H12—2015）、《公路养护技术规范》（JTG H10—2009）及检查工作计划，公路隧道土建结构技术状况评定分为1类、2类、3类、4类和5类，评定时先逐洞、逐段对隧道土建结构各分项技术状况进行状况值评定，在此基础上确定各分项技术状况，再进行土建结构技术状况评定。隧道技术状况的评定包括土建部分、机电部分及其他工程设施评定。

一、分项评定标准

隧道洞口、洞门、衬砌破损、衬砌渗漏水、路面、检修道、排水设施、吊顶及预埋件、内装饰、交通标志标线等各分项技术状况评定标准见表8-2-1～表8-2-10。

表8-2-1 隧道洞口技术状况评定标准

状况值	技术状况描述
0	完好，无破坏现象
1	山体及岩体、挡土墙、护坡等有轻微裂缝产生，排水设施存在轻微破坏
2	山体及岩体裂缝发育，存在滑坡、崩塌的初步迹象，坡面树木或电线杆轻微倾斜，挡土墙、护坡等产生开裂、变形，土石零星掉落，排水设施存在一定裂损、阻塞
3	山体及岩体严重开裂，坡面树木或电线杆明显倾斜，挡土墙、护坡等产生严重开裂、明显的永久变形，墙角或坡面有土石堆积，排水设施完全堵塞、破坏，排水功能失效
4	山体及岩体有明显而严重的滑动、崩塌现象，挡土墙、护坡断裂、外倾失稳、部分倒塌，坡面树木或电线杆倾倒等

表 8-2-2 隧道洞门技术状况评定标准

状况值	技术状况描述
0	完好，无破坏现象
1	墙身存在轻微的开裂、起层、剥落
2	墙身结构局部开裂，墙身轻微倾斜、沉陷或错台，壁面轻微渗水，尚未妨害交通
3	墙身结构严重开裂、错台；边墙出现起层、剥落，混凝土块可能掉落或已有掉落；钢筋外漏、受到锈蚀，墙身有明显倾斜、沉陷或错台趋势，壁面严重渗水（挂冰），将会妨碍交通
4	洞门结构大范围开裂、砌体断裂、混凝土块可能掉落或已有掉落；墙身出现部分倾倒、垮塌，存在喷水或大面积挂冰等，已妨碍交通

表 8-2-3 衬砌破损技术状况评定标准

状况值	技术状况描述	
	外荷载作用所致	材料劣化所致
0	结构无裂损、变形和背后空洞	材料无劣化
1	出现变形、位移、沉降和裂缝，但无发展或已停止发展	存在材料劣化，钢筋表面局部锈蚀，衬砌无起层、剥落，对断面强度几乎无影响
2	出现变形、位移、沉降和裂缝，发展缓慢，边墙衬砌背后存在空隙，有扩大的可能	材料劣化明显，钢筋表面全部生锈、腐蚀，断面强度有所下降，结构物功能可能受到损害
3	出现变形、位移、沉降，裂缝密集，出现剪切性裂缝，发展速度较快；边墙处衬砌压裂，导致起层、剥落，边墙混凝土有可能掉下；拱部背面存在大的空洞，上部落石可能掉落至拱背；衬砌结构侵入内轮廓界限	材料劣化严重，钢筋断面因腐蚀而明显减小，断面强度有相当程度的下降，结构物功能受到损害；边墙混凝土起层、剥落，混凝土可能可能掉落或已有掉落
4	衬砌结构发生明显的永久变形，裂缝密集，出现剪切性裂缝，裂缝深度贯穿衬砌混凝土，并且发展快速；由于拱顶裂缝密集，衬砌开裂，导致起层、剥落，混凝土块可能掉下；衬砌拱部背面存在大的空洞，且衬砌有效厚度很薄，空腔上部可能掉落至拱背；衬砌结构侵入建筑限界	材料劣化非常严重，断面强度明显下降，结构物功能损害明显；由于拱部材料劣化，导致混凝土起层、剥落，混凝土块可能掉落或已有掉落

表 8-2-4 衬砌渗漏水技术状况评定标准

状况值	技术状况描述
0	无渗漏水
1	衬砌表面存在浸渗，对行车无影响

续表

状况值	技术状况描述
2	衬砌拱部有滴漏，侧墙有小股涌流，路面有浸渗但无积水，拱部、边墙因渗水少量挂冰，边墙角积冰，不久可能会影响行车安全
3	拱部有涌流，侧墙有喷射水流，路面积水，沙土流出、拱部衬砌因渗水形成较大挂冰、胀裂，或涌水积冰至路面边缘，影响行车安全
4	拱部有喷射水流，侧墙存在严重影响行车安全的涌水，地下水从检查井涌出，路面积水严重，伴有严重的沙土流出和衬砌挂冰，严重影响行车安全

表 8-2-5　隧道路面技术状况评定标准

状况值	技术状况描述
0	路面完好
1	路面有浸湿、轻微裂缝、落物等，引起使用者轻微不舒适感
2	路面有局部的沉陷、隆起、坑洞、表面剥落、露骨、破损、裂缝，轻微积水，引起使用者明显的不舒适感，可能会影响行车安全
3	路面出现较大面积的沉陷、隆起、坑洞、表面剥落、露骨、破损、裂缝、积水严重等，影响行车安全；抗滑系数过低引起车辆打滑
4	路面出现大面积的明显沉陷、隆起、坑洞，路面板严重错台、断裂、表面剥落、露骨、破损、裂缝，出现漫水、结冰或堆冰，严重影响交通安全，可能导致交通意外事故

表 8-2-6　检修道技术状况评定标准

状况值	技术状况描述	
	定性描述	定量描述
0	护栏、路缘石及检修道面板均完好	—
1	护栏变形，路缘石或检修道面板少量缺角、缺损，金属有局部锈蚀，尚未影响其使用功能	护栏、面板、路缘石损坏长度≤10%，缺失长度≤3%
2	护栏变形损坏，螺栓松动、扭曲，金属表面锈蚀，部分路缘石或检修道面板缺损、开裂，部分功能丧失，可能会影响行人和交通安全	10%<护栏、面板、路缘石损坏长度≤20%，3%<缺失长度≤10%
3	护栏倒伏、严重损坏，侵入限界，路缘石或检修道面板缺损开裂或缺失严重，原有功能丧失，影响行人和交通安全	护栏、面板、路缘石缺失率>20%，缺失长度>10%

表 8-2-7 洞内排水设施技术状况评定标准

状况值	技术状况描述
0	设施完好，排水功能正常
1	结构有轻微破损，但排水功能正常
2	轻微淤积，结构有破损，暴雨季节出现溢水，可能会影响交通安全
3	严重淤积，结构较严重破损，溢水造成路面局部积水、结冰，影响行车安全
4	完全阻塞，结构严重破损，溢水造成路面积水漫流、大面积结冰，严重影响行车安全

表 8-2-8 吊顶及预埋件技术状况评定标准

状况值	技术状况描述
0	吊顶完好
1	存在轻微变形、破损、浸水，尚未妨碍交通
2	吊顶破损、开裂、滴水，吊杆等预埋件锈蚀，尚未影响交通安全
3	吊顶存在较严重的变形、破损，出现涌流、挂冰，吊杆等预埋件严重锈蚀，可能影响交通安全
4	吊顶严重破损、开裂甚至掉落，出现喷涌水、严重挂冰，各种预埋件和悬吊件严重锈蚀或断裂，各种桥架和挂件出现严重变形或脱落，严重影响行车安全

注：本项目含各种灯具、通风机等拱顶设备的悬吊结构评定。

表 8-2-9 内装饰技术状况评定标准

状况值	技术状况描述	
	定性描述	定量描述
0	内装饰完好	—
1	个别内装饰板或瓷砖变形、破损，不影响交通	损坏率≤10%
2	部分内装饰板或瓷砖变形、破损、脱落，对交通安全有影响	10%<损坏率≤20%
3	大面积内装饰板或瓷砖变形、破损、脱落，严重影响行车安全	损坏率>20%

表 8-2-10 交通标志标线技术状况评定标准

状况值	技术状况描述	
	定性描述	定量描述
0	完好	—
1	存在脏污、不完整，尚未妨碍交通	损坏率≤10%
2	存在脏污、部分脱落、缺失，可能会影响交通安全	10%<损坏率≤20%
3	大部分存在脏污、脱落、缺失，影响行车安全	损坏率>20%

二、土建结构技术状况评定

土建结构技术状况评定方法按照《公路隧道养护技术规范》（JTG H12—2015）第 4.5.4 条执行。具体计算方法如下：

（1）土建结构技术状况评分按式（8-2-1）计算。

$$JGCI = 100 \cdot \left[1 - \frac{1}{4}\sum_{i=1}^{n}\left(JGCI_i \times \frac{\omega_i}{\sum_{i=1}^{n}\omega_i}\right)\right] \tag{8-2-1}$$

式中：ω_i——分项权重；

$JGCI_i$——分项状况值，值域 0 ~ 4。

（2）分项状况值按式（8-2-2）计算。

$$JGCI_{ij} = \max(JGCI_{ij}) \tag{8-2-2}$$

式中：$JGCI_{ij}$——各分项检查段落状况值；

j——检查段落号，按实际分段数量取值。

（3）土建结构各分项权重按表 8-2-11 取值。

表 8-2-11　土建结构各分项权重

分项		分项权重 ω_i	分项	分项权重 ω_i
洞口		15	检修道	2
洞门		5	排水设施	6
衬砌	结构破损	40	吊顶及预埋件	10
	渗漏水		内装饰	2
路面		15	交通标志、标线	5

（4）土建结构技术状况评定分类界限值按表 8-2-12 规定执行。

表 8-2-12　土建结构技术状况评定分类界限值

技术状况评分	土建结构技术状况评定分类				
	1 类	2 类	3 类	4 类	5 类
JGCI	≥85	≥70，<85	≥55，<70	≥40，<55	<40

（5）土建结构技术状况评定时，当洞口、洞门、衬砌、路面和吊顶及预埋件项目的评定状况值达到 3 或 4 时，对应土建技术状况直接评为 4 类或 5 类。

（6）在公路隧道技术状况评定中，有下列情况之一时，隧道土建技术状况评定应评为 5 类隧道：

① 隧道洞口边仰坡不稳定，出现严重的边坡滑动、落石等现象。
② 隧道洞门结构大范围开裂、砌体断裂、脱落现象严重，可能危及行车道内的通行安全。
③ 隧道拱部衬砌出现大范围开裂、结构性裂缝深度贯穿衬砌混凝土。
④ 隧道衬砌结构发生明显的永久变形，且有危及结构安全和行车安全的趋势。
⑤ 地下水大规模涌流、喷射，路面出现涌泥沙或大面积严重积水等威胁交通安全的现象。
⑥ 隧道路面发生严重隆起，路面板严重错台、断裂，严重影响行车安全。
⑦ 隧道洞顶各种预埋件和悬吊件严重锈蚀或断裂，各种桥架和挂件出现严重变形或脱落。

三、机电设施分项技术状况评定

机电设施技术状况评定采用考虑机电设施各项目权重的评定方法。机电设施技术状况采用设备完好率进行评定，其计算方法规定如下：

（1）设备完好率按式（8-2-3）计算，各种机电设施可分系统并对运营安全的重要度建立设备完好率考核指标。

$$\text{设备完好率}=\left(1-\frac{\text{设备故障台数}\times\text{故障天数}}{\text{设备台数}\times\text{日历天数}}\right) \tag{8-2-3}$$

（2）机电设施各分项技术状况评定值分为 0、1、2、3。机电设施各分项技术状况评定按表 8-2-13 执行。

（3）当机电设施各分项中任一关键设备的设备完好率为该分项各类设备完好率最低时，该分项技术状况按该关键设备的设备完好率评定。

（4）机电设施技术状况评分应按式（8-2-4）计算。

表 8-2-13　机电设施分项技术状况评定

分项	状况值			
	0	1	2	3
供配电设施	设备完好率≥98%	93%≤设备完好率<98%	85%≤设备完好率<98%	设备完好率<85%
照明设施	设备完好率≥95%	86%≤设备完好率<98%	74%≤设备完好率<98%	设备完好率<74%
通风设施	设备完好率≥98%	91%≤设备完好率<98%	82%≤设备完好率<98%	设备完好率<82%
消防设施	设备完好率≥100%	95%≤设备完好率<98%	89%≤设备完好率<98%	设备完好率<89%
监控与通信设施	设备完好率≥98%	91%≤设备完好率<98%	81%≤设备完好率<98%	设备完好率<81%

$$JDCI=100\cdot\frac{\sum_{i=1}^{n}E_i w_i}{\sum_{i=1}^{n}w_i} \tag{8-2-4}$$

式中：E_i——各分项判定的设备完好率，0%～100%；

w_i——各分项权重；

$\sum w_i$——各分项权重和；

JDCI——机电设施技术状况评分，0～100。

（5）机电设施各分项权重按表 8-2-14 取值。

表 8-2-14　机电设施各分项权重

分项	分项权重 w_i
供配电设施	23
照明设施	18
通风设施	19
消防设施	21
监控与通信设施	19

（6）机电设施技术状况评定分类界限值按表 8-2-15 执行。

表 8-2-15　机电设施技术状况评定分类界限值

技术状况评分	隧道机电设施技术状况评定分类			
	1 类	2 类	3 类	4 类
JGCI	≥97	≥92，<97	≥84，<92	<87

四、其他工程设施评定方法

根据《公路隧道养护技术规范》（JTG H12—2015）的要求，对隧道其他工程设施进行检查和评定。应根据各分项设施状况值，按照表 8-2-16 的分项权重和式（8-2-5）计算技术状况分值，确定其他工程设施技术状况。多处同类分项设施应逐处评定，以分项状况值 *QTCI* 最高的一处纳入技术状况评分计算公式。

表 8-2-16　其他工程设施各分项权重

分项设施	权重 ω_i	分项设施	权重 ω_i
电缆沟	10	消音设施	3
设备洞室	10	减光设施	10
洞外联络通道	9	污水处理设施	4
洞口限高门架	14	洞口雕塑、隧道铭牌	2
洞口绿化	3	房屋设施	35

$$QTCI = 100 \cdot \left[1 - \frac{1}{2}\sum_{i=1}^{n}\left(QTCI_i \frac{w_i}{\sum_{i=1}^{n} w_i}\right)\right] \tag{8-2-5}$$

式中：*QTCI*——其他工程设施技术状况评分；

$QTCI_i$——各分项设施状况值，值域为 0～2；

ω_i——各分项设施权重。

其他工程设施分类判定标准及界限值见表 8-2-17。

表 8-2-17　其他工程设施分类判定标准及界限值

设施技术状况分类	技术状态	QTCI 界限值
1 类	设施完好无异常，或有异常、破损情况但较轻微，能正常使用	≥70
2 类	设施存在破损，部分功能受损，维护后能使用，应准备采取对策措施	40～70
3 类	设施存在严重破损，使用功能大部分或完全丧失，必须停用并采取紧急对策措施	<40

五、总体技术状况评定标准及评定方法

公路工程或公路桥梁在确定整体技术状况时，均采用各分项加权求和得到技术状况评分值，再根据分值界限确定技术状况等级的方法。公路隧道总体术状况评定方法主要有两种：一是按照土建结构和机电设施两者中最差的技术状况类别作为总体技术状况类别的方法；二是按照加权求和分值进行总体技术状况类别划分的定量计算划分方法。具体方案如下：

隧道总体技术状况评分值按式（8-2-6）计算。

$$CI=(JGCI\times W_c+JDCI\times W_p+QTCI\times W_{or})/ZW \quad (8\text{-}2\text{-}6)$$

式中：CI——总体技术状况评分，值域为 0～100 分；

$JGCI$——土建结构技术状况评分，值域为 0～100 分；

$JDCI$——机电设施技术状况评分，值域为 0～100 分；

$QTCI$——其他工程设施技术状况评分，值域为 0～100 分；

W_c——隧道结构在总体中的权重，按表 8-2-18 取值；

W_p——机电设施在总体中的权重，按表 8-2-18 取值；

W_{or}——其他工程设施在总体中的权重，按表 8-2-18 取值；

ZW——总体技术状况评定时各项权重之和。

表 8-2-18　隧道总体技术状况评分权重值

项目	权重	
	高速公路、一级公路	二级及二级以下公路
土建结构	60	70
机电设施	35	25
其他工程设施	5	5

六、隧道养护对策

公路隧道总体技术状况评定应分为 1 类、2 类、3 类、4 类和 5 类，其对应的养护对策见表 8-2-19。

表 8-2-19　公路隧道养护对策

技术状态评定等级	隧道总体技术状态描述	养护对策
1 类	完好状态。无异常情况，或异常情况轻微，对交通安全无影响	正常养护
2 类	轻微破损状态。存在轻微破损，现阶段趋于稳定，对交通安全不会有影响	应对结构破损部位进行监测或检查，必要时实施保养维修；机电设施进行正常养护，应对关键设备及时修复
3 类	中等破损。存在破坏，发展缓慢，可能会危及行人、行车安全	应对结构破损部位进行重点监测，并对局部实施保养维修；机电设施需进行专项工程
4 类	严重破损。存在较严重破坏，发展较快，已影响行人、行车安全	应尽快实施结构病害处治措施；对机电设施应进行专项工程，并应及时实施交通管制
5 类	危险状态。存在严重破坏，发展迅速，已危及行人、行车安全	应及时关闭隧道，实施病害处治，特殊情况需进行局部重建或改建

七、工程案例

某隧道依据定期检查检查结果，结合《公路隧道养护技术规范》(JTG H12—2015)，对该隧道土建结构进行技术状况评定，隧道各检测项目技术评分详见表 8-2-20。

表 8-2-20　某隧道土建结构技术状况评定表

隧道情况	隧道名称	某隧道	路线名称	喀纳斯—东兴	隧道长度	344.0 m	建成时间	—
评定情况	管养单位	—	上次评定等级	—	上次评定日期	—	本次评定日期	2019-08

洞门、洞口技术状况评定	分项名称	位置	状况值	权重 ω_i	检测项目	位置	状况值	权重 ω_i
	洞口	进口	0	16	洞门	进口	0	6
		出口	0			出口	1	

编号	里程	状况值							
		衬砌破损	渗漏水	路面	检修道	排水设施	吊顶	内装饰	标志标线
1	K763+101.5～K763+110	0	1	0	0	0	—	0	0
2	K763+110～K763+120	0	0	1	0	0	—	0	0
3	K763+120～K763+130	0	0	1	0	0	—	0	0

续表

<table>
<tr><td>隧道情况</td><td>隧道名称</td><td colspan="2">某隧道</td><td colspan="2">路线名称</td><td>喀纳斯—东兴</td><td>隧道长度</td><td>344.0 m</td><td>建成时间</td><td>—</td></tr>
<tr><td>评定情况</td><td>管养单位</td><td colspan="2">—</td><td colspan="2">上次评定等级</td><td>—</td><td>上次评定日期</td><td>—</td><td>本次评定日期</td><td>2019-08</td></tr>
<tr><td colspan="2" rowspan="3">洞门、洞口技术状况评定</td><td>分项名称</td><td>位置</td><td>状况值</td><td>权重 ω_i</td><td>检测项目</td><td>位置</td><td>状况值</td><td colspan="2">权重 ω_i</td></tr>
<tr><td rowspan="2">洞口</td><td>进口</td><td>0</td><td rowspan="2">16</td><td rowspan="2">洞门</td><td>进口</td><td>0</td><td colspan="2" rowspan="2">6</td></tr>
<tr><td>出口</td><td>0</td><td>出口</td><td>1</td></tr>
<tr><td rowspan="2">编号</td><td rowspan="2">里程</td><td colspan="9">状况值</td></tr>
<tr><td>衬砌破损</td><td>渗漏水</td><td>路面</td><td>检修道</td><td>排水设施</td><td>吊顶</td><td>内装饰</td><td colspan="2">标志标线</td></tr>
<tr><td>4</td><td>K763+130～K763+140</td><td>0</td><td>0</td><td>1</td><td>0</td><td>0</td><td>—</td><td>0</td><td colspan="2">0</td></tr>
<tr><td>5</td><td>K763+140～K763+150</td><td>0</td><td>0</td><td>1</td><td>0</td><td>0</td><td>—</td><td>0</td><td colspan="2">0</td></tr>
<tr><td>6</td><td>K763+150～K763+160</td><td>2</td><td>1</td><td>1</td><td>0</td><td>0</td><td>—</td><td>0</td><td colspan="2">0</td></tr>
<tr><td>7</td><td>K763+160～K763+170</td><td>2</td><td>1</td><td>1</td><td>2</td><td>0</td><td>—</td><td>0</td><td colspan="2">1</td></tr>
<tr><td>8</td><td>K763+170～K763+180</td><td>2</td><td>1</td><td>1</td><td>0</td><td>0</td><td>—</td><td>0</td><td colspan="2">1</td></tr>
<tr><td>9</td><td>K763+180～K763+190</td><td>0</td><td>1</td><td>1</td><td>0</td><td>0</td><td>—</td><td>0</td><td colspan="2">0</td></tr>
<tr><td>10</td><td>K763+190～K763+200</td><td>1</td><td>0</td><td>1</td><td>0</td><td>0</td><td>—</td><td>0</td><td colspan="2">0</td></tr>
<tr><td>11</td><td>K763+200～K763+206.5</td><td>1</td><td>0</td><td>1</td><td>0</td><td>0</td><td>—</td><td>0</td><td colspan="2">0</td></tr>
<tr><td colspan="2">max（$JGCI_{ij}$）</td><td colspan="2">2</td><td>1</td><td>2</td><td>0</td><td>—</td><td>0</td><td colspan="2">1</td></tr>
<tr><td colspan="2">权重 ω_i</td><td colspan="2">44</td><td>16</td><td>3</td><td>7</td><td>—</td><td>2</td><td colspan="2">6</td></tr>
<tr><td colspan="4">$JGCI=100\cdot\left[1-\frac{1}{4}\sum_{i=1}^{n}\left(JGCI_i\times\frac{\omega_i}{\sum_{i=1}^{n}\omega_i}\right)\right]$</td><td>69.5</td><td colspan="2">土建结构评定等级</td><td colspan="4">3类</td></tr>
<tr><td colspan="2">养护措施建议</td><td colspan="9">应对结构破损部位进行重点监测，并对局部实施保养维修</td></tr>
</table>

该隧道本次定期检查评定结果见表 8-2-21。

表 8-2-21　隧道土建结构各分项技术状况评定值

<table>
<tr><td rowspan="2">隧道名称</td><td rowspan="2">土建结构评定分类</td><td colspan="9">土建结构部件各分项技术状况评定最大值</td></tr>
<tr><td>洞口</td><td>洞门</td><td>衬砌</td><td>路面</td><td>检修道</td><td>排水</td><td>吊顶</td><td>内装饰</td><td>标志标线</td></tr>
<tr><td>—</td><td>3类</td><td>0</td><td>1</td><td>2</td><td>1</td><td>2</td><td>0</td><td>—</td><td>0</td><td>1</td></tr>
</table>

附录 A　桥梁基本状况卡片

<table>
<tr><td colspan="9">A. 桥梁所处行政区划代码：</td></tr>
<tr><td colspan="9">B. 行政识别数据</td></tr>
<tr><td>1</td><td>路线编号</td><td></td><td>2</td><td>路线名称</td><td></td><td>3</td><td>路线等级</td><td></td></tr>
<tr><td>4</td><td>桥梁编号</td><td></td><td>5</td><td>桥梁名称</td><td></td><td>6</td><td>桥位桩号</td><td></td></tr>
<tr><td>7</td><td>功能类型</td><td></td><td>8</td><td>被跨越道路（通道）名称</td><td></td><td>9</td><td>被跨越道路（通道）桩号</td><td></td></tr>
<tr><td>10</td><td>设计荷载</td><td></td><td>11</td><td>桥梁坡度</td><td></td><td>12</td><td>桥梁平曲线半径</td><td></td></tr>
<tr><td>13</td><td>建成时间</td><td></td><td>14</td><td>设计单位</td><td></td><td>15</td><td>施工单位</td><td></td></tr>
<tr><td>16</td><td>监理单位</td><td></td><td>17</td><td>业主单位</td><td></td><td>18</td><td>管养单位</td><td></td></tr>
<tr><td colspan="9">C. 桥梁技术指标</td></tr>
<tr><td>19</td><td>桥梁全长（m）</td><td></td><td>20</td><td>桥面总宽（m）</td><td>7.85</td><td>21</td><td>车道宽度（m）</td><td></td></tr>
<tr><td>22</td><td>人行道宽度（m）</td><td></td><td>23</td><td>护栏或防撞墙高度（m）</td><td></td><td>24</td><td>中央分隔带宽度（m）</td><td></td></tr>
<tr><td>25</td><td>桥面标准净空（m）</td><td></td><td>26</td><td>桥面实际净空（m）</td><td></td><td>27</td><td>桥下通航等级及标准净空（m）</td><td></td></tr>
<tr><td>28</td><td>桥下实际净空（m）</td><td></td><td>29</td><td>引道总宽（m）</td><td></td><td>30</td><td>引道线形或曲线半径（m）</td><td></td></tr>
<tr><td>31</td><td>设计洪水频率及水位</td><td></td><td>32</td><td>历史洪水位</td><td></td><td>33</td><td>设计地震动峰值加速度系数</td><td></td></tr>
<tr><td>34</td><td>桥面高程</td><td colspan="7"></td></tr>
</table>

<table>
<tr><td colspan="6">D. 桥梁结构信息</td></tr>
<tr><td>35</td><td colspan="2">桥梁分孔</td><td>孔号</td><td></td><td>跨径（m）</td><td></td></tr>
<tr><td>36</td><td colspan="2">结构体系</td><td colspan="4"></td></tr>
<tr><td rowspan="6">上部结构形式及材料</td><td>37</td><td>主梁</td><td colspan="4"></td></tr>
<tr><td>38</td><td>主拱圈</td><td colspan="4"></td></tr>
<tr><td>39</td><td>桥（索）塔</td><td colspan="4"></td></tr>
<tr><td>40</td><td>拱上建筑</td><td colspan="4"></td></tr>
<tr><td>41</td><td>主缆</td><td colspan="4"></td></tr>
<tr><td>42</td><td>斜拉索（含索力）</td><td colspan="4"></td></tr>
</table>

	43	吊杆（含索力）				
	44	系杆（含索力）				
桥面系形式及材料	45	桥面铺装				
	46	伸缩缝				
	47	人行道、路缘				
	48	栏杆、护栏				
	49	照明、标志				
下部结构形式及材料	50	桥台	形式		材料	
	51	桥墩	形式		材料	
	52	锥坡、护坡				
	53	翼墙、耳墙				
基础形式及材料	54	基础				
	55	锚定				
支座形式、材料与附属设施	56	支座				
	57	桥梁防撞设施				
	58	航标及排水系统				
	59	调制构造物				

E. 桥梁档案资料								
60	设计图纸		61	设计文件		62	竣工图纸	
63	施工文件（含施工缺陷处理）		64	验收文件		65	行政审批文件	
66	定期检查资料		67	特殊检查资料		68	历次维修、加固资料	
69	其他档案		70	档案形式		71	建档时间（年/月）	

F. 桥梁检测评定历史				
72	73	74	75	76
评定时间	检测类别	桥梁技术状况评定结果/特殊检查结论	处置对策	下次评定时间

续表

<table>
<tr><td colspan="11">G. 养护处治记录</td></tr>
<tr><td>77</td><td>78</td><td>79</td><td>80</td><td>81</td><td>82</td><td>83</td><td>84</td><td>85</td><td>86</td><td>87</td></tr>
<tr><td>时间（段）</td><td>处置类别（维修、加固、改造）</td><td>处治原因</td><td>处置范围</td><td>工程费用（万元）</td><td>经费来源</td><td>处置质量评定</td><td>建外单位</td><td>设计单位</td><td>施工单位</td><td>监理单位</td></tr>
<tr><td colspan="11">H. 需要说明的事项（含桥梁管养单位的变更情况）</td></tr>
<tr><td>88</td><td colspan="10"></td></tr>
<tr><td colspan="11">I. 其他</td></tr>
<tr><td>89</td><td>桥梁总体照片</td><td colspan="9"></td></tr>
<tr><td>90</td><td>桥梁正面照片</td><td colspan="9"></td></tr>
<tr><td>91</td><td>桥梁工程师</td><td></td><td>92</td><td>填卡人</td><td></td><td>93</td><td>填卡日期</td><td colspan="3"></td></tr>
</table>

附录B　桥梁初始检查记录表

公路管理机构名称：					
1 线路编号		2 线路名称		3 桥位桩号	
4 桥梁编号		5 桥梁名称		6 被跨越道路（通道）名称	
7 被跨越道路（通道）桩号		8 桥梁全长（m）		9 最大跨径（m）	
10 上、下部结构形式					
11 桥梁分联及跨径组合					
12 桥梁施工方法					
13 新建桥梁在施工过程中的返工、维修或加固情况					
14 加固改造后的桥梁，加固改造情况					
15 档案资料不齐全的桥梁、维修加固情况					
16 设计单位名称		17 施工单位名称			
18 管养单位名称		19 交工时间（　年　月　日）			
20 初始检查（　年　月　日）		21 初始检查时的气候环境及环境温度			
22 桥面高程					
23 拱轴线					

续表

24 主缆线形			
25 墩、台身、索塔倾斜度			
27 索塔水平变位、高程			
28 拱桥桥台、悬索桥			
29 悬索桥索夹螺栓紧固力			
30 水中基础			
31 斜拉索或吊杆索力			
32 主要承重构件尺寸			
33 材质强度			
34 保护层厚度			
35 钢筋混凝土管内混凝土密实度			
36 静载试验结果			
37 动载试验结果			
38 记录人		39 桥梁工程师	
40 桥梁初始检查机构			

附录 C　桥梁定期检测记录表

表 C-1　桥梁定期检查记录表（梁式桥）

公路管理机构名称：					
1 路线编号		2 路线名称		3 桥位桩号	
4 桥梁编号		5 桥梁名称		6 被跨越道路名称	
7 桥梁全长（m）		8 主跨结构		9 最大跨径（m）	
10 管养单位		11 建成时间		12 上次修复养护时间	
13 上次检查时间		14 本次检查时间		15 本次检查时气候及环境温度	

序号	16 部位	17 构件名称	18 评分	19 缺损					20 养护建议（维修范围、方式、时间）	21 是否需特殊检查
				类型	位置	范围	照片	最不利构件		
1	桥面系	桥面铺装								
2		伸缩装置								
3		排水系统								
4		人行道								
5		栏杆、护栏								
6		照明、标志								
7		桥路连接处								
8	上部结构	主要承重构件								
9		一般构件								
10	下部结构	桥墩及基础								
11		桥台及基础								
12		翼墙、耳墙								
13		锥坡、护坡								
14	支座									
15	附属设施	防撞设施								
16		防雷设施								
17		防抛网、声屏障								
18		检修设施								
19		监测系统、永久观测点								
20	调治构造物									
21	其他									

22 桥梁技术状况评定等级		23 全桥清洁状况		24 预防及修复养护状况	
25 记录人		26 负责人		27 下次检查时间	

表 C-2　桥梁定期检查记录表（板拱桥、肋拱桥、箱型拱桥、双曲拱桥）

公路管理机构名称：					
1 路线编号		2 路线名称		3 桥位桩号	
4 桥梁编号		5 桥梁名称		6 被跨越道路名称	
7 桥梁全长（m）		8 主跨结构		9 最大跨径（m）	
10 管养单位		11 建成时间		12 上次修复养护时间	
13 上次检查时间		14 本次检查时间		15 本次检查时气候及环境温度	

序号	16 部位	17 构件名称	18 评分	19 缺损					20 养护建议（维修范围、方式、时间）	21 是否需特殊检查
				类型	位置	范围	照片	最不利构件		
1	桥面系	桥面铺装								
2		伸缩装置								
3		排水系统								
4		人行道								
5		栏杆、护栏								
6		照明、标志								
7		桥路连接处								
8	上部结构	主拱圈								
9		拱上结构								
10		桥面板								
11	下部结构	桥墩及基础								
12		桥台及基础								
13		翼墙、耳墙								
14		锥坡、护坡								
15	附属设施	防撞设施								
16		防雷设施								
17		防抛网、声屏障								
18		检修设施								
19		监测系统、永久观测点								
20	调治构造物									
21	其他									

22 桥梁技术状况评定等级		23 全桥清洁状况		24 预防及修复养护状况	
25 记录人		26 负责人		27 下次检查时间	

表 C-3　桥梁定期检查记录表（钢架拱桥、桁架拱桥）

公路管理机构名称：					
1 路线编号		2 路线名称		3 桥位桩号	
4 桥梁编号		5 桥梁名称		6 被跨越道路名称	
7 桥梁全长（m）		8 主体结构		9 最大跨径（m）	
10 管养单位		11 建成时间		12 上次修复养护时间	
13 上次检查时间		14 本次检查时间		15 本次检查时气候及环境湿度	

序号	16 部位	17 部位名称	18 评分	19 缺损					20 养护建议（维修范围、方式、时间）	21 是否需特殊检查
				类型	位置	范围	照片	最不利构件		
1	桥面系	桥面铺装								
2		伸缩装置								
3		排水系统								
4		人行道								
5		栏杆、护栏								
6		照明、标志								
7		桥路连接处								
8	上部结构	拱片								
9		横向联结系								
10		桥面板								
11	下部结构	桥墩及基础								
12		桥台及基础								
13		翼墙、耳墙								
14		锥坡、护坡								
15	附属设施	防撞设施								
16		防雷设施								
17		防抛网、声屏障								
18		检修设施								
19		监测系统、永久观测点								
20	调治构造物									
21	其他									

22 桥梁技术状况评定等级		23 全桥清洁状况		24 预防及修复养护情况	
25 记录人		26 负责人		27 下次检查时间	

表 C-4 桥梁定期检查记录表（钢-混凝土组合拱桥）

<table>
<tr><td colspan="12">公路管理机构名称：</td></tr>
<tr><td colspan="2">1 路线编号</td><td colspan="2"></td><td>2 路线名称</td><td colspan="2"></td><td colspan="2">3 桥位桩号</td><td colspan="3"></td></tr>
<tr><td colspan="2">4 桥梁编号</td><td colspan="2"></td><td>5 桥梁名称</td><td colspan="2"></td><td colspan="2">6 被跨越道路名称</td><td colspan="3"></td></tr>
<tr><td colspan="2">7 桥梁全长(m)</td><td colspan="2"></td><td>8 主体结构</td><td colspan="2"></td><td colspan="2">9 最大跨径（m）</td><td colspan="3"></td></tr>
<tr><td colspan="2">10 管养单位</td><td colspan="2"></td><td>11 建成时间</td><td colspan="2"></td><td colspan="2">12 上次修复养护时间</td><td colspan="3"></td></tr>
<tr><td colspan="2">13 上次检查时间</td><td colspan="2"></td><td>14 本次检查时间</td><td colspan="2"></td><td colspan="2">15 本次检查时气候及环境湿度</td><td colspan="3"></td></tr>
<tr><td rowspan="2">序号</td><td rowspan="2">16 部位</td><td rowspan="2">17 部位名称</td><td rowspan="2">18 评分</td><td colspan="5">19 缺损</td><td rowspan="2">20 养护建议（维修范围、方式、时间）</td><td rowspan="2" colspan="2">21 是否需特殊检查</td></tr>
<tr><td>类型</td><td>位置</td><td>范围</td><td>照片</td><td>最不利构件</td></tr>
<tr><td>1</td><td rowspan="7">桥面系</td><td>桥面铺装</td><td></td><td></td><td></td><td></td><td></td><td></td><td></td><td colspan="2"></td></tr>
<tr><td>2</td><td>伸缩装置</td><td></td><td></td><td></td><td></td><td></td><td></td><td></td><td colspan="2"></td></tr>
<tr><td>3</td><td>排水系统</td><td></td><td></td><td></td><td></td><td></td><td></td><td></td><td colspan="2"></td></tr>
<tr><td>4</td><td>人行道</td><td></td><td></td><td></td><td></td><td></td><td></td><td></td><td colspan="2"></td></tr>
<tr><td>5</td><td>栏杆、护栏</td><td></td><td></td><td></td><td></td><td></td><td></td><td></td><td colspan="2"></td></tr>
<tr><td>6</td><td>照明、标志</td><td></td><td></td><td></td><td></td><td></td><td></td><td></td><td colspan="2"></td></tr>
<tr><td>7</td><td>桥路连接处</td><td></td><td></td><td></td><td></td><td></td><td></td><td></td><td colspan="2"></td></tr>
<tr><td>8</td><td rowspan="7">上部结构</td><td>拱肋</td><td></td><td></td><td></td><td></td><td></td><td></td><td></td><td colspan="2"></td></tr>
<tr><td>9</td><td>横向联结系</td><td></td><td></td><td></td><td></td><td></td><td></td><td></td><td colspan="2"></td></tr>
<tr><td>10</td><td>吊杆</td><td></td><td></td><td></td><td></td><td></td><td></td><td></td><td colspan="2"></td></tr>
<tr><td>11</td><td>立柱</td><td></td><td></td><td></td><td></td><td></td><td></td><td></td><td colspan="2"></td></tr>
<tr><td>12</td><td>系杆</td><td></td><td></td><td></td><td></td><td></td><td></td><td></td><td colspan="2"></td></tr>
<tr><td>13</td><td>桥面板</td><td></td><td></td><td></td><td></td><td></td><td></td><td></td><td colspan="2"></td></tr>
<tr><td>14</td><td>支座</td><td></td><td></td><td></td><td></td><td></td><td></td><td></td><td colspan="2"></td></tr>
</table>

续表

15	下部结构	桥墩及基础								
16		桥台及基础								
17		翼墙、耳墙								
18		锥坡、护坡								
19	附属设施	防撞设施								
20		防雷设施								
21		防抛网、声屏障								
22		检修设施								
23		监测系统、永久观测点								
24		调治构造物								
25		其他								

22 桥梁技术状况评定等级		23 全桥清洁状况		24 预防及修复养护情况	
25 记录人		26 负责人		27 下次检查时间	

表 C-5　桥梁定期检查记录表（斜拉桥）

公路管理机构名称：					
1 路线编号		2 路线名称		3 桥位桩号	
4 桥梁编号		5 桥梁名称		6 被跨越道路名称	
7 桥梁全长（m）		8 主跨结构		9 最大跨径（m）	
10 管养单位		11 建成时间		12 上次修复养护时间	
13 上次检查时间		14 本次检查时间		15 本次检查时气候及环境温度	

序号	16 部位	17 部件名称	18 评分	19 缺损					20 养护建议（维修范围、方式、时间）	21 是否需特殊检查
				类型	位置	范围	照片	最不利构件		
1	桥面系	桥面铺装								
2		伸缩装置								
3		排水系统								
4		人行道								
5		栏杆、护栏								
6		照明、标志								
7		桥路连接处								
8	上部结构	主梁								
9		斜拉索系统（斜拉索、锚具、索拉护具、减震装置）								
10		索塔								
11		支座								
12	下部构件	桥墩及基础								
13		桥台及基础								
14		翼墙、耳墙								
15		锥坡、护坡								
16	附属部分	防撞措施								
17		防震设施								

续表

18		防抛网、声屏障								
19		检修设施								
20		监测系统、永久观测点								
21	调治构造物									
22	其他									

22 桥梁技术状况评定等级		23 全桥清洁状况		24 预防及修复养护状况	
25 记录人		26 负责人		27 下次检查时间	

表 C-6　桥梁定期检查记录表（悬索桥）

公路管理机构名称：					
1 路线编号		2 路线名称		3 桥位桩号	
4 桥梁编号		5 桥梁名称		6 被跨越道路名称	
7 桥梁全长（m）		8 主跨结构		9 最大跨径（m）	
10 管养单位		11 建成时间		12 上次修复养护时间	
13 上次检查时间		14 本次检查时间		15 本次检查时气候及环境温度	

序号	16 部位	17 部件名称	18 评分	19 缺损					20 养护建议（维修范围、方式、时间）	21 是否需特殊检查
				类型	位置	范围	照片	最不利构件		
1	桥面系	桥面铺装								
2		伸缩装置								
3		排水系统								
4		人行道								
5		栏杆、护栏								
6		照明、标志								
7		桥路连接处								
8	上部结构	加劲梁								
9		索塔								
10		主缆								
11		索鞍								
12		索夹								
13		吊杆系统（吊杆、锚具、护套）								
14	下部构件	锚定								
15		桥墩及基础								
16		散索鞍								
17		锚杆								
18		桥台及基础								
19		翼墙、耳墙								
20		锥坡、护坡								
21	附属部分	防撞措施								
22		防雷设施								

23		防抛网、声屏障								
24		检修设施								
25		监测系统、永久观测点								
26	调治构造物									
27	其他									
22 桥梁技术状况评定等级				23 全桥清洁状况				24 预防及修复养护状况		
25 记录人				26 负责人				27 下次检查时间		

附录D　桥梁经常检查记录表

公路管理机构名称：					
1 路线编号		2 路线名称		3 桥位桩号	
4 桥梁编号		5 桥梁名称		6 养护单位	

7 检查项目	缺损类型	缺损范围	处治建议
8 主梁			
9 主拱圈			
10 拱上建筑			
11 桥（索）塔（含索鞍）			
12 主缆			
13 斜拉索			
14 吊杆			
15 系杆			
16 桥面铺装			
17 伸缩缝			
18 人行道、路缘			
19 栏杆、护栏			
20 标志、标线			
21 排水系统			
22 照明系统			
23 桥台及基础（含冲刷）			
24 桥墩及基础（含冲刷）			
25 锚碇（含散索鞍、锚杆）			
26 支座			
27 翼墙（耳墙、侧墙）			
28 锥坡、护坡			
29 桥路连接处（桥头搭板）			
30 航标、防撞设施			
31 调治构造物			
32 减振装置			
33 其他			

34 负责人		35 记录人		36 检查日期	年　月　日

附录 E　桥梁特殊检查记录表

公路管理机构名称：					
1 路线编号		2 路线名称		3 桥位桩号	
4 桥梁编号		5 桥梁名称		6 被跨越道路（通道）名称	
7 桥梁全长（m）		8 上部结构形式		9 最大跨径（m）	
10 管养单位		11 建成时间		12 上次检测时间	
13 上次特殊检查项目					
14 本次特殊检查时间（　年　月　日）		15 检查时的气候及环境温度			
16 本次特殊检查类型	（承载力检测、水下检测、抗灾能力检测、灾后检测、耐久性检测等）				
检测项目	检测结果				
（可根据需要自行增加行数）					
评定结论					
记录人		负责人			
特殊检查完成机构					

参考文献

[1] 重庆市交通委员会. 公路隧道养护技术规范：JTG H12—2015[S]. 北京：人民交通出版社，2015.

[2] 交通运输部公路科学研究院. 公路桥梁技术状况评定标准：JTG/T H21—2011[S]. 北京：人民交通出版社，2011.

[3] 中交第一公路勘察设计研究院有限公司. 公路桥涵养护规范：JTG 5120—2021[S]. 北京：人民交通出版社，2021.

[4] 交通运输部公路科学研究院. 公路桥梁承载能力检测评定规程：JTG/T J21—2011[S]. 北京：人民交通出版社，2011.

[5] 长安大学. 公路桥梁荷载试验规程：JTG/T J21-01—2015[S]. 北京：人民交通出版社，2015.

[6] 中交第一公路勘察设计研究院有限公司. 公路桥梁加固设计规范：JTG/T J22—2008[S]. 北京：人民交通出版社，2008.

[7] 中交第一公路勘察设计研究院有限公司. 公路桥梁加固施工技术规范：JTG/T J23—2008[S]. 北京：人民交通出版社，2008.

[8] 陕西省建筑科学研究院，浙江海天建设集团有限公司. 回弹法检测混凝土抗压强度技术规程：JGJ/T 23—2011[S]. 北京：中国建筑工业出版社，2011.

[9] 交通运输部. 公路工程竣（交）工验收办法实施细则（交公路发〔2010〕65 号）[Z]. 北京：交通运输部，2010.

[10] 姚国文. 桥梁检测与加固技术[M]. 北京：人民交通出版社，2014.

[11] 王国鼎，袁海庆，陈开利，等. 桥梁检测加固[M]. 北京：人民交通出版社，2003.

[12] 武春山，张德成，刘治新，等. 桥梁养护与加固[M]. 北京：人民交通出版社，2010.

[13] 张俊平. 桥梁检测与维修加固[M]. 北京：人民交通出版社，2011.

[14] 单成林. 旧桥加固设计原理及计算示例[M]. 北京：人民交通出版社，2007.

[15] 蒙云，卢波. 桥梁加固与改造[M]. 北京：人民交通出版社，2004.

[16] 郭永琛，叶见曙. 桥梁技术改造[M]. 北京：人民交通出版社，1991.

[17] 王毅才. 隧道工程[M]. 北京：人民交通出版社，2015.

[18] 谌润水，胡钊芳. 公路桥梁荷载试验[M]. 北京：人民交通出版社，2003.

[19] 曹晓川，施尚伟. 桥梁隧道工程[M]. 北京：人民交通出版社，2021.

[20] 任晓冬，黄敏等. 公路桥梁工程施工技术[M]. 吉林：吉林科技出版社，2020.

[21] 中交公路规划设计院有限公司. 公路桥涵设计通用规范：JTG D60—2015[S]. 北京：人民交通出版社，2015.